浙江省普通本科高校“十四五”重点立项建设教材

中国大学MOOC配套教材

大学写作十五讲

DAXUE XIEZUO SHIWU JIANG

金 立 主编

中国教育出版传媒集团
高等教育出版社·北京

内容提要

本书是大学通识教育教材，是浙江大学全校通识课“大学写作”基础模块的配套教材。

本书主要讲授说理性写作的一般原理与实践，主要内容包括：逻辑精神与写作，逻辑基础与写作，论证理论与写作，论证实践与写作，逻辑基础与写作实训，文献阅读与写作，学术写作的选题与题解，学术写作的伦理与规范，学术论文写作，读书报告写作与案例分析，文献综述写作及案例问题分析，调查报告写作与案例分析等。本书的编写注重理论与实践的结合，使读者既能了解关于思维和写作的一般原理，又能掌握多种文体的写作方法。

本书可作为普通高等院校相关课程的教材，也可供广大社会读者参考阅读。

图书在版编目(CIP)数据

大学写作十五讲 / 金立主编. —北京：高等教育出版社，2023.8(2024.9 重印)

ISBN 978-7-04-060776-5

Ⅰ. ①大… Ⅱ. ①金… Ⅲ. ①汉语—写作—高等学校—教材 Ⅳ. ①H15

中国国家版本馆 CIP 数据核字(2023)第 124030 号

策划编辑 张晶晶　　责任编辑 张晶晶 吴培栋　　封面设计 张文豪　　责任印制 高忠富

出版发行	高等教育出版社	网　　址	http://www.hep.edu.cn
社　　址	北京市西城区德外大街 4 号		http://www.hep.com.cn
邮政编码	100120	网上订购	http://www.hepmall.com.cn
印　　刷	上海叶大印务发展有限公司		http://www.hepmall.com
开　　本	787mm×1092mm 1/16		http://www.hepmall.cn
印　　张	17		
字　　数	310 千字	版　　次	2023 年 8 月第 1 版
购书热线	010-58581118	印　　次	2024 年 9 月第 2 次印刷
咨询电话	400-810-0598	定　　价	38.00 元

物 料 号　60776-00

《大学写作十五讲》编委会

主　编：金　立

编著者（依章节顺序排列）：

金　立　徐慈华　陈勃杭　于　翔

黄　略　李哲军　李忠伟　陈越骅

胡晓慧　吕妍醒　过文英　吴　剑

前　言

《大学写作十五讲》自与高等教育出版社达成出版意向开始，历经两年时间的写作与修改，终于付梓。与此相应，浙江大学中文写作教学研究中心负责建设的“大学写作”课程也日趋成熟。来自不同学院，具有不同学科背景的编写团队在一起合作共事开展教学研究，最终形成了一本教材、一个中心、一门大课的丰厚成果。大学写作教学团队的多年耕耘，恰恰体现了我们编写教材的深思熟虑和认真务实。为此，有必要就如下三个问题做一个简单说明：为什么编写这本教材？这套教材编写的深层依据是什么？以及这套教材的特点是什么？

一、为什么编写本教材

要回答这个问题，可以从三个层面展开。党的二十大报告指出：“加强基础学科、新兴学科、交叉学科建设，加快建设中国特色、世界一流的大学和优势学科。”在浙江大学“德智体美劳全面发展、具有全球竞争力的高素质创新人才和未来领导者”这一卓越人才培养目标的引领下，浙江大学中文写作教学研究中心于 2021 年 3 月应运而生，致力于建设一门覆盖浙江大学 6 000 多名本科一年级新生的大学写作课程。本教材来源于过去对大学写作课程的实践与思考，同时又构建了本课程中以逻辑学为基础的理论部分，这将大大促进课程自身的提高与发展。因此，满足浙江大学“大学写作”课程的需要，是编写本教材的内核层的目的。

写作是一个人基本素养的集中体现，写作能力亦可被视为新时代卓越人才必备的核心能力之一。令人遗憾的是，长久以来大学写作课程建设发展得较为缓慢，大学生的写作能力普遍偏弱，学科缺乏具有实际操作性的高质量教材，从这个意义上讲，我们的《大学写作十五讲》可以视为一种积极的尝试，我们希望这套教材可以为全国高校的大学写作课程提供绵薄的帮助。我们也希望能够借助本教材与各个高校开展更加密切的沟通与交流，共同推动写作事业的发展。这可以视为中间拓展层的目的。

放眼当今社会，有许多人缺乏将思想经过严密的组织，用写作的形式表达出来的能力。海德格尔说："语言是存在的家。"如何行之有效地提升写作能力，从而带动思维、感知以及行动，是一件困难却有价值的事，我们希望本教材可以在这方面提供些许帮助。这可以视为外围层的目的。

二、本教材编写的依据

长久以来人们在写作的认识上存在着几个误区。其一：写作是情感性的。这是中小学语文教育体系造成的习惯性认识。大学教育是一个从精微的专业知识入手，逐步帮助学生形成科学的知识体系的过程，"说理性""分析性"才是大学写作更核心的本质。其二：写作仅仅是一种技巧。写作与技巧有关，但从更深层次说，它与思维训练的关联更大。其三：写作课程是一门理论性课程。写作虽然与理论知识有关，但更偏向实践性。培养想写、敢写、能写的人才是写作课程的最终教学目标。其四：写作仅仅是一门课程。写作与思维、思想甚至对整个世界的理解都密切相关，理应渗透到大学所有的课程里。

无论是西方通识教育中的"前三艺"，还是中国的古代教育中的"六艺""四书五经"，都体现了对语言规则、程序、文采的高度重视，可见，写作在中西方文化中都具有根基性的作用。这一传统延续至今，"大学写作"课程在通识教育中具有重要的意义，复旦大学通识中心主任孙向晨教授一言以蔽之："写作在大学通识教育中起到了枢纽作用。"这便是我们编写本教材的深层依据，可以从如下三方面具体解读：

写作可以将所有的知识加以连接。我们往往面对一个问题进行写作，在写这个问题的时候，需要调动的是方方面面的知识，从这个意义上讲，知识为写作提供了材料。调动哪些知识？如何整合知识？写作既是对知识的运用，其本身也是一种更深度的学习，只有经过了这样的训练，才能更扎实地把握知识。学生的核心任务是学习。学习是一个集输入和输出为一体的信息整合过程，如何将自己所学知识很好地融会并呈现出来，如何将自己的思想很好地整理并表达出来，这本身就是学习过程中不可或缺的重要环节。也是写作这个环节不可或缺的原因。

写作是提升我们的感知能力的梯子。写作在"整理和感知世界的经验"并"表达对世界认识"的过程中，将"我"与世界建立了深切的关系，同时提升了感知能力。维特根斯坦说"语言就是世界"，我们对世界的感知是无法将语言这一完整的意义体系剥离在外的。通过语言文字表达出更深刻、更宏大亦或更精微的理解，借助文字将我们对世界的感知进行提炼并逻辑化地表达出来，是接受过优质的高等教育之后作为一个文化人所具有的一种幸福的能力，同时也是一项充满挑战的工作。

写作是一种与认知相关的思维训练。它训练学生如何思考问题、如何整理问题、如何形成问题，最后如何具备逻辑性、论证性、说理性地将其表达出来，这些过程都渗透在各门课程的教育之中，但又不为任何一门课程完全涵盖，因此，写作独立于任何一门知识性的课程并贯穿于大学教育的全过程之中。①

三、本教材的特点

第一，逻辑性。由于我们的大学写作课程主要致力于提升学生分析性、说理性、思想性写作的能力，因此，逻辑思维便顺理成章成为了教学的出发点。如何分析和说理，如何构成与表达思想，这些要求都离不开明确的概念、恰当的判断、有效的推理以及有力的论证。这一编写思路严格有效地贯彻在我们的教学实践与教材编写中。教材的前五讲均是有关逻辑与写作的，由三位老师和助教团队分别从不同的角度展开。逻辑性，构成了本教材以及我们大学写作课程的一个最为凸显的创新点。

第二，实操性。我们的大学写作课程由基础模块和进阶模块共同构成，在普遍知识讲授的基础上围绕主题展开具体写作训练并辅以教师和助教的批改完善。整套教材的编写既基于教学实践又不囿于教学实践，是对教学实践的提炼与发展。实事求是地说，教材中相当部分的内容是编写团队的原创性思考，而非简单的理论罗列和摘抄，大量的案例源于课堂教学实践，我们选择有效性分析、读书笔记、文献综述、调查报告等作为写作文体，正是基于这几种写作类型在学习、生活和工作中的普遍性和实用性；我们将文献查找与阅读、学术规范与伦理、选题与解题等纳入讨论，也正是意识到它们对写作来讲是必不可少的重要环节。因此，有理、有趣、有用，是我们追求的目标，我们力求为更多想在写作上有所提升的同学提供“如何写”的可行性帮助和实实在在的启示。

第三，可持续性。写作是一项可持续的事业，因为我们对世界的探求与感知从未停止。我们将在持续推进课程建设的过程中，不断完善教材建设。我相信，更多有借鉴意义的好例子，更多切身可行的理论和方法，更多响应

① 上述观点的详尽论述可参考拙文《面向新时代卓越人才培养的“大学写作”课程之创新与发展》，见《中国大学教学》2023年第二期。

时代的旋律与思考，更多精妙的主题和优秀的教师，更多新内容、新形式、新方法，将会陆续出现在本书的修订版之中，而我们大学写作课程的“自然模块”“社会模块”和“创意模块”也将推出更多好的教材，共同构成我们大学写作的系列教材。

山水是地上的文章，文章是案头的山水，文字是对生命的馈赠！将所有的感谢化为一句话：感谢编写团队的所有成员以及推动此书的那些人、那些事、那些光阴。

金立

2023 年 6 月

目　录

第一讲　逻辑精神与写作

金　立

写作是人类以语言文字为工具反映见闻感思的精神生产活动，是作者通过创造性思维活动、以篇章的形式表达的对世界的某种认识过程。写作教学一直以来被纳入大学教育的重要内容，写作能力也始终被视为优秀大学生的重要表征。

大学教育是一个从精微的专业知识入手逐步让学生形成科学的知识体系的过程，由此，“说理性”“分析性”“思想性”等概念顺理成章地成为了大学写作的内核。首先，写作是一个实践过程，同时也是一个思考过程。“写作并不是思想的简单记述，它能够对思想进行提炼、打磨和检验——还能创造思想”①。维特根斯坦说“语言就是世界”。海德格尔说“语言是存在的家”。写作借助文字让我们去感知由人、自然与社会共同构成的整个世界，在理性原则的指导下达成各种丰富的思想。从清晰明确到深刻有洞见，从常识性的一般认识到独特有见地的创见，写作与思考相伴始终。其次，写作与知识密不可分。知识在写作中默默地发挥着不可替代的作用，知识为写作提供材料，写作让知识实现价值。面对一个问题的时候，我们需要调动哪些知识，如何整合知识，如何表达知识，这些既是对知识的运用，也是一种更深化了的学习，只有经过了这样的过程，知识才能把握得更扎实。此外，写作还是一种与认知相关的思维训练。它训练学生如何思考问题、整理问题、形成问题，最后如何以逻辑性、论证性、说理性的方式将其表达出来。基于上述分析，复旦大学通识教育中心主任孙向晨教授一言以蔽之——“写作在大学通识教育中起到了枢纽作用”。

从本质上说，大学写作与思维、思想、知识、认知密不可分，作为将思维的规律与规则作为研究对象的逻辑学，势必在里面发挥关键性作用；无论是

① 〔美〕埃里克.阿约著，陈鑫译.人文学科学术写作指南［M］.北京：新华出版社，2017：1.

分析、说理还是思想，清晰有序、层层推进、客观公正、顺理成章都是其基本的前提，逻辑学恰恰为这些前提提供了保障，如此，我们才可能去追求深刻、独到、体系、风格等更高的标准。因此，逻辑思维能力是写作必备的重要能力。“提升写作能力，从关注逻辑开始。”俨然成为共识。

换一个角度看，日常生活中的文化环境、知识背景、利益输出及情感诉求等众多现实动机时刻影响着人们作出不同的价值判断，得出正确或错误的思考结论。这些判断与结论的一部分，通过生活体验的形式沉淀为思考结果或记忆碎片，在它们联结并固定成为思维模式后，又继续操纵着我们的行为。要打破这种思维定式，我们亟须为学生提供一种具有工具性和普遍意义的理性思维模式。它能够更好地解决学生们的知识学习与写作能力提升等问题，并在促进外部观察和自我反思合理性的同时达成自身的幸福圆满。逻辑恰恰就是这样一种思维工具。

“自由思考，就意味着游离于自己的肉体之外。跨出肉体这个受限制的牢笼，从枷锁中解放出来，纯粹飞翔在逻辑的领域，赋予逻辑自然的生命。这就是自由思考的核心内涵。”这是村上春树的作品《没有色彩的多崎作和他的巡礼之年》中的句子。这是一种典型的文学语言，思想自身是充满分析性色彩的。除去文学的滤镜，呈现给我们的是逻辑的“骨感”：清晰有序、客观公正、有理有节，这就是作者对达成“自由思考”的“自由”的诠释。这样的“自由”，同样适用于我们的大学写作，大学写作的目的就是让学生“从思维的枷锁中解放出来，纯粹飞翔在逻辑的领域”，致力于实现“自由写作”。

一、写作的目的与意义

写作在最一般意义上就是组织文字以表达内容，激活文字力量，赋予文字生命。学术定义下的写作是人类运用语言文字符号（概念语言）以记述的方式反映事物、表达思想感情、传递认知结果、进行沟通交际的一种认知和行为能力，是一种创造性的脑力劳动过程，是人类精神生活和实践活动的重要组成部分。

那么，人们为什么要写作呢？

首先，写作的首要任务是服务于社会和时代，文章是社会与时代的永久记忆。这种崇高的意义引用曹丕《典论·论文》中的句子“盖文章，经国之大业，不朽之盛事”来概括似乎是再合适不过的了。有什么样的社会就有什么样的文章，什么样的文章也反过来深刻地影响着社会的方方面面，不同的时代精神总是显现在那个时代的文章之中，而那些饱含思想内容和丰富情感的文字并不会随着时间的推移消失。究其根本，是因为写作有两个重要特性：一是思想性，思想的构成与表达就是写作，治国理政首先需要的是思想；二是永恒性，作者一旦把个人经验写出来，这些经验就会化具体为普遍，具有了永恒的可能。这个层面的意义对我们同学来讲或许还有点高远，但它是我们努力的方向。

其次，写作的第二层意义是服务于个人需求。在中学时期，写作水平的高低深刻影响着个人升学和考试的成绩；进入大学后，写作更是学生们撰写课程论文、科研项目申请书以及实验报告的必备技能；步入社会后，写作依旧与个人的工作生活息息相关，如撰写求职简历、工作汇报、会议记录等，每个人的日常生活和工作都需要写作。大学是深深的海洋，学生可能是优秀的船长。在向一名优秀的船长发展的过程中，写作以及与其密切相关的沟通表达能力将是不可或缺的。

最后，写作的第三层意义是用文字定义生命。如果说服务于个人和社会需求是写作在实用层面的意义，那么为生命而写作便是写作在精神层面的意义。写作是一个输入和输出密不可分的过程，通过写作，我们不仅能学会用文字思考、理解生命的意义，同时也能用文字直面人生、记录成长。尼采曾说："每一个不曾起舞的日子，都是对生命的辜负。"通过写作，我们能将外部的知识转化为内在的思想，不断地滋养自己的精神世界，甚至通过文字影响他人的人生。一部好的作品，不仅能滋养生命、提升境界，还能让作者突破时空的限制，像孔子、孟子、苏轼等人一样，借助写作"无限延续"生命，让人们在几千年后依旧能通过文字与他们对话。

《左传》有云："太上有立德，其次有立功，其次有立言，虽久不废，此之谓不朽。"这便是"人生三不朽""立德""立功""立言"的来源。"立言"的最佳方式即为写作，用不朽的方式在历史的长河中熠熠发光，成为了多少文人墨客自我价值实现的通道以及他们孜孜以求的梦想。

但"纸上得来终觉浅，绝知此事要躬行"，我们要在写作中学习写作。写作关乎思考，同时又是一个行动，在不断地写作实践中才能提升能力。其次，写作需要知识的输入，但不是简单地存储知识，而是在对知识进行整理、组合的基础上形成独特而又普遍可理解的思想，并用文字清晰严谨地加以表达。在这一过程中，逻辑有着非常重要的作用。最后，写作需要长期坚持。写作能力的获得一定要通过长期的实践和积累，无捷径可寻。缺乏坚持和积累的写作，只会成为文字的无意义堆砌。总之，人们既需要现实层面的写作，也需要精神层面的写作，但无论是何种写作，都无高低贵贱之分，关键是愿意动笔。

我手写我心。文章，是对心灵的馈赠，如果不是发自内心，就不会甘之如饴。写作,让我的世界起舞!

二、情感性写作与分析性写作

以认知来源为标准,人类认知可二分为感性认知与理性认知。由此,写作也可被分为以感性为侧重点的情感性写作与以理性为侧重点的分析性写作,其中分析性写作也可被称为“说理性写作”或“思想性写作”。

(一)情感性写作

情感性写作善用生动形象的语言,对人物、景物、事态进行描写;或借助描写,象征性地夸大意象和情感。正如王国维在《人间词话》中所云:“一切景语皆情语。”它是主体对生活世界的主观反映,具有强烈的超验性和私人性,同时也要求作者本身具备良好的文字组织和协调能力。此外,当情感性文章在某个特定语境下形成之后,它便具有了客观的意义,并且在大体上规定了读者感受情感和认知的方向、内容和形式。如马致远的《天净沙·秋思》:“枯藤老树昏鸦,小桥流水人家,古道西风瘦马。夕阳西下,断肠人在天涯。”这首小令以景抒情,描写了移步换景的过程,在情与景的交融中构建了一种凄凉悲苦的意境,以生命作为纽带,将万物纳入诗人的情感世界,从而引起读者的共鸣。但情感性写作往往呈现出模糊、联想和多义的特征,是诗性的认识方式,难以写成“前提—结论”式的推理过程。

再如徐志摩的《再别康桥》:“但我不能放歌,悄悄是别离的笙箫;夏虫也为我沉默,沉默是今晚的康桥!悄悄的我走了,正如我悄悄的来;我挥一挥衣袖,不带走一片云彩。”这一选段蕴含着丰富的音乐、建筑与色彩美,运用高度凝练且朗朗上口的句群,因事缘情,以隐喻的方式表达诗人于现实生活中的失意。

再如这首现代小诗:

你说,冬天有什么缺点吗?
有啊,天寒地冻、不近人情。
那冬天有什么优点吗?
冬天,将世界变成了一个大冰柜。
冻住了时间,
也冻住了思念。
冻住了相遇,也冻住了——
爱人拥抱的瞬间。

在这首诗中,作者运用拟人、比喻等多种写作手法,将冬天的特点拟人化，紧接着又用简朴而浪漫的语言，将冬天写得多情且美好。同时，作者用“思念”“相遇”“爱人拥抱的瞬间”等众所皆知的意境，规定了读者大体的感知方向和内容。

但“一千个人眼里有一千个哈姆雷特”，哪怕是阅读同一篇情感性的文章，文化背景、价值偏好、身份地位、教育水平及语言习俗不同的读者，也会在内容理解或精神领会上出现不同程度的差异或分歧。而导致这一现象的直接原因，就是情感性写作往往不会清楚明白地表述写作的目的与写作的结论。也正因如此，情感性写作不适合运用在与知识关联性强且需清楚明白地表明立场与观点的场景中。

（二）分析性写作

不同于情感写作，分析性写作是主体以论证动机为导向，在给定文化环境中进行的兼备专业性和创造性的论证实践活动，旨在从真实前提出发进行有效推理和论证，促使读者接收或拒绝某个结论，也是学生们进入大学后需要学习并将持续进行实践的写作方式。

这里的“分析性”有三层意思：一指对论证动机进行解释、校准、评估，强调选题或立论的真实性和可论证性，这可视为选题的分析性；二指对论据、材料、观点等进行检查，在同一律、矛盾律、排中律以及充足理由律的基础上有序组织并推进论证内容，实现内容的条分缕析、层层推进、互为补充，这可视为内容的分析性；三指根据写作需求合理地调用辩证、发散、线性、逆向、批判、因果等思维模式和归纳、演绎、溯因、对比、归谬、反证、例证等具体分析方法，这可视为过程和结构的分析性。下面我们看一段有关“白马非马”的分析：

> 以著名的“白马非马”论辩为例，这一论证的重点在于澄清什么是“非”，什么是“是”。以人工语言的视角来看，马作为一个集合，定义为A；白马作为马这个集合中的一个子集，定义为B。
>
> 这里将用到集合论中的两种符号：“⊆”，表示某个集合包含于另一个集合；“≠”，表示两集合不相等。由此，可以得到以下结论：
>
> $$B \subseteq A$$
>
> $$B \neq A$$
>
> 翻译成语言就是：
>
> B 包含于 A（成立）⇒ B 是 A（成立）⇒“白马是马”（当然成立）。
>
> B 不等于 A（成立）⇒ B 非 A（成立）⇒“白马非马”（当然成立）。
>
> “是”表示“包含于”，“非”表示“不等于”，翻译成现代汉语就是“不是”。

持有“白马是马”的观点的人是基于符号属于“⊆”，意思是“白马的集合是属于马的集合的一个子集”；持有“白马非马”观点的人即公孙龙是基于符号不等于“≠”，意思是“白马的集合与马的集合是不相等的。”

因为双方是在“包含于”和“不等于”这两个不同语义上进行认识和表达的，这当然属于合理的用法，以上的 1 和 2 是同时可以成立的。因此，“白马非马”和“白马是马”并不构成矛盾，可以同时为真。

所谓矛盾必须建立在一致的语义的基础上，打个比方，如果我们将“是”定义为“等于”，将“非”定义为“不等于”，那么，我们就不可能一边说“白马非马”（即白马与马的集合不相等），一边却说“白马是马”（即白马与马的集合相等）。

从日常经验出发，我们都会认为“白马是马”，反对“白马非马”。可是，经过上述分析，我们很可能会接受公孙龙的逻辑论证进而最终接受那个反经验反常识的论证结论——白马非马。

此外，古希腊与先秦时期的“智者”（如普拉达格拉）“辩者”“察士”“讼师”（如邓析、公孙龙、惠施）在历史记载中常常是负面的形象。

但是，我们是否可以换一个角度去理解他们的意义——他们实际上是智慧之士，最先意识到在人们的日常语言和思维中存在某些隐而不现的机巧和模糊以及神秘地带，之所以提出来那些巧辩、诡辩和悖论，实际上是对语言与思维本身的把握和好奇，是智慧之士用开玩笑的方式对智慧本身进行的挑战。实际上，正是这样的玩笑激发了人类理智的自我反省，在反省中产生了逻辑。逻辑，是智慧对决的结晶。

可见，分析性写作更适用于与思维、知识关联性强，且需清楚明白地表明立场与意向的场景，尤其适用于学术论文写作与有效性分析文章的写作，也是大学生们主要学习的写作类型。

（三）分析性写作的特点

1. 结构性

分析性文章的首要任务就是能被人快速读懂，换句话说，这样的写作就是写给读者看的，目的也是说服读者。因而，分析性文章的分块组织方式与内在的逻辑框架，与文章的内容一样重要。万途同归、百虑一致，以符合读者思维模式的方式进行写作，才能激发读者的阅读兴趣。

因此，结构性要求同学们在写作的过程中，要以清晰明了的思维合理布局文章并阐明确切的观点和结论。通俗来说，便是多用“议论文体”，多用第一、第二、第三等指示性标语或借助段落、标点符号等的协助，使文章结构分明、体量均衡、直白明了，同时还要做到逻辑关系清晰，或层层递进，或对比论证，使文章论点清晰、论据充足、论证有力，结论有理。

2. 思辨性

思维、语言与生活相互交织又彼此独立。生活为我们的思维提供内容，通过命题的形式，生活中的体验成为常识；思维为我们的生活提供世界观和方法论的指导，通过语言的形式，使思维得以表达。不过，思维有时也会违反一般的常识与语义，与生活脱节。

例如，根据生活常识，白马与马无疑是同一种动物，谁也不会说一匹白马不是马。而在战国时期，公孙龙却对“白马非马”进行了如下论证：“马者，所以命形也；白者，所以命色也。命色形非命形也。故曰：白马非马。”（《公孙龙子·白马论》）公孙龙的主旨在于，白并非是一种依附于物的属性，“白”与“马”是两个独立的概念。因此，“白马”包含了“白”与“马”两个概念，自然就不同于“马”这个概念。这里的“非马”，也并不是“白马”在概念上不属于“马”，而是“白马”不等于“马”。如果从常识出发，生活中找不出单独的“白”存在，“白马”和“马”是一种动物，但在思维中，“白”可以脱离其他事物成为单独的概念，“白马”可以“非马”。这一抽象思辨的特点，也逐渐成为了分析性写作区别于日常写作的又一标志。

3. 理论性

分析性的结果不仅要让读者知道“是这样”，还得告诉读者“为什么这样”。因此，分析性写作需要从现象背后挖出规律，讲出理论背后的元理论。

我们先读一下鲁迅翻译的厨川白村《苦闷的象征》中的一段话：

两　种　力

有如铁和石相击的地方就迸出火花，奔流给磐石挡住了的地方那飞沫就现出虹彩一样，两种的力一冲突，于是美丽的绚烂的人生的万花镜，生活的种种相就展开来了。“No struggle, no drama”者，固然是勃廉谛尔（F. Brunetière）为解释戏曲而说的话，然而这其实也不但是戏曲。倘没有两种力相触相击的纠葛，则我们的生活，我们的存在，在根本上就失掉意义了。正因为有生的苦闷，也因为有战的苦痛，所以人生才有生的功效。凡是服从于权威，束缚于因袭，羊一样听话的醉生梦死之徒，以及忙煞在利害的打算上，专受物欲的指使，而忘却了自己之为人的全底存在的那些庸流所不会觉得，不会尝到的心境——人生的深的兴趣，要而言之，无非是因为强大的两种力的冲突而生的苦闷懊恼的所产罢了。我就想将文艺的基础放在这一点上，解释起来看。……

厨川白村在《苦闷的象征》中提出的"创作论"，是从发生的角度谈文艺是如何产生的："生命力受了压抑而生的苦闷懊恼乃是文艺的根柢，而其表现法乃是广义的象征主义。"厨川认为人生的苦闷来源于两种力的对抗，一是"创造生活的欲求"，二是"强制压抑之力"，人们既要释放自己的天性，又受到外界规则和心中本我的管束。而文艺则是生命的纯粹表现，是个性欲望的释放，也是对人生苦闷的弥补。厨川提出的文艺创作论不讲如何创作文艺，而是一种高度的理论概括，是文艺创作的指导思想和指导原则。为此，他借鉴了弗洛伊德精神分析心理学"冲动—压抑—转化"的理论框架并加以改造，又将柏格森、康德、席勒的学说进行整合，最终内化成为他的文艺创作观。由此可以看出，分析性写作的过程包含了对大量专业理论的内化，具有理论性强的特点。

综上，兼具"结构性""思辨性"和"理论性"的分析性写作，是以问题意识为导向的理性写作。而这三大特点与大学的知识教育和思想发展密切相关，是在专业广博的知识与独立深刻的思想基础上提出的。相对于学生在中学期间习惯并擅长的情感性写作，分析性写作是一种将情感与思想推向纵深处的再出发。

三、逻辑与写作的关系

逻辑与写作存在着怎样的关系

（一）写作与人类思维的关系

写作是人类思维的过程，文章是思维的结果，从发生的角度看，想要写出好文章，首先要确保思维的正确性。日常生活中常常将缺乏逻辑对应为思维混乱或缺乏条理，这恰恰是用朴素的方式说出了逻辑精神的要义：清楚明白、有条理讲次序、重论证讲论证。这看起来简单，但实际上很难，对改良同学们固有的写作思维方式，提高写作水平有着重要意义。我们先来看一个例子。

在课堂上，老师询问同学们："教室里的各位都是好人吗?"，同学都回答："我不知道"，或许是同学们都只能确定自己没有做过坏事，而对其他同学的情况保持沉默，因此无法确定"所有人都是好人"的断言，这是在断言意义上的"不知道"，但是，这一问题本身还包裹着一个更为基本的"不知道"，那就是——到底什么是"好人"？如果不确定对好人的定义，有关"好人"的一切问题皆无法展开，这种对清楚明白的坚守，便是逻辑精神的呈现。为了让问题可以简单清楚一些，老师将"好人"替换为"杭州人"并将杭州人确定为“户籍在杭州的人”，此时问题变成了“教室里的各位都是杭州人吗”，相对于“好人”，“杭州人”是一个相对容易确认的概念。就教室里上课的同学们的实际情况可以推断：部分同学们会回答“不”，因为他自己恰好就不是杭州人；另一部分同学会说“我不知道”，因为他自己是杭州人但不知道别人是不是；绝对不会有同学会回答“是”，因为他无法从自身出发来确保一个全称肯定判断为真。此时，每个同学的回答是基于他们自身的情况，即是不是杭州人得出的，这是“亲知”的方式；而我们对他们的回答进行思考从而得到对他们个人情况的一致认知，则是“推知”的方式。亲知和推知是认识的两个重要途径，亲知不是逻辑方式，但推知是。我们可以继续思考并得到几个有效结论：

1. 如果教室里的各位都是杭州人，那么，任何一位就是杭州人。抽象形式是：“所有的 S 都是 P”为真，可以推出：“某一个 S 是 P”为真；

2. 如果教室里的存在一位不是杭州人，那么，教室里的各位都是杭州人即为假。抽象形式是：“某一个 S 不是 P”为真，可以推出：“所有的 S 都是 P”为假。

这样的认知不仅有深度，而且清晰。这里面就是逻辑在发挥作用。

我们再看一个写作的例子：下面四个判断分别是一篇文章的四个小标题，文章标题我们暂且定为“如何提升逻辑思维能力”，请用批判的眼光看看里面有没有什么问题。

概念要明确
判断要恰当
论证要有说服力
推理要合逻辑

这个问题与有没有逻辑学的专业知识有关，但也可以跳出专业知识来找找不足。以清楚明白的标准来看，这里面一共有四处错误：

第一，文章标题里面有“逻辑思维”，小标题里面也有“合逻辑”，不同层面的标题同时出现了“逻辑”，含糊不清，这是因为对推理在逻辑思维提升中的作用的认识不够明确。

第二，前三个标题都是在用具体的内容如“明确”“恰当”“有说服力”等内容来回答“如何提升逻辑思维”，那么，第四个标题应该做出具体而明确的回答，而不是含糊其词的“合逻辑”。此处可以遵循一致性的原则将第四个标题的应答方式与前三个标题保持统一，如改为“推理要有效”。

第三，逻辑在思想与写作中常常表现为很强的次序感，或循序渐进，或平行铺开,这四句话整体而言是遵循平行铺开的原则而展开的,但这几句话相互之间其实呈现出由小到大层层推进的次序:概念、判断、推理、论证。由此可见,第三、四个标题应该调换一下次序。

第四,从语言文字的表达来看,四个标题长长短短不整齐。此处可将“论证要有说服力”改为“论证要有力”。

如此,我们便可以得到四个的小标题:概念要明确;判断要恰当;推理要有效;论证要有力。如要用提问的形式加以表述,也可以是:概念如何做到明确性?判断如何做到恰当性?推理如何确保有效性?论证如何实现有力?这样的表述还留下了一个没有处理的问题,那就是:明确性、有效性、恰当性、得体性到底是指什么?作为专门的词汇,它们均有自己特殊的意义,而这与一般意义上的理解是不一样的,当我们要对这些概念进行辨析时就不得不费很大的力气去说清楚,而这与写作本身并不是太直接的事,应该说,具有这样的一种认识倒是与写作密切相关的,甚至可以说这是写作的酝酿的过程。基于上述考虑,我们在第二讲“逻辑基础与写作”中直接选用了这四个小标题,而在第五讲中调整表达为:明确概念,恰当判断,有效推理,有力论证。

(二)逻辑的三个特性

亚里士多德没有使用逻辑这个词,但是,他在《工具论》中有一个著名论断:一个推理是一个论证,在这个论证中,有些东西被规定下来,由此必然得出一些与此不同的东西。严格意义上讲,逻辑就是“必然得出”,是必然无例外,是普遍不带偏见,是用一种纯粹抽象的方式隐藏在认识之后推动着认识活动的展开。其落实到写作中便是:清晰、有序、严密……平时耳熟能详的“摆事实、讲道理”“大胆假设、小心求证”均是逻辑精神的体现。

进一步讲,逻辑是研究正确思维和有效推理的学科,素来具有工具性、基础性和人文性这三个特性,三者均可视为对逻辑精神的具体体现与发展,有助于实现理性的思考、科学的决策、清楚的思想,并最终达到明是非,辨真伪,澄清人生,惠及生活。

首先,逻辑具有工具性,这也是逻辑核心的性质。逻辑是人们正确思维的工具,是说话写文章的工具,是明辨是非、表达思想、论证观点、驳斥诡辩的工具,就像工人做工离不开机器,农民种地离不开锄头一样。逻辑思维能力直接影响甚至决定思想能否被清晰表达。

在实际运用中,逻辑知识不仅辐射全学科,也体现在现实生活中。逻辑是一切科学研究的必备工具。同时,作为一种系统性工具,逻辑的价值还体现为建构面向特定领域与特定目标的科学方法论;在日常生活中,学习逻辑还有助于人们掌握辨谬的工具，从而提高人们防范谬误、驳斥诡辩的能力，培养言之成理的能力。

举个例子，相传电视剧《芈月传》中芈月的原型是春秋战国时期的宣太后。宣太后是一个集美貌、智慧与手段于一身的角色。在她临终时，曾想让男宠魏丑夫去殉葬。魏丑夫为保命便找了庸芮充当说客。

庸芮找到宣太后后，问道："太后，你觉得人死后有灵魂吗？"太后回答说："我不知道"。庸芮说："如果没有灵魂，那么您没有必要让心爱之人去殉葬，因为死后便烟消云散，再难重逢。"太后点点头。庸芮继续说："如果有灵魂，那么您最该去陪伴的也是您的先夫——秦惠文王，他已经等了您很久很久。所以，不管有灵魂还是没有灵魂，都没有必要让魏丑夫为您殉葬。"太后想了半天最后决定——算了吧。这个故事呈现的便是逻辑学中的一个二难推理，也就是说：

如果有灵魂，没有必要殉葬；
如果没有灵魂，也没有必要殉葬；
要么有灵魂，要么没有灵魂；
总之，没有必要殉葬。

在这个故事中，二难推理本身所带来的逻辑的理性力量帮助太后做出了最终的决定，挽救了魏丑夫的命。可见逻辑对人们的思维具有很好的引导作用。

再如，古代希腊唯物主义者伊壁鸠鲁认为上帝并不干涉人的生活，他写道：

很多人认为上帝是全知全能全善的。如果上帝是全能的，则能扑灭世界上的邪恶；如果上帝是全善的，则肯定愿意消除世界上的邪恶。这样，世界上就应该没有邪恶。可是，现在世界上存在着很多邪恶，这说明上帝不能扑灭世界上的邪恶，或者不愿意消除世界上的邪恶。更说明上帝或者不是全能的，或者不是全善的。

我们将这段话稍加简化，就可以得到一个二难推理：

如果上帝是全能的，他就能扑灭世界上的邪恶；
如果上帝是全善的，他就愿意消除世界上的邪恶；
上帝或者没有扑灭世界上的邪恶，或者不愿意消除世界上的邪恶；
所以，上帝或者不是全能的，或者不是全善的。

何为二难推理？取"二难"为名，是因为这种推理可以很好地刻画人的各种两难困境，但是，并非所有符合这种推理结构的推理都是处于困境的，比如伊壁鸠鲁关于上帝的论证只是把上帝全知全能全善的论断推翻了，并没有陷入困境。

其次，逻辑具有基础性。一方面，逻辑是一切人类理性思维的基石，一切科学理论知识的构建都需要符合逻辑的同一律、矛盾律（又称不矛盾律）和排中律。另一方面，逻辑有助于增强思维能力，提高认知水平。逻辑以研究有效推理为己任，它描述推理实践，解读推理规则，构建推理系统。推理知识能使人们的思维更加严谨、准确和敏捷，从根源上提高认知水平。

1. 同一律

同一律要求在言语表达或交际过程中，假使确定了某一论题，就应该保持这一点并加以论证，如果有意或无意地背离原来的论题，变换成别的论题，就违反了同一律的要求，犯了“偷换论题”或“转移论题”的错误，举例如下：

> 有位领导在座谈会上说：“我们是人民的公仆，要当人民的老黄牛，老黄牛嘛，就是要埋头苦干，任劳任怨。当然，我们都还没有老；都还是四五十岁的人，我们还不是老黄牛，是中黄牛，还要继续为人民工作嘛。等我们老了以后，要退休，要让年轻有为的同志来接班。现在物质文化生活条件比以前好多了，以后大家退休了就可以安度晚年。”

这位领导在讲话中不停地转移论题，以致前后语言失去了逻辑联系。开始的论题为干部是人民的公仆，是老黄牛，并且把“老黄牛”解释为有任劳任怨、埋头苦干精神的干部；接下来却谈在座的干部在年龄上还是“中黄牛”；最后论题一转，又提起干部退休以后可以安度晚年。整个段落没有中心思想，让人莫名其妙。

2. 矛盾律

矛盾律要求思想必须前后一致，不自相矛盾。违反矛盾律的逻辑错误叫自相矛盾。“自相矛盾”中的“矛盾”一词，出自《韩非子·难一》中讲到的一篇寓言故事：

> 楚人有鬻盾与矛者，誉之曰：“吾盾之坚，物莫能陷也。”又誉其矛曰：“吾矛之利，于物无不陷也。”或曰：以子之矛，攻己之盾，何如？”其人弗能应也。夫不可陷之盾与无不陷之矛，不可同世而立。

例如，“所有年满 18 岁的公民都有选举权”与“有些年满 18 岁的公民没有选举权”这两个命题是互相矛盾的，矛盾律要求不能同时肯定它们都是真的。又如,“汉水是长江最大的支流”与“汉水是长江最小的支流”这两个命题是矛盾的,矛盾律要求不能同时肯定它们都是真的。

在违反矛盾律的逻辑错误中,有一种特殊的逻辑矛盾,就是悖论。1919年,逻辑学家罗素曾经提出这样一个问题:“某村子里有个理发师,他规定自己只给那些不刮胡子的人刮胡子,请问:这个理发师给不给他自己刮胡子?”如果理发师给自己刮胡子,那么,按规定他不能给自己刮胡子;如果理发师不给自己刮胡子,那么,按规定他就要给自己刮胡子,这就陷入了矛盾循环的怪圈之中,这是数学史上著名的“理发师的悖论”。遵守和运用矛盾律的意义在于保证思维具有前后一贯性,或者说无矛盾性。当然,这个悖论背后隐藏着的是集合论自身的问题,这才是罗素的真实用意。

3. 排中律

排中律要求在互相矛盾的思想之间,排除中间可能性,对于两个互相矛盾的思想,不能都加以否定。例如,在讨论我国的高等学校时,任何一所高校,要么属于“全国重点大学”,要么属于“非全国重点大学”。没有哪一所高校既不属于全国重点大学,又不属于非全国重点大学。举例如下:

> 甲乙两人就文艺创作问题发生了争论。
>
> 甲说:“我看,文艺创作是要有点灵感的。”乙说:“不能这么说。”
>
> 甲说:“你认为文艺创作不需要有点灵感吗?”乙说:“也不能这么说。”
>
> 甲说:“那你认为怎样?”
>
> 乙说:“我认为……反正这是个理论问题,我无非是谈谈个人的看法。”

这里,乙的意见显然是不符合排中律要求的,因为“文艺创作需要灵感”和“文艺创作不需要灵感”是两个互相矛盾的命题,其中必有一真,乙既否定前者,又否定后者,这就犯了模棱两可的错误。

排中律要求我们明确思想,力避含混,这在实际中是有重大意义的。对于在日常生活中含糊其词,故意用“模棱两可”的回答来回避问题明确答案的人而言,排中律是他们的“天敌”。我们应当运用排中律旗帜鲜明地对这类人进行驳斥,揭露其错误所在。

最后,逻辑具有人文性。逻辑的功能主要是提高人们正确思维和有效交际的能力。此外,在面对社会各层面出现的“无理”“无序化”问题时,逻辑也是各种解决方案的基础。如果能将逻辑学充分地运用在生活中,人们的表达能力、理解能力等综合能力将得到极大提高,面对多元化的问题时也会有更多样的解决方案。

让我们通过下面这个有趣的小故事，一起体会逻辑在人际交往中的作用。

> 有一个人不太会说话，有一天他请了四个朋友到他家做客。约定的时间到了，但只来了三个人。于是，这个人说道："哎呀！该来的没有来。"其中一个朋友听了，心里很不舒服，心想：该来的没有来，那来的就是不该来了的。于是，他起身走了。
>
> 这人见状，又说道："哎呀！该走的没走，不该走的倒走了。"另外一个朋友心想：该走的没有走，这话的意思是没走的是该走的。于是，他也起身走了。
>
> 转眼三个朋友只剩下一个，但这个人还是没有反省自己，他继续说道："我说的又不是他们俩。"结果最后一个朋友听了，也愤然起身离去。

这是个笑话，但笑话也是对现实生活中典型事例的反映。其实，这个故事中的三个朋友离场是有道理的，这个主人说的几句话，可以通过变形推理来推导。

（1）"该来的没有来"。

我们定义 S 是"该来的"，$\overline{S}$ 就是"不该来的"，P 是"不来的"，$\overline{P}$ 就是"来的"。

这样，我们就可以把"该来的没有来"这句话，符号化为一个 SAP 的命题。

> "该来的没有来"，就是"该来的是不来的"，是 SAP 命题，换质成 $SE\overline{P}$——该来的不是来的；然后再换位成—— $\overline{P}ES$，那就是——来的不是该来的。
>
> $\overline{P}ES$ 再进行换质变成——$\overline{P}A\overline{S}$，那就是——来得是不该来的。

通过两次换质和一次换位的转换，从前提"该来的没有来的"，推导出了结论"来的是不该来的"。所以，第一个朋友离开是有道理的，错不在他。

（2）"不该走的走了"。

我们重新定义 S"是不该走的"，$\overline{S}$ 就是"该走的"，P 是"走了的"，$\overline{P}$ 是没走的。

"不该走的走了"="不该走的是走了的"，这是 SAP 命题。

> SAP 换质以后就变成了 $SE\overline{P}$——不该走的不是没走的，然后再换

位——变成$\overline{P}ES$——没走的不是不该走的，再换质——$\overline{P}A\overline{S}$，就是——没走的是该走的

如此，就从“不该走的走了”得到了结论——“没走的是该走的”，于是第二个朋友也离开了。

进入大学后，同学们会更多地接触说理性的写作，不同于文学或日常情感写作，说理性写作能发挥创作的空间更小，且需要作者层层递进、由浅入深、有顺序地构建思想。清楚、明白、有条理、讲次序的逻辑精神如能内化于文章，就可以从形式和思想上为文章的有效性提供保障。逻辑教育的最终目标就是让人明是非，辨真伪，用逻辑澄清人生。

四、写作中的理性、情感与品性

生活中的论证不仅是大脑的思维活动，同时也是具有社会性、实践性的修辞活动。亚里士多德构建了逻辑学，强调了论证的有效性，但他在《修辞学》中也提出了与人沟通的三要素：理性（logos）、情感（pathos）、品性（ethos）。无论是口语表达还是笔头书写，仅仅依托理性论证是不够的，逻辑精神无疑是写作的基础，但情感和品性也是重要的力量，由此，我们有理由给出一个更为完善的表达：写文章既要晓之以理，重视论证的逻辑有效性；也要动之以情，关注语言对语境的依赖性；还要辅之以行，注重人格的潜在影响力。

2017 年上映的电影《至暗时刻》中有个经典片段，时任英国首相的丘吉尔先后发表了两次演说，运用慷慨激昂的演讲燃起了全英国反抗法西斯的燎原之势。以电影中的几段台词为参考，依据亚里士多德的沟通三要素，可以分析其演讲的力量来源。

> “如果需要，不惜累月积年；如果需要，哪怕独自一人。无论如何，这是我们要做的，这是国王陛下政府的决心，这是他们每个人的决心。这是议会和国家的意愿。”

这段话表达了英国政府决心抵抗法西斯的强烈意愿。第一句话从时间、人数两个维度表现出此次抵抗的艰难，国家已经到了至暗时刻，诉诸一腔孤勇的情感，博取国民的同情。第二、第三句则诉诸国王、政府与议会的权威，表示国家政府与国家权力机关已经带头反抗，表明了反抗到底的决心。

达成共识、引发共鸣、促成共振，这是好的表达力求达到的理想结果。

通过真诚的情感和人格的魅力抓住读者的心，主导读者的情绪，进而驱动读者的决策与行为，是常见的修辞手段。请看下面这段话：

> “我们不会举白旗，也不会失败。我们要走到最后！我们将在法国作战。我们将在海上作战。我们将以越来越大的信心和越来越大的力量在空中作战。不管付出什么代价，我们都要保卫我们的岛屿。我们将在海滩上战斗。我们将在着陆地战斗。我们将在田野上、街道中战斗。我们将在山里战斗。我们决不投降！尽管我一刻也不曾认为这座岛屿，抑或说它的大半部分会被征服，岛上的人们会陷入饥饿之中，但即便是发生了这样的状况，我们的海上帝国也将在英国舰队的武装和保卫下继续斗争。届时，在上帝认为合适的时候，新世界将用他所有的权威和力量来拯救和解放旧世界！”

丘吉尔以上的演讲虽没有对战争作出实质性的指示，也没有为议员说明英国应对战争的准备，但却获得了议员们的支持。丘吉尔的演讲有以下几个切入点：首先，岛屿、海上帝国、海滩等意象都是英国的标志，丘吉尔使用这些符号表明这场战争已然迫在眉睫，关乎国家存亡，从而提高议员们对战争的认同度，从内容上增加了演讲的分量；其次，丘吉尔运用排比的语言形式加强了论证的气势，表明英国决不投降的意志，这是从语言使用上增强了演讲的力度，可以激发听众强烈的情感和高昂的情绪；最后，丘吉尔搬出上帝，利用宗教的力量压制反对的意见。至此，丘吉尔将情感和情绪推到高潮。当然，英国首相的权威身份和丘吉尔值得信赖的品德以及人格魅力都是让演讲取得实效的幕后力量。

《论语・雍也》有云：“质胜文则野；文胜质则史。文质彬彬；然后君子。”这段话阐释了文与人之间的关系，可视为对“文如其人”的一种诠释。墨子的三表法中的第一表“有本之者”即“本之于古者圣王之事”，强调了圣人贤者对后人的榜样作用；第三表“有用之者”即“观其中国家百姓人民之利”，重视国家百姓能否受益，俨然将论说者塑造成了一个站在道德高地上的智者。当我们反观历史与现实，人格与情感在那些由文字构筑的不朽天幕里熠熠生辉。理性、情感与品性，这三者如何有机结合，进而汇聚成一股强大的力量在文字中涌现，这本身就是对作者的一种考验，亦为一种历练。

复习思考题

请在以下论题中选取一个发表自己的论述，字数在 300—400 字之间，要求：题目自拟，观点明确，思路清晰，表述流畅，论证合理。论题如下：

科技发展利大于弊还是弊大于利？

颜值即正义的看法合理吗？

科学是否有标准？

内卷行为是合理/不合理的。

司法是否要顾及舆论？

人的身份是自己决定的还是被他人赋予的？

医学进步可以消除疾病吗？

躺平利大于弊还是弊大于利？

解题思路

第二讲　逻辑基础与写作

金　立

汉代著名的文学家刘勰在其著作《文心雕龙》中探讨文章精妙之处时写道：

> 《易》称“辨物正言，断辞则备”，《书》云“辞尚体要，弗惟好异”。故知正言所以立辩，体要所以成辞，辞成无好异之尤，辩立有断辞之义。虽精义曲隐，无伤其正言；微辞婉晦，不害其体要。体要与微辞偕通，正言共精义并用；圣人之文章，亦可见也。

刘勰认为，相比标新立异，“正言”“体要”也即“辞句明确、要点精当”才是圣人文章之精髓。

一篇好文章的核心不在于华丽的辞藻和堆砌的典故，而是清楚的思想表达。而所有表达问题，归根结底都离不开逻辑。为便于同学们更好地掌握写作所必需的逻辑基础，理解逻辑学基础内容，并在头脑中构建系统的知识框架，我们将从思维最小的构成单位——概念开始讲起，并逐步介绍人类思维过程中的各种构成，顺序依次为：概念、命题、推理和论证。

通过基本的逻辑基础训练，同学们将会明白，为使文章言辞准确、表达清晰，其要义是在遣词造句和安排结构时要围绕“概念要明确，判断要恰当、推理要有效、论证要有力”四条准则来进行。

一、概念要明确

概念如何做到明确

任何思想的表达，总是从概念开始的。而人们真正认识一个事物的过程，就是从对被感知对象的本质特点加以比较、分析、综合、抽象和概括开始，将感性认识上升到理性认识，以词项①的物质形式将思想内容确定，最

---

① 词项是逻辑分析的基本单元。在传统逻辑里，词项就是直言命题的主项和谓项，能作为命题主项和谓项的，就叫作概念。

终以认识这个事物所反映在概念中的本质属性或特有属性作为终点。

概念就像商品的条形码，能使不同类的货物得以区分；识别它，就能获得某类货物的全部信息。在日常生活中，概念既有区别对象、构建思想的作用，也有凝结认识成果的作用。虽然在限定的时空维度内，每个概念都会有其相对稳定且被广泛接受和使用的内涵，但由于个人的世界观、人生观和价值观不同，人们理解同一概念时难免会产生偏差。

在日常写作中，当我们把"概念"当作一个语词时，似乎很难说清它具体指称什么。因为此时的我们并没有将语词和思维加以区分，甚至我们习惯将思维的载体和思维本身混为一谈。所以，在分析性写作中我们要尝试区别语言和思维这两个层面。这两者的联系在于，语言是思维的唯一载体，我们至少需要通过某人的语言去准确把握对方的思维；语言的最小单位是语词，其作为载体能反映思维的最小单位，就是概念。概念和语词之间的区别在于二者并不存在一一对应的关系：首先，有的语词并不揭示任何概念，能表示概念的语词叫作词项；其次，不同的词项可以表示同一个概念，如"至道大圣大明孝皇帝""唐明皇""李隆基""唐玄宗"等词项所指称的都是同一个对象；相对的，有的词项却具有多个含义，能够揭示多个概念，如"算账""饭桶"。可见，思维是语言隐藏的内核，语言是外在表达的方式，但思维在我们的日常生活中是抽象的。因此，我们需要在写作过程中使用准确的词项，表达特定的概念，确定文章的主题和关键问题，尽可能消解和避免认知上的偏差。

那么究竟如何明确一个概念呢？

（一）在同一思维进程中，概念的内涵与外延应始终保持一致

每一个概念都有确定的反映对象和对象范围，即内涵和外延。内涵是指概念所反映的对象的本质属性，又称概念的含义。外延则是指具有概念所反映的本质属性或特有属性的对象，即概念的适用范围。例如：

在"人是求知的动物"这句话中，"求知的动物"是"人"的内涵；你、我、他以及古今中外所有的人则构成"人"的外延。

通过分析概念外延的性质和数量，我们可以将概念分为不同的类型，从概念所反映的事物的数量来看，概念可以分为单独概念和普遍概念。单独概念是反映某一特定对象的概念，它的外延是独一无二的对象。从概念反映的事物的性质来说，可以分为集合概念和非集合概念，正概念和负概念。例如：

[1] 浙江

［2］ 城市

［3］ 大学生是国家栋梁。

［4］ 大学生是学生。

因为“浙江”在日常的认知中被当作一个独一无二的地名，因此例［1］为单独概念；城市的数量有很多，因此例［2］为普遍概念。例［3］与例［4］中都有“大学生”，但例［4］中的“大学生”是非集合概念，而例［3］中的“大学生”是集合概念。其区别依据是，集合概念是反映集合体的概念，集合体所具有的属性，组成集合体的个体不一定具有。而非集合概念就是反映非集合体的概念。非集合体，通常是指事物类，其特点是，事物类所具有的属性，组成事物类的分子一定个个都具有。

我们先看一个例子：

开学了，甲同学说：“杭州是个好地方，山秀水秀人亦秀，杭州人很秀气。”

乙同学说：“你看我们宿舍有两个杭州人，一个又瘦又黑，一点也不秀气；还有一个长得还行，但是非常鲁莽，不讲道理、自以为是，同样不秀气，所以我觉得杭州人不秀气。你怎么可以说杭州人秀气呢？”

这样的争论在生活当中比比皆是，当一个人说“杭州人秀气”，另一个人就会举出某杭州人不秀气的个例，从而得出“杭州人不秀气”的结论。类似地，当我们说绍兴人很精明，就会有人举例说某绍兴人其实一点都不精明，所以得出“绍兴人是不精明的”的结论；就如同我们说“德国人很精细”，就总有人会找出几个不精细的德国人，并反击说，“德国人也不精细”。

其实，争论双方都是错误的，那么问题在哪里呢？问题在于，双方所讲的“杭州人”，虽然从语言上来讲是同一个语词，即表达的形式是一样的，但是从概念的角度说，两者是完全不同的，表达了两种不同的意思。当我们在讲杭州人秀气、绍兴人精明、德国人精细的时候，杭州人、绍兴人、德国人指的都是集合概念，它们所具有的是整体的性质。

但是当我们在列举某一个人是杭州人、某一个人是绍兴人、某一个人是德国人的时候，这里的杭州人、绍兴人和德国人，则是一个非集合概念。由此可知，他们是两个完全不同的概念。如果用两个完全不同的概念来进行一段彼此连接的推理，自然无法推导出正确的结论。这个例子旨在突出明确概念的必要性和重要性。在我们日常的写作过程中，我们应该注意确保文章中所使用的概念在内涵和外延上始终保持一致，否则，就会引起表达与理解的混乱。

（二）掌握明确概念的基本逻辑方法——定义与划分

概念的定义是揭示概念的内涵的逻辑方法。定义的理论结构并不复杂，一般由被定义项（DS）、定义项（DP）和定义联项组成。被定义项一般是我们所要讨论的对象，定义项是我们对该对象的说明，定义联项的作用是把被定义项和定义项联结起来组成一个定义。其语言表达式多为“……就是……”。例如：

［5］商品是用来交换的劳动产品。

其中，“商品”为被定义项，“用来交换的劳动产品”为定义项，“是”为定义联项。该定义的过程分为三步：第一步找出与“商品”概念临近的属概念（商品属于劳动产品）；第二步找出商品与其他劳动产品的种差（可从性质、关系、发生过程、功用等角度出发），即商品所拥有的特有属性（用来交换）；第三步即按照“DS 就是 DP”的形式将定义表述出来。

定义过程需要遵循的特定规则有：

（1）定义项的外延与被定义项的外延必须是全同的。违反这一规则，就会犯“定义过宽”或“定义过窄”的错误。例如：

宪法是国家的法律。

被定义项的外延小于定义项的外延，犯了“定义过宽”的错误。

逻辑学就是研究三段论的学问。

被定义项的外延大于定义项的外延，犯了“定义过窄”的错误。

（2）定义项不能直接或间接地包含被定义项。违反这一规则，就会犯“同语反复”或“循环定义”的错误。例如：

逻辑学是研究逻辑的科学。

定义项直接包含了被定义项，犯了“同语反复”的错误。

丈夫是“妻子的爱人”；妻子是“丈夫的爱人”。

定义项间接包含了被定义项，犯了“循环定义”的错误。

（3）定义必须使用含意确定的语词。违反这一规则，就会犯“定义含混”的错误。例如：

生命是通过塑造出来的模式化而进行的新陈代谢。

犯了定义含混的错误。

(4) 定义不能是否定的,或用否定的概念。例如:

曲线是不直的线。

依靠这几条规则,我们在写作的过程中才能准确地向读者传达我们的思想。而通常同一个具有属种关系的概念的内涵与外延之间存在着反变的特性,就是说一个概念的内涵越复杂,那么这个概念的外延数量就会越少。因此,如果我们能在文章中准确地给出研究对象的定义,那么就能减少读者误会的可能,提高文章的可信度。同时,在阅读文献,或遇到新概念时,也需要掌握划分概念外延的方法,增强对概念属种关系的清晰认识。

概念的划分是指把一个属概念分为若干种概念,从而明确概念外延的逻辑方法。概念划分有三个要素:母项、子项与划分的标准。母项就是被划分的属概念;子项就是划分所得的种概念。每次划分必须以对象的一定属性作为根据,作为根据的属性就是划分的标准。例如:

[6] 人可以分为成年人与未成年人。(按照法定年龄标准划分)

[7] 人可以分为男人与女人。(按照性别标准划分)

概念的划分也有三条特定的规则:

(1) 每次划分只能根据一个标准,否则就会犯"划分标准不一"的错误。例如:

[8] 我最爱阅读外国文学作品,英国的、法国的、古典的,我都爱读。(划分标准既有国别,又有时代)

(2) 子项外延之和应与母项的外延为全同关系,否则就会犯"划分不全"或"多出子项"的错误。例如:

[9] 音乐可以分为古典音乐、摇滚音乐、流行音乐。(缺少现代音乐)

(3) 各子项的外延应是全异关系,或者说,应互相排斥,否则就会犯"子项相容"的错误。例如:

[10] 学生可分为小学生、中学生、职高生、大学生、研究生。("职高生"和"中学生"有交集)

我们可以依据以上任意一条规则去检验概念划分的准确性,从而佐证思维的正确性。当然,在写作过程中也要遵守这三条规则,以免给读者留下思维不系统、不专业的印象。

以上就是逻辑定义与划分在写作中的作用。作为思维的基石和起点,清楚明白的概念使用是保证思维清晰和写作流畅的关键,也是文章专业性的关键所在。

（三）厘清概念间的关系以增强文章的严谨性

根据概念与概念之间的外延是否有重合的情形，可以将概念间的外延关系划分为四种。

第一种是全同关系，是指两个或多个概念的外延完全相同，全同的概念多数可以互相替换，在写作时，我们可以用“……即……”的表达对一个陌生的概念进行解释说明，例如，“菡萏即芙蓉、荷花”，可以将不常见的书面用语“菡萏”同我们日常所熟知“荷花”联系起来，以便我们理解“菡萏”。

此外，写作中在不引起混淆的情况下可以使用不同的语词来表示外延同一的概念。例如，“夫人”“太太”“爱人”“拙荆”“发妻”都是对妻子的称呼，如在文章中需反复出现“妻子”这一概念时，可以使用不同的语词，这样既可以起到适应语境的作用，也可以改善行文的单调性。

第二种是交叉关系，是指两个概念的外延有所重合。例如，电影《抓壮丁》中王保长的口头禅“现在而今眼目下”给许多人留下了深刻的印象，成为笑谈。其原因就在于，“现在”“而今”“眼目下”这三个概念有所重合，这就形成了概念的冗余。因此，我们应当在写作时尤其注意避免使用外延有所重合的概念，以免造成表述混乱。

第三种是包含或真包含于关系，是指一个概念的外延范围完全属于另一概念的外延范围。在写作中，我们常常使用限制与概括的逻辑方法，使概念间呈现包含或真包含关系的序列，从而使文章层层递进，重点突出。例如：

1936 年，红一、二、四方面军在陕北会师时，黄克功已是一位身经百战的旅长。他在少年时代就参加红军，经历了井冈山的斗争和两万五千里长征。到达延安后调到中国人民抗日军事政治大学（抗大）任队长。“七七”事变后，大批进步青年、爱国学生，投奔延安参加革命。1937 年 8 月初，延安又迎来了一批抗战的女学生。从山西太原友仁中学毕业的刘茜也是其中的一员。出身于官宦人家的刘茜从小就受到了良好文化的熏陶，于是她被分配到了抗大 15 队学习，秀外慧中的刘茜很快引来了许多人的关注，同时也深得其队长黄克功的喜欢。刘茜也喜欢上了自己的队长黄克功，他们的恋爱关系也随之确定并公开化。但由于他们之间在生活、情调、年龄等方面差异过多，随着时间的流逝，二人关系渐渐开始疏远。

黄克功向刘茜送钱赠物要求结婚，被刘茜拒绝，黄克功感到非常失望。他认为失恋是人生莫大的耻辱，更轻信谗言以为刘茜在陕北公学另有所爱，遂去信责备，同时迫切要求结婚。刘茜感觉黄克功过于纠缠，决意不给答复。黄克功十分恼怒，陷入恋爱泥坑不能自拔，于是萌发了杀害刘茜的念头。1937 年 10 月 5 日晚，黄克功找刘茜到延河边散步，逼婚不成，随即掏出手枪枪杀了刘茜。

这一事件在延安引起了激烈的争论。大多数人认为，为严肃军纪，对黄克功应予以枪毙；但有少数人认为黄克功是参加革命多年的老资格红军干部，并立有战功，可否让他戴罪立功，将功赎罪。黄克功本人也几次上书边区高等法院和毛主席，请求戴罪立功。

毛泽东主席在接到陕甘宁边区高等法院转呈的黄克功的信后，于 10 月 10 日复信雷经天（时任庭长、代理院长）。在这封信中，毛主席所用的连续概括是非常恰当的。

给雷经天的信

雷经天同志：

你的及黄克功的信均收阅。黄克功过去斗争历史是光荣的，今天处以极刑，我及党中央的同志都是为之惋惜的。但他犯了不容赦免的大罪，以一个共产党员、红军干部而有如此卑鄙的、残忍的，失掉党的立场的，失掉革命的立场的，失掉人的立场的行为，如为赦免，便无以教育党，无以教育红军，无以教育革命者，并无以教育做一个普通的人。因此中央与军委便不得不根据他的罪恶行为，根据党与红军的纪律，处他以极刑。正因为黄克功不同于一个普通人，正因为他是一个多年的共产党员，是一个多年的红军，所以不能不这样办。共产党与红军，对于自己的党员与红军成员不能不执行比较一般平民更加严格的纪律。当此国家危急革命紧张之时，黄克功卑鄙无耻残忍自私至如此程度，他之处死，是他自己的行为决定的。一切共产党员，一切红军指战员，一切革命分子，都要以黄克功为前车之鉴。请你在公审会上，当着黄克功及到会群众，除宣布法庭判决外，并宣布我这封信。对刘茜同志之家属，应给以安慰与抚恤。

从"失掉党的立场的，失掉革命的立场的，失掉人的立场的行为"，到"无以教育党，无以教育红军，无以教育革命者，并无以教育做一个普通的人"，再到"一切共产党员，一切红军指战员，一切革命分子"，我们可以清晰地看到其中所呈现的循序渐进的次序感，从党到革命再到人，从党到革命者再到普通人，这些概念的外延不断扩大，同时这种次序也使得文章的语气情感不断得以推进，在增强气势的同时使思想更加明确、次序分明，更具有打动人心的说服力。

第四种是全异关系，是指两个概念的外延全无关联，或是完全矛盾，或是同时包含于某个概念却互相无关联，因此，需要在文章中作出严格的区分。例如：邹韬奋在《揭穿妨害民主政治的几种论调》一文中的表述“其实民主政治与‘散漫无政府状态’是风马牛不相及，乃是一种极寻常的常识”。就是借用“风马牛不相及”的典故将两个全异的概念区别开来。

除了概念间的外延关系外，写作时对概念的使用还应注意概念在时间、结构和程度方面的次序。我们来看个例子：

> 2007年，央视记者在采访贵州茅台的高管时曾询问道：“你们的酒为何这么贵，股票也这么贵？”高管回答：“茅台酒之所以贵，是因为有特殊的工艺和独特的口味，当你打开酒盖时，就能闻到馥郁的酒香。在喝酒时，还能感受到中国悠久的酒文化带来的美好体验，这是一种品味。”

高管的回答符合思维由浅入深、层层递进的发展过程。“口味”“品味”两个概念的使用也符合逻辑次序，先有口味，再有品味。口味是一个感觉主导的概念，以主观感受为标准；而品味，则是精神和文化层面的问题，以社会认同为标准。所以，贵州茅台从个人推向社会，先满足个人的口味需求，再通过大众的标准凸显个人的品味。

随后，高管在受访时继续说道：“以前我们是一家老牌企业，现在我们是一家名牌企业，今后我们要努力走出国门，成为一家国际的大牌企业。”其中，老牌是过去，名牌是现在，大牌是今后，这个次序也同样不能调换。因此，我们需要对多个概念间的关系进行考察，有次序地使用概念。

综上，准确地认识概念并在概念间确立循序渐进、层层推进的次序感，是做到“概念明确”的重要内容，也是提高写作能力的第一步。

二、判断要恰当

在了解概念之后，就可以赋予它更多的东西。在学术写作中，人们总是希望能表达自己的一些想法，并获得他人的认同。因此，作为完整定义的承载者——判断就成为了重要的抓手。

命题是反映事物情况的一种思维形态，是有真假意义的语句所表达的思想。我们一般将符合事物实际情况的命题叫作真命题；将不符合事物实际情况的命题叫作假命题。而判断是对思维对象是否存在、是否具有某种属性以及与其他对象之间是否具有某种关系的肯定或否定的断言，是已经确定真假的命题。

那么，在写作中如何做到恰当的判断呢？

（一）判断应是符合实际情况的真判断

在写作中，为了精准地表述思想，论证观点，就应当作出符合实际情况的真断言。而为了能够作出真判断，就应当对命题的成真条件有基本的了解和掌握。

如同词项之于概念，命题也有着属于它的载体——语句。例如：

[11] 张若虚是唐代诗人。

[12] 杭州曾是吴越国和南宋的都城。

由于命题也是一种思维形式，因此概念与概念或语词与语词的简单叠加并不能构成命题，必须借助某个联结项才能使语句具有真假，才能被看作是一个命题。因此，命题经常被表达为“……是……”的结构。例[11]与例[12]中的“张若虚”和“杭州”分别作为两个语句的主语，依靠“是”这个系词与后续的部分组合，形成了两个完整的命题。由于这两个命题符合实际情况，因此这两个语句就是恰当的真命题。写作中，需要使用真命题才能够传递和分享自己对事物的判断，或展示文章中值得讨论的一个个具体问题。

思维是复杂多样的，因此，逻辑学视域下的命题也有多种形式。大致可以将命题先粗略地分为简单命题和复合命题。简单命题指最简单的、自身不包含其他命题的命题。复合命题就是自身中包含有其他任何命题的分子命题。例如：

[13] 所有金属都是有光泽的。

[14] 动物是人类的朋友。

[15] 曹操既是一位政治家也是一位军事家。

[16] 如果细菌不存在，那么人类将无法生存。

例[13]与例[14]是简单命题，无法再分出能承载真假意义的更小单位；而例[15]与例[16]是复合命题，各自分别包含了两个独立的简单命题，继而通过命题联结词构成一个完整的复合命题。在例[15]中，我们可以将原命题拆分为“曹操是一位政治家”和“曹操是一位军事家”两个独立的命题；在例[16]中，又可以将原命题分为“细菌不存在”和“人类无法生存”两个独立的命题。

简单命题也可进一步分为直言命题和关系命题，例[13]就是直言命题，而例[14]是关系命题。复合命题又可分为联言命题（如例[15]）、选言命题（如例[16]），以及假言命题和负命题。此外，根据命题中是否包含模态词，如“必然”“可能”等词，命题又可分为模态命题和非模态命题（图2-1）。

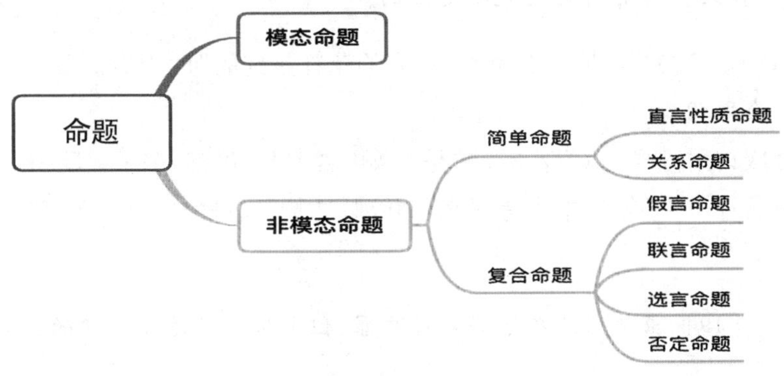

图 2-1 命题的分类

我们可能会注意到,简单命题的组合可以是多种多样的,例[15]中的两个简单命题也可以换种组合方式成为一个新命题:"曹操是一位军事家或政治家"。这个新的命题与例[15]的差别就在于两个简单命题间的联结词发生了变化。在逻辑学中,我们把这些联结词称为真值联结词。真值联结词是反映复合命题与支命题之间的真假关系的联结词,这种真值联结词与日常语言里的联结词是不同的。

由于日常语言的歧义性、不确定性和语用性,因此根据日常语言里的联结词和支命题的真假,只能部分地确定复合命题的真假。比如"和"这个联结词在日常使用中,不仅需要保证其联结的两个简单命题都为真命题,还需要这两个简单命题在语义上也要有联系,甚至有时需要考虑语序。例如:

[17] "1+1=2"和"光是波粒二象性的"。

例[17]包含了"1+1=2"与"光是波粒二象性的"两个简单命题,虽然这两个命题都是真命题,但是在日常中我们很难把这两个简单命题联系起来组成一个复合命题。此外,其他的日常联结词也可能会出现同样的问题,需要我们针对不同的语境和命题内容进行分析。所以,逻辑学有必要对日常语言里的联结词,如"并非""并且""或者""如果……那么……""当且仅当"等,进行科学的抽象。具体地说就是抽取复合命题与支命题之间的真假关系而撇开其他的含义。这样抽象所得的联结词就是真值联结词。

为了把思维层面的联结词与日常联结词区别开,逻辑学设计了五个常用的真值联结词:

1. 否定词

表达"否定"的真值联结词可用符号"¬"表示。它相当于日常语言里的"并非""……是假的"等语词。例如:

[18] 并非所有的花都是红的。

在例[18]中,“并非”是对支命题“所有的花都是红的”的否定。

2. 合取词

合取词用符号“∧”表示,它是对如“并且”“虽然……但是……”“不但……而且……”等日常语言里表示并列、转折、递进的联结词的逻辑抽象。例如:

[19] 虽然张三犯了寻衅滋事罪,但是张三逃过了法律的制裁。

3. 析取词

析取词是对日常语言中如“或者”“可能……可能……”等表示选择的联结词的逻辑抽象,用符号“∨”表示。例如:

[20] 张三或者是警察,或者是律师。

4. 蕴涵词

蕴涵词是命题逻辑中一个很重要的真值联结词,用符号“→”表示。它是对日常语言中“如果……那么……”“当……便……”“只要……就……”等表示条件关系的联结词的逻辑抽象。例如:

[21] 谦虚使人进步,骄傲使人落后

粗看这句话,谦虚与进步,骄傲与落后之间并无关系,但只要用逻辑学的知识分析可知,谦虚是进步的必要条件,骄傲是落后的充分条件。正确的解释是:“只有谦虚,才能进步;如果骄傲,就会落后”借助蕴涵词“→”,可以简单刻画为:谦虚→进步,骄傲→落后。

5. 等值词

等值词用符号“←→”表示,它相当于日常语言中“当且仅当”“如果并且只有……才……”等联结词。从蕴涵角度考察,等值可表示为两个蕴涵式的合取,“p←→q”可表示为:(p→q)∧(q→p),即p蕴涵q并且q蕴涵p,所以,等值词又称互蕴词。例如:

[22] 人不犯我,我不犯人;人若犯我,我必犯人。

在写作中,我们需要严谨地使用以上五个基本的真值联结词,使概念形成命题,简单命题形成复合命题,之后复合命题才能够形成论证语篇。只有掌握真值联结词,理解复合命题与其支命题之间的真假关系,我们才能够确保文章杂陈有理,进退有据。

（二）判断之间应当自洽

在写作中，我们会使用相当数量的表示判断的语句。除了判断应当是真命题外，判断与判断之间还应当保持自洽，即判断与判断之间不能相互矛盾。例如：

> 我国部分行业出现的生产过剩并不是真正的生产过剩。道理很简单，在市场经济条件下，生产过剩实际上只是一种假象，只要生产企业开拓市场、刺激需求，就能扩大销售，生产过剩马上就会化解。退一步说，即使出现了真正的生产过剩，市场本身也会进行自动调节。

在这段文字中，既有“我国没有真正的生产过剩”的判断，又有“即使出现了真正的生产过剩……”的判断。一边说“在市场经济条件下，生产过剩实际上只是一种假象”，另一边又对到底什么是“真正的生产过剩”只字不提。这就是判断与判断之间没有自洽。因此，要做出恰当的判断，就应该避免中立和模棱两可，对事实要么肯定要么否定，要么反对要么支持。

此外，做判断切不可捕风捉影，要实事求是，要言之凿凿。以“医学能否消灭疾病”为例，当人们在对“医学”“疾病”“消灭”等概念进行明确和界定后，就要对这一命题进行判断——“医学不能消灭疾病”或是“医学能消灭疾病”，既不能模棱两可，也不能做出“世上本无疾病”等偏离原题的错误判断。之后，在判断恰当的基础上，再辅以充足的论据进行后续的论证。如此才能做到“观点鲜明”并有说服力，否则容易出现“以己之矛，攻己之盾”的尴尬场面。

（三）判断应当注重层次性

判断不仅可以表现为简单句，还可以用包含了复杂信息的嵌套句或从句表示。判断的层次性是“判断要恰当”的一个重要方面，也是进行准确缜密写作的重要条件。下面我们看一段微博里的文字：

> 据《××周刊》报道，美国科学家约翰在一次采访中宣称，地球在最近一百年内海平面尽管有所升高，但是比起地球存在的整个历史，这个上升是正常的，所以，因海平面的上升而产生的种种担忧是杞人忧天。

我们试着分析一下：如果这段文字是真的，意味着什么？如果这段文字和《××周刊》报道都是真的，意味着什么？如果这段文字和《××周刊》报道都是真的，并且，美国科学家约翰的宣称也是真的，意味着什么？

我们可以将上述这段文字分三个层次：

（1）有没有报道/有没有宣称/ 宣称对否。如果这段文字是真的，意味着《××周刊》发表过一篇关于美国科学家约翰言论的报道，即"《××周刊》有过一篇报道"是真的。至于美国科学家约翰是否真的宣称过什么，以及这位科学家宣称的内容是不是真的，都不能确定。

（2）如果这段文字和《××周刊》的报道都是真的，意味着《××周刊》确实有过这篇报道，并且美国科学家约翰宣称过这个观点，这些都是真的，但是不能确定约翰所宣称的观点是否是真的。

（3）如果这段文字和《××周刊》的报道都是真的，并且美国科学家约翰的宣称也是真的，意味着《××周刊》确实有过这篇报道，并且美国科学家约翰宣称过这个观点，而且约翰宣称的观点也是真的。

上述是我们面对一段微博里的文字做出的细致缜密的分析。只有经过这种分析，才算真正读懂了文字，而不会感到模棱两可或轻易相信；反过来，如果我们要写一段上述的文字，我们是否需要倒过来沿着"宣称对否——有没有宣称——有没有报道"的顺序将信息一一加以确认后再组织文字呢？事实上，无论是作者还是读者，如此条分缕析地认识到判断的层次性的人都是比较少的，这是分析理性在发挥作用。

总之，文章中所出现的判断必须符合恰当的准则，这就要求我们对每个语句都进行仔细地审视。文章中的每一个判断语句都不应是毫无目的、没有意义的无病呻吟，而应当是传达作者意志与思想的文字载体。

三、推理要有效

当有了可讨论的命题或确定的判断之后，我们又该如何进行写作，证明该问题或观点是有价值的、值得读者参与探讨的呢？

《朱子语类》卷六十七有言："汉儒解经，依经演绎；晋人则不然，舍经而自作文。"可见，"演绎"一词，自古已有，其本意是指有根据地进行推理，得出结论。在大多数情况下，写作是一种理性的表达的过程，它的实质是一种有根据地从前提判断到结论判断的思维建构过程。而单一的语句（命题）所能表达的思想太少，一篇文章所包含的思想又是极其丰富的。因此，人们需要使用更多的语句（命题）来构成句群，推动思维正确地向前发展。句群是语句之间的组合，或长或短，表示了命题（思想）之间互相交错和递进的过程，通过句群，就能表达更多的思想，丰富文章的内容。这一思维过程，就叫作推理。

推理是由一个或几个已知的判断（前提）推出新判断（结论）的思维过程。推理所依据的命题，叫作前提；通过推理所得到的命题，叫作结论。经典逻辑将一切"真前提不推出假结论"的推理都视作有效的推理。那么，什么样的命题可以用来作为前提，什么样的命题适合作为结论呢？这就需要我们认识一种新的命题类型——性质命题。

顾名思义，性质命题就是反映对象具有或不具有某性质的命题。性质命题大多由四部分构成：表示命题对象的主项（通常用“S”来表示）、表示对象的性质的谓项（通常用“P”表示）、表示主项与谓项之间的联系性质的联项以及表示事物数量的量项。例如：

［23］ 所有的优秀毕业生都是通过了英语六级考试的。

［24］ 有的同学不是浙江人。

例［23］中的主项为“优秀毕业生”，表示其性质的谓项为“通过了英语六级考试”，表示“优秀毕业生”与“通过英语六级考试”之间存在肯定关系的联项为“是”，表示“优秀毕业生”数量的量项为“所有的……都……”。而在例［24］中，主项为“同学”，谓项为“浙江人”，否定的联项为“不是”，量项为“有的”。

逻辑学是不对命题的内容做过多的讨论的，因此，一个性质命题，根据它量项与联项的不同，可以划分为六种：

（1）全称肯定命题。标准形式：所有 S 是 P。简记：SAP。简称：A 命题。

（2）全称否定命题。标准形式：所有 S 不是 P。简记：SEP。简称：E 命题。

（3）特称肯定命题。标准形式：有 S 是 P。简记：SIP。简称：I 命题。

（4）特称否定命题。标准形式：有 S 不是 P。简记：SOP。简称：O 命题。

（5）单称肯定命题，形式为：a（或某个 S）是 P。简记：SUP。简称：U 命题。

（6）单称否定命题，形式为：a（或某个 S）不是 P。简记：SVP。简称：V 命题。

（5）和（6）中的“a”为单独概念变项，表示单称命题的主项是一个单独概念。传统逻辑把单称命题当作全称命题处理。所以，在一般情况下，我们将直言命题归结为 A、E、I、O 这四种类型。这些性质命题是我们推理的基本工具，利用它们之间的真假对当关系，我们就可以进行最为直接的推理。总结如下：

① 存在于 A 与 O、E 与 I 之间的矛盾关系：不能同真，不能同假。

② 存在于 A 与 E 之间的反对关系：不能同真，可能同假。

③ 存在于 I 与 O 之间的下反对关系：可能同真，不能同假。

④ 存在于 A 与 I、E 与 O 之间的差等关系：如果全称为真，则特称为真；如果特称为假，则全称为真。

假设我们的文章要讨论命题“所有的 S 都具有性质 P”时，我们只要在文中证明命题“存在 a 属于 S 且 a 不具有性质 P”为真，即有的 S 不具有性质 P，就可直接证伪“所有的 S 都具有性质 P”。

除此之外，推理还有多种类型。如根据前提到结论的思维进程的不同，推理可分为演绎推理、归纳推理和类比推理；根据前提和结论之间是否有蕴涵关系，推理可分为必然性推理和或然性推理；根据前提的数量的不同，推理可分为直接推理和间接推理，等等。以下，我们着重介绍对写作有帮助的命题逻辑的自然推理。

自然推理是采用自然演绎思维构造出的推理系统，相较于其他推理，自然推理系统在保证推理必然性的前提下更加贴近日常生活。通过自然推理，我们能够建立起一种形式证明，这种形式证明的结构能够精确地把日常推理转变为逻辑结构，可以从给定的前提出发，用给定的规则进行推演，从真前提出发得出真结论。

自然推理的基础是性质命题及其构成的复合命题。如前文所述，逻辑学设计了五种常用的真值联结词，那么，自然也有对应着这五种联结词的推理规则，我们列举几条：

推理规则 1：肯定前件

根据重言蕴涵式 $(A\to B)\wedge A\to B$，我们得到肯定前件规则：从“$A\to B$”和“A”可以推得“B”。例如：

> 太中大夫陈韪后至，人以其语语之，韪曰：“小时了了，大未必佳。”文举曰：“想君小时，必当了了。”

这是《世说新语》中所记载的典故“小时了了，大未必佳”，孔融所说的“想君小时，必当了了”即是对陈韪所作论断前件的肯定，从而可以推出陈韪“大未必佳”的结论。

推理规则 2：否定后件

根据重言蕴涵式 $(A\to B)\wedge B\to A$，我们得到否定后件规则：从“$A\to B$”和“$\neg B$”可以推得“A”。例如《世说新语》中记载的“道旁苦李”的典故：

> 王戎七岁，尝与诸小儿游，看道旁李树多子折枝，诸儿竞走取之，唯戎不动。人问之，答曰：“树在道旁而多子，此必苦李。”取之信然。

王戎的论断即是对否定后件规则的运用,他的推理是：如果李子树长在道边并且好吃,那么就不会有这么多果子;现在这棵长在道边的李子树有这么多果子,那么结出的果子一定是苦李。

推理规则 3：析取否定

根据重言蕴涵式 $(A \vee B) \wedge \overline{A} \rightarrow B$、$(A \vee B) \wedge \overline{B} \rightarrow A$,我们得到析取否定规则：从“$A \vee B$”和“$\overline{A}$”可以推得“B”;从“$A \vee B$”和“$\overline{B}$”可以推得“A”。

例如:《战国策》故事“冯谖市义”中,冯谖使用了一个选言推理：收完债后,或买珠宝,或买牛马,或买美女,或买“义”;孟尝君家不缺珠宝,不缺牛马,不缺美女;所以冯谖选择买“义”。这正是对析取否定的具体使用。

推理规则 4：合取化简

根据重言蕴涵式 $(A \wedge B) \rightarrow A$ 和 $(A \wedge B) \rightarrow B$,我们得到合取化简规则：从“$A \wedge B$”可以推得“A”;从“$A \wedge B$”可以推得“B”。

例如:《诗经》中有句话“言之者无罪,闻之者足以戒。”写文章时既可以引用这句话来表示说话的人没有罪过,也可以表示听众应当引以为戒。这即是对合取化简规则的运用。

推理规则 5：合取引入

根据重言蕴涵式从 $(A, B) \rightarrow A \wedge B$,我们得到合取引入规则：从“A”和“B”可以推得“$A \wedge B$”。

例如：毛泽东在《中国革命战争的战略问题》一文中,先断定了“中国政治经济发展不平衡”,“中国是一个半殖民地国家”,“中国是一个大国”,“中国是经过了一次大革命的”等支命题,最终得出结论:“所以我们说,中国是一个经过了一次革命的、政治经济发展不平衡的、半殖民地的大国。”

推理规则 6：析取引入

根据重言蕴涵式 $A \rightarrow (A \vee B)$ 和 $B \rightarrow (A \vee B)$,我们得到析取引入规则：从“A”可以推得“$A \vee B$”;从“B”可以推得“$A \vee B$”。

例如,张三对李四说:“我同意你的观点,‘明天的考试要么推迟,要么取消’。你问我为什么？因为我碰巧提前收到考试取消的通知了。”张三实际上就运用了析取引入规则进行推理,当他已经知道“考试被取消了是一个真命题”,那么就可以依据析取引入规则推出“考试或者被推迟,或者被取消”一定是真的。

推理规则 7：假言连锁

根据重言蕴涵式 $(A \rightarrow B) \wedge (B \rightarrow C) \rightarrow (A \rightarrow C)$,我们得到假言连锁规则：从“$A \rightarrow B$”和“$B \rightarrow C$”可以推得“$A \rightarrow C$”。

例如:《论语·子路》中的“名不正,则言不顺;言不顺,则事不成;事不成,则礼乐不兴;礼乐不兴,则刑罚不中;刑罚不中,则民无所措手足。”就是假言连锁规则的体现,将一系列假言命题组合在一起,由“名不正”的前件可推知最后“民无措手足”的结论。

掌握了命题逻辑的自然推理规则,我们就可以在文章中进行推理,证明我们所要研究的关键问题是有意义的,具有讨论的价值。

除此之外,随着当代西方非形式逻辑的发展,以及中国本土推类论证思想的根深蒂固,生活世界视域下的有效推理标准是多元的。只要同时满足从真前提不推出假结论,且不违背矛盾律、同一律、排中律和充足理由律的推理,都可以视作是有效的推理。

接下来我们以“进退维谷”的典故,体会精确推理的作用。

> 周厉王是一个十分暴虐的君主,他宠信了一个名叫荣夷公的大臣,横征暴敛,到处搜刮钱财,还实行所谓“专利”,霸占了山林、湖泊、河流,不准平民利用这些天然资源谋生,弄得全国的老百姓苦不堪言、怨声载道。大夫芮良夫十分担忧,他向厉王进谏说:“山林湖泊是天下百姓的生活之资,大王怎么可以独占呢?作为天子,应该引导人们获得财利并把它分给大家,任用奸臣、贪图专利是要亡国的呀!”厉王听了,勃然大怒:“用不着你来教训我!你再胡说八道,我就宰了你!”芮良夫叹了一口气,退到一旁,怏怏不快。不久,大臣召公虎也向厉王进谏:“百姓忍受不了啦,大王如不改变做法,出了乱子就不好收拾了。”厉王满不在乎地说:“你不用急,我自有办法对付。”于是,他下了一道命令,禁止人们批评朝政,还从卫国招来一个巫人,专门监视批评朝政的人。那个卫巫为了讨好厉王,派了一批人到处刺探。厉王听信卫巫的报告,杀了不少人。在这种情况下,人们再也不敢议论朝政了。人们在路上遇到熟人,也不敢交谈,只交换一下眼色,便匆匆地走开了。
>
> 芮良夫自从向厉王进谏后,日子很不好过。厉王的不信任,荣夷公的谗言和陷害,其他同僚的疏远,卫巫的监视,使他忧心忡忡。他长叹一声,自言自语地说:“我现在只有两条路可走,一条是进,即继续当官,一条是退而务农。当官有什么好处?只是增添了无穷的苦恼和忧愁,还不如退而务农,尽其筋力,自得其乐。”过了一会,他又说:“务农也不行呀!大王行苛政,天下征役不息,加上虫病作怪,到处都是灾荒,收不到粮食,何以为生呢?”“这——怎么办?”芮良夫陷入了困境,“进退都无路可走啊!”后来,他把自己的这种感受写进了《桑柔》诗中:“人亦有

言,进退维谷。"

诗中的"维"作"是"解,"谷"是"穷""困难"的意思。"进退维谷"就是进退都处于困难的境地。

芮良夫当时所处的困境可以整理成以下一个推理:

如果进而为官,则"忧",
如果退而务农,则"荒",
或者进而为官,或者退而务农,
所以,或者"忧",或者"荒"。

从以上的例子可以看出,精确的推理有助于描写复杂的思想和心理世界,能使文章更上一层楼。

总之,写作一部分是科学,一部分是艺术。艺术的那一部分随着作者的阅历、文风以及表述的对象而不断变化;科学的部分则是人人可掌握的确定不变的内容,那就是文章应当具备的逻辑结构、推理应当遵循的规则。有理说得清,是推理在说理性写作中的价值呈现。

四、论证要有力

约瑟夫·普利策曾说过:"简短地展现以便他们阅读,清楚地展现以便他们欣赏,如画般地展现以便他们记忆,最重要的是,准确地展现以便他们被它的光指引。"写作当然应当精雕细琢,但我们更应认识到,推敲字句并不是写作最重要的方面。写作最重要的目的是让观点得到充分论证。一篇文章围绕一个主旨或问题展开,目的是得到一个确定的观点,并谋得他人的认可或理解。但写作不能一蹴而就:在写作前,我们会积攒许多小观点;写作时,需要以推理的方式在各个小观点间建立起前提和结论的联结;最后,才能得到一篇完整的文章和确定的结语。而这整个过程,就是论证。

论证是用一个或几个已确定为真的命题,进而去确定另一个命题的真实性的思维过程。因此,不同的思维方式能组织出不同的论证方式,它既可以是一个或多个推理构成的思维脉络,也可以利用感性经验的直接证明,还可能表达为一篇逻辑严密的完整文章。论证通常由论点展开,采用适合的论证方法组织论据,就某个问题与论证参与者达成一致,进而实现某个功能或达成某个目标。要使论证获得成功,一要论点明确,二要论据充足,三要论证方法合理。

(一)论证的论点要明确

有一句俗话叫"人生不能输在起跑线上",这句话经常被老师或家长用来教育孩子。然而，这句话符合一个有力论证的标准吗？在这个论证中包含了“输”的概念，对人生来说，“输”是一个很主观的状态，每个人对输赢的标准不一样，因此如果不对“输”进行定义，这句话是不能得出任何结论的。此外，起跑对什么很重要？人生是长跑还是短跑？经过这些思考得到的答案是确定的：起跑线对于短跑更为重要，而人生是一场长跑，既然没有论据能够支持起跑线对一场长跑同样重要，那么这句俗话的论点就不明确，并不符合论证要有力的标准。

（二）论证的论据要充足

有报道称：“80%的肺病患者经常吸烟，因此吸烟更容易患上肺病。”它的论据为“有80%的肺病患者经常吸烟”，结论为“吸烟更容易患上肺病”。我们来假设一个思想实验，条件一：“有50人患有肺病，其中80%的人都有抽烟的习惯”；条件二：“不患肺病的人数也是50人，其中抽烟的人数不定。”我们还能从中得出上述的结论吗？当条件二中不患肺病的人中抽烟的比例为20%、80%、90%时，结论又会怎样呢？结果不言而喻，随着条件二的不断改变，整个思想实验的结果也会发生变动，甚至得出与原来相反的结论。因此，当原报道中并未给出与条件二相关的论据时，我们可以说，由于原报道论据不充足，论证并不生效。

（三）论证的方法要合理

在日常生活中，当人们去医院看病时，医生需要了解病症后才能诊断病情。此时，医生要运用简单的归纳推理，依靠经验将症状与病情之间关联起来，从而得出正确的判断。在学习过程中，当学生们要进行数学几何证明时，则要运用相应的类比推理，根据相关规则和定理证明图形平行、垂直或全等的关系，得出正确的结论。而在写作过程中，作者要想获得读者的认可，可以采取多样的论证方式。比如，引用官方数据、业界专业人士的解释来证明自己的观点，可以增强说服力和可信度，这一论证方式被称为“诉诸权威”；也可以利用读者的同情心或是相同的经历引起共鸣，从而达到说服的目的，这也是演说家和政客们演讲时经常使用的“诉诸情感”论证方式。

此外，论证的力度还应当关注文化语境的不同。“不同的语言影响不同的文化，不同的文化背景下产生的思维有其独特性，从而使得以思维中的推理为研究对象的逻辑也要受到语言的影响。”①例如，相较于西方论证更注重科学数据和客观事实的模式，中国古代的推类论证方式带有更强的主观

---

① 曾昭式.从语言与逻辑关系看古代汉语与中国古代逻辑思想[J].信阳师范学院学报(哲学社会科学版),2002(04):19-21.

能动性，这使得中国古代论证实践带有注重情感关系的本土论证特色。以《墨子·公输》中记载的"止楚攻宋"的故事为例：

> 子墨子见王，曰："今有人与此，舍其文轩，邻有敝舆，而欲窃之；舍其锦绣，邻有短褐，而欲窃之；舍其梁肉，邻有糠糟，而欲窃之，此为何人？"王曰："必有窃疾矣？"子墨子曰："荆之地，方五千里，宋之地，方五百里，此犹文轩之与敝舆也；荆有云梦，犀兕麋鹿满之，江汉之鱼鳖鼋鼍，为天下富；宋所谓无雉兔狐狸者也。此犹梁肉之与糟糠也，荆有长松文梓，楩枏豫樟，宋无长木，此犹锦绣之与短褐也。臣以三事之攻宋也，为与此同类。臣见大王之必伤义而不得……"

为方便读者理解，特将原文翻译如下：

> 墨子见了楚王，说："现在这里有一个人，舍弃掉自己华丽的马车，却打算去偷邻居的破车；舍弃他华丽的丝织品，却打算去偷邻居的粗布短衣；舍弃他的美食佳肴，却打算去偷邻居的糟糠——这是怎么样的一个人呢？"楚王说："这人一定患了偷窃病。"墨子回答说："楚国的地方，方圆五千里，宋国的地方，方圆五百里，这就像彩车与破车相比。楚国有云梦大泽，犀、兕、麋鹿充满其中，汉水中的鱼、鳖、鼋、鼍富甲天下，宋国却连野鸡、兔子、狐狸都没有，这就象美食佳肴与糟糠相比。楚国有巨松、梓树、楠、樟等名贵木材，宋国连棵大树都没有，这就象华丽的丝织品与粗布短衣相比。从这三方面的事情看，我认为楚国进攻宋国，与有偷窃病的人同一种类型。我认为大王您这样做，一定会破坏了道义，又不能占有宋国。"

上文中墨子所采用的推类论证，属于墨家推类中的"譬"式论证与"援"式论证的结合。"譬"即比喻，指"举他物以明之"，依靠事物之间所具有的关联性将同属一类的事件相连接。这种连接包括属性、关系、征兆、语境甚至情感上的映射，具有很强的主观性。文中墨子以"窃疾者"为例，指出此人虽富有却仍然贪图小利，做出小人勾当，这与楚国本为大国却欲对宋国发动不义战争的行为在伦理上是一致的。这就是利用伦理上的相似将两件事进行了关联。

而"援"式论证是指在具体的论证过程中，论证主体援引一个已经被广泛认同的观点，通过推类关系说明该观点与主体论证目标相似，从而证明论证目标的合理性。"援"式论证是一种朴素原始的论证方式，具有很强的主观性。它依靠论证参与者承认论证目标与援引案例属于同类且两者的真假关系必然一致，从而间接断定论证目标的合理性，实现论证的有效性。文中，楚王接受了“窃疾者”为不义之人的观点，随后将楚国攻宋的战争也纳入了不义之举的范畴，接受了墨子停止攻宋的建议。而在这部分的论证过程中，与其说楚王是被墨子用客观事实说服的，不如说楚王是受到了墨子在伦理道德上的感召，从而与墨子达成了一致。

再如《战国策》中的名篇《邹忌讽齐王纳谏》：

> 臣诚知不如徐公美。臣之妻私臣，臣之妾畏臣，臣之客欲有求于臣，皆以美于徐公。今齐地方千里，百二十城，宫妇左右莫不私王，朝廷之臣莫不畏王，四境之内莫不有求于王：由此观之，王之蔽甚矣。

原文翻译如下：

> 邹忌（上朝拜见齐威王），说：“我确实知道自己不如徐公美丽。可是我的妻子偏爱我，我的妾害怕我，我的客人有事想要求助于我，（所以）他们都认为我比徐公美。如今齐国有方圆千里的疆土，一百二十座城池。宫中的姬妾及身边的近臣，没有一个不偏爱大王的，朝中的大臣没有一个不惧怕大王的，国内的百姓，没有不对大王有所求的：由此看来，大王您受到的蒙蔽太严重了！”

文中的邹忌同样以自身出发推己达人，用共情的方式劝谏齐威王注意身边臣子的蒙蔽，提醒齐威王反思自己的行为。这不仅很好地履行了一个臣子的劝谏的职责，而且又用委婉礼貌的方式维护了君臣关系，更为重要的是，只有基于上述两点，才能做到用得体的方式实现合理性与情感性的表达，劝谏本身才能发挥更好的效用。合理性、情感性、得体性三者的结合构成了中国文化一个不容忽视的特点，也顺理成章成为中国式论证和表达的文化语境。

综上，写作者要想做到论证有力，既需要做到论点明确、论据充足与过程合理，又需要注意文化语境的差异，在不同的文化语境中做出具体而灵活的把握。

复习思考题

1.《××日报》“什么才是真正的艺术”一文中有这么一段文字：

> 不要把广大听众都想得那么愚昧无知，他们当中有工人、农民、解放军、大学生、教师、上了年纪的老人、严肃的工程师、文艺界的同行，听

了李谷一的歌，他们感到鼓舞，感到兴奋。

请以概念的外延关系为切入点，分析这段文字的表述是否有问题。

2. 殷海光先生的《逻辑的用处》一文中有这样一段文字：

可见仅仅有了思想而没有行动，我们不会完成什么事。可是，如果完全没有思想，我们便毫无计划，一味乱动。这样，我们一定不会成什么事的。思想之必不可少在此；而思想被一般人所忽略也在此。因为，有了思想并不一定在实际活动方面会表现出一般人显而易见的功效。可是，如果没有思想，在行动方面一定常常没有功效。如果我们从这方面来评论思想对于行为的关系，便可以看出思想真正的用途了。思想的效用往往是曲折而间接的，而一般人只注意到直接的效用，因此忽视了思想的效用。

根据上述文字的描述，谈谈思想与实际行动呈现怎样的逻辑关系？

3. 下文是宋玉《登徒子好色赋》的选段，请就加粗部分分析一下宋玉的话是否有道理，如果你是楚王，是否会接受这些道理，为什么？请从合理与合情、说理与文学等多个角度加以分析。

大夫登徒子侍于楚王，短宋玉曰："玉为人体貌闲丽，口多微辞，又性好色。愿王勿与出入后宫。"王以登徒子之言问宋玉。玉曰："体貌闲丽，所受于天也；口多微辞，所学于师也；至于好色，臣无有也。"王曰："子不好色，亦有说乎？有说则止，无说则退。"玉曰："**天下之佳人莫若楚国，楚国之丽者莫若臣里，臣里之美者莫若臣东家之子。东家之子，增之一分则太长，减之一分则太短；著粉则太白，施朱则太赤；眉如翠羽，肌如白雪；腰如束素，齿如含贝；嫣然一笑，惑阳城，迷下蔡。然此女登墙窥臣三年，至今未许也。登徒子则不然：其妻蓬头挛耳，齞唇历齿，旁行踽偻，又疥且痔。登徒子悦之，使有五子。王孰察之，谁为好色者矣。**"

解题思路

第三讲 论证理论与写作

徐慈华

大学阶段的写作与高中阶段的写作有所不同。大学写作强调学生理性分析和深度论述的能力,是聚焦核心学术素养提升的综合性课程。尽管学术写作范式很多,但常常会涉及一项重要的内容,那就是论证。本章将在阐述论证重要性的基础上,详细介绍两个代表性的论证理论:图尔敏论证理论和语用论辩理论。

一、论证的重要性

在我们的日常生活和学术研究活动中,论证无处不在。通过论证,我们可以在一定程度上克服个人和团队的认知偏差,理性地判断信息的真伪和解决方案的优劣,减少内部认知资源有限性和外部环境不确定性所带来的诸多困扰,从而提高决策、行动和论述的质量。随着信息时代的到来和知识社会的兴起,论证的重要性因以下三个方面变得尤为突出:

首先是信息质量的变化。移动互联网和社交媒介的快速发展让信息进入了爆炸式增长的状态。随之而来的是信息质量的快速下降,信息内容的真假难分,以及高度碎片化。因此,我们的信息获取模式需要从“海绵式”切换到“淘金式”,提高对纷繁复杂的信息进行深度理解和加工的能力,通过有效的论证来筛选出可靠而重要的信息,把握不同信息之间的内在联系,从而合理地更新我们的知识和观念体系。

其次是知识生产的推动。在知识经济快速崛起的大趋势下,越来越多的人将成为知识工作者,从事知识的加工、创造和传播。在知识生成型的对话中,论证必不可少。我们要为某些新知识产品或新主张进行辩护,我们要为某些理论体系的建构开展批判性讨论,我们要评价某些观点或理论的可靠性、合理性和有效性,我们要抵制或反对某些不合理的看法或知识结构。这些都需要高水平的论证能力。

最后是团队协作的需要。未来社会的发展越来越需要通过团队协作来解决某些特定的问题。在团队协作中,如何发挥出团队最大的集体智慧和协同效应,如何让团队成员理性地接受某项动议,如何引导舆论抵制一些错误的行动方案,如何避免负面舆论对团队或组织造成伤害,这些也同样需要发挥论证的作用。

综上所述,论证能力将成为未来社会的基本生存技能,掌握论证的基本方法和理论,有助于提升个人和团队的论证能力,为写作和表达练好“内功”。下面我们看几个论证的例子:

[1] 这酒嘛,年头要长一点,工艺要精一点。好酒,可以喝一点。嗯,××烧锅酒可以喝一点。

[2] 如果禁止烟草公司打广告,他们就省下了这笔钱。有了钱,为了和别的公司竞争,它们会降价。所以禁止烟草公司打广告就会导致吸烟的增加。

[3] 没有买卖,就没有伤害。

[4] 我们一定要移民火星。因为移民火星意义巨大,就像当年欧洲人去美洲大陆一样,对人类社会的发展会产生重要的影响。

[5] 打疫苗就是给你装杀毒软件。

[6] 而事实上,转基因作物可以增产、可以减少农药使用的说法,已经遭到多种来源的否定。这里只提供一个较新的例证:

新西兰坎特伯雷大学的 Jack Heinemann 教授等五人,2013 年在《国际农业可持续性发展杂志》上发表了一篇广受关注的论文,比较了北美(美国、加拿大)和西欧(法国、德国、荷兰、奥地利、比利时、卢森堡、瑞士)过去五十年间的大豆、玉米和油菜籽种植,提供了详细的数据,这些数据表明:

北美从 1996 年起大规模种植上述三种作物的转基因品种,而上述西欧各国则依赖常规育种和加强农田管理等综合性措施,结果是非常耐人寻味的:北美和西欧的产量总体都在逐渐上升,但西欧的升幅更大;北美和西欧的农药使用都在逐渐下降,但西欧的下降幅度明显大于北美。①

简单地说,论证就是用一个或几个已确定为真的命题去确定另一个命题真实性的思维过程。② 一个完整的论证由论点、论据和论证方式三部分构成。

① 江晓源.被严重误导的转基因主粮争议[J].新发现,2014(3).

② 黄华新、徐慈华、张则幸.逻辑学导论[M].3 版.杭州:浙江大学出版社,2021:244.

论点就是真实性需要被确定的命题。论据是用来确定论题真实性的命题。而论题与论据之间的联系方式就是论证方式。例[1]是一则酒的广告,论点是“××烧锅酒可以喝一点”,论据是“好酒可以喝一点”,论证的方式用的是一个省略的三段论审判格。如果补充完整就是:所有的好酒都是可以喝一点的。××烧锅酒是好酒。所以,××烧锅酒是可以喝一点的。在分析补充的条件后,我们就会发现,例[1]中“××烧锅酒是好酒”这个前提是有待确定的。例[2]的论点是“禁止烟草公司打广告就会导致吸烟的增加”,论证方式是充分条件推理。但这个推理要成立,需要补充“烟草价格下降就会有更多的人抽烟”或“烟草价格下降就会导致人们抽更多的烟”。例[3]是一个倡导保护野生动物的公益广告宣传语,其论点是“不要买卖野生动物”,用的是一种被称为实用论证的论证图式。例[4]和例[5]用的是类比论证图式,其论点分别是“我们要移民火星”和“我们要打疫苗”。例[6]中,作者以新西兰坎特伯雷大学的 Jack Heinemann 教授等人的实验数据为事实依据,论证了“转基因作物可以(更好地)增产”“转基因作物可以(更好地)减少农药使用”这两个论点不能成立。

实施论证有时是一个非常复杂的过程,受到符号使用、社会规范、认知推理等多方面因素的影响。为了更好地分析和理解论证,学者们提出了不同的理论,本讲将着重介绍图尔敏论证理论和语用论辩理论两个代表性的理论。

图尔敏论证理论

二、图尔敏论证理论

图尔敏论证理论是由英国哲学家图尔敏(Stephen Toulmin)提出的。图尔敏青年时期在剑桥大学皇家学院学习数学和物理学,师从维特根斯坦(Ludwig wittgenstein)和威兹德姆(John Wisdom),其哲学研究深受源自剑桥和牛津的日常语言学派的影响①。他同时主修过数学、物理学,对严格意义上的形式证明自然也十分熟悉。作为哲学家,图尔敏对很多方面的问题进行了再思考,贯穿其研究生涯的主题是日常生活对话中理性的应用问题。自其早期的研究开始,图尔敏就注重语境的相关性,认为论证研究应置于具体的语境之下。这些方面的思考和尝试使得图尔敏最终提出了自己的论证模型,人们称之为图尔敏模型。图尔敏的论证理论打破了弗雷格的绝对主义和“恰当性”固定不变的先验形式标准,在绝对和相对的二元对立关系阐

① 范爱默伦,赫尔森,克罗贝,等.论证理论手册(上册)[M].熊明辉,吴鹏,等,译.北京:中国社会科学出版社,2020:238.

释中保持一定的张力，为逻辑学的发展开辟了具有里程碑式意义的新道路①。

图尔敏认为，日常生活中形形色色的论证活动，虽没有数学、物理那样来得严格，但也需要建立一个面向日常生活的论证分析框架。于是，在他的两本著作《论证的使用》(*The Uses of Argument*, 1958)和《推理导论》(*Introduction to Reasoning*, 1984)中，他贯彻了对论证过程进行分析的基本思想。在图尔敏看来，数学、逻辑这类学科在证明的过程中，很强调有效性这个概念。我们评价数学证明或者逻辑证明，主要考察的也是每个步骤之间是否为有效推理。在逻辑学上，如果一个推理形式是有效的，那么给定这个推理形式，在前提为真的情况下，结论必然为真。以充分条件的假言推理为例，存在两个有效的推理形式，一个是肯定前件，另一个是否定后件。之所以说这两种情况才是有效的，是因为它们在这个条件下始终可靠，不可能出现前提真而结论假的情况。

显然，这种数学或者逻辑的严格有效，在模棱两可、含糊不清的日常语境中并不适用。在大多数情况下，我们的自然语言所表达的命题并不能简单地用真或假来判断。很大程度上，命题的真假都是依赖语境判断的，换个场景，可能原本为真的命题或论证，就会变成假的。类似的，时间、主体都有可能对论证产生影响，因而严格证明的理想状态，无法刻画和分析日常生活中多主体、多维度、不同语境下的论证活动。在图尔敏看来，日常生活中我们所关注的各类话题都可以进行正当性证明。但是这种证明并不依赖纯粹抽象的形式逻辑，其标准在很大程度上取决于正在讨论的问题的性质。他坚信那些在逻辑中使用的形式标准很难适用于评价实践中的论证。

故而，图尔敏在1958年出版的著作《论证的使用》中，以实际论证为出发点，提出了一个全新的论证模型，在很大程度上弥补了日常生活多维度论证活动难以得到全面清晰刻画的缺憾。他将传统论辩中的"premise(前提)"与"conclusion(结论)"替换为"claim(主张)""grounds(根据)""warrant(理据)""qualifier(限定词)""rebuttal(反驳)"以及"backing(支援)"等概念。图3-1就是典型的图尔敏论证模型。

模型中的"主张"，就是论证中的论点，它表明了发话人的立场以及论证所要达到的目的。为了使听众信服，发话人往往需要找到一个确定的事实作为根据，也即模型中的"根据"，它是论证的始发点，也是论证的基础。

① 杨宁芳.图尔敏论证逻辑思想研究[M].北京：人民出版社，2012：2-6.

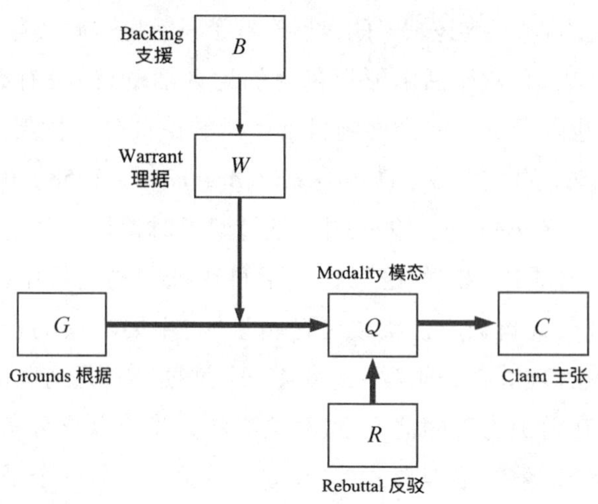

图 3-1　图尔敏论证模型[①]

"根据"主要包括口头的证言、实验观察、常识、众所周知的事实或共同的观察、统计数据、历史报告、法律先例的准确描述、先前已建立的主张或者其他可参照的"客观资料"(factual data)[②]。为了使得论证的可靠性更高,还需要添加其他因素。因此,为了进一步解释清楚如何从"根据"得到"主张",就需要引入"理据",在"根据"和"主张"之间架起一座桥梁,它可以是规则、原则,也可以是某项法律条文。当"理据"完全可靠时,它就能被听众直接接受,"主张"也就可以顺利从"根据"推出。但是在实际应用中,"理据"在很多时候也会被质疑,因此就需要提出"支援"来加强"理据",使得"理据"的可靠性得到提高。当论证中存在"反驳"时,"主张"在很大程度上会被削弱,此时就要引入"限定词"来描述不同的模态,如大概的、可能的、看起来等,以表示结论的不同可靠程度。而当"反驳"足够强有力时,即"反驳"是一条法律条文等无可争议的东西时,论证中的"结论"将无法得出。根据以上描述,可探得"反驳"同样也是图尔敏模型的重要组成部分。下面我们来看一个例子。

如图 3-2 所示,该模型主张"地是湿的",其根据是"天在下雨",其理据是"如果天下雨,地就会湿",而该理据的"支援"是大多数人的生活常识。在上述论证模型中,如果此时出现了新的信息"外露地面全部覆盖了塑料布",这就是一个"反驳"。这个合理的"反驳"会使论证的主张的可靠性大大下降。因而,在进行论证的过程中,"反驳"是我们需要有意识去思考和注意的要点。

---

① Toulmin S. E., Rieke, R., Janik, A., *An Introduction to Reasoning*. New York: Macmillan Publishing Co., Inc., 1984, p. 98.

② 杨宁芳.图尔敏论证模式[M].北京:人民出版社,2012:13.

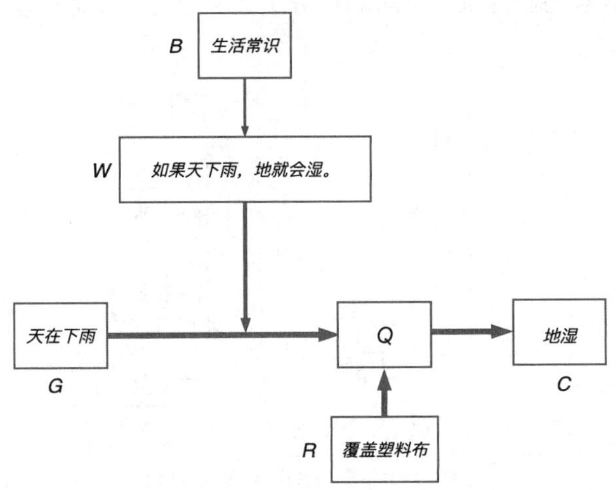

图 3-2　基于图尔敏论证模型的结构分析

根据费里(Bart Verheij)的观点,在《论证的使用》一书中,图尔敏给出了三种反驳类型,分别是对"理据"的权威性、"理据"的适用性以及结论的正当性的反驳(图 3-3)。换句话说,"理据"的权威性也就是指"理据"自身的可靠性;而"理据"的适用性则是指作为桥梁的"理据"是否与论证过程相适应,有没有文不对题的嫌疑。

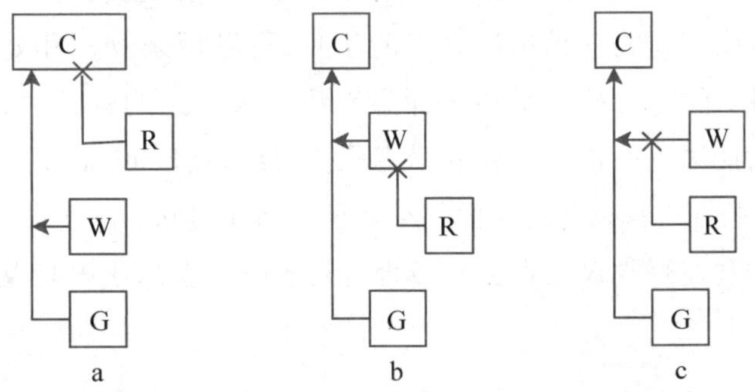

图 3-3　图尔敏论证模型中的三种反驳类型

结论的正当性指的是"主张"是否能够合理地从"根据"通过"理据"或者进一步借助"支援"得到。根据费里的分析,图 3-3a 表示的是对"主张"的反驳;图 3-3b 表示"理据"不够正当合理;图 3-3c 表示对"理据"到"主张"的这一过程进行反驳,也可以看作是对"理据"适用性的攻击。

费里通过深入分析指出,除了以上三种反驳之外,还存在另外两种反驳类型,即对于"根据"的反驳和对从"根据"到"主张"这一推理过程的反驳(图 3-4)。后者同时也可以看作此"反驳"底切(undercutting)此论证,即

“反驳”与“根据”到“主张”之间的推导关系存在矛盾，而不是与所要推导的结论相互矛盾。

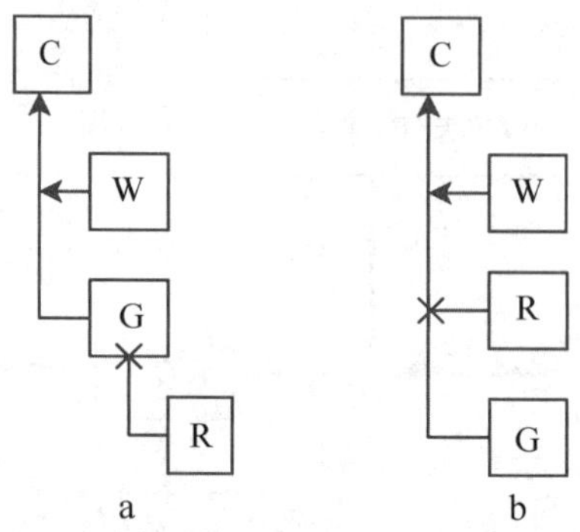

图 3－4　拓展的两种反驳类型

我们在写作过程中要关注是否存在某个特定类型的反驳。一旦出现与自己观点背道而驰的明确反驳，则需要重新考量自己观点的可靠性，或对反驳进行有效的反驳和削弱。实际上，实践中的论证必须承受针对论证活动中的任何一点展开的反驳。如法庭辩论中，对证据材料真实性的质疑就屡见不鲜。这些事实层面的根据一旦受到根本的质疑，原来论证的可靠性就会大大降低，甚至最终被推翻。有鉴于此，要在学术写作中做出好的论证，必须在做好正面论证的同时留意各个环节可能存在的反驳。

图尔敏模型作为一种论证分析的工具，可以用来分析和处理多种不同类型的论证。除了分析大量用字面意义语言来表达的论证之外，还可以处理基于隐喻性语言的论证。智利学者桑特博纳兹（Santibáñez）在《隐喻与论证》一文中用图尔敏模型对下面这个案例进行了分析。

一位智利在野党议员在公开场合针对当时的女总统巴切莱特发表的一段言论：

> 家里的女主人，不知道该说什么，不发出任何指令。孩子们回家散漫无度，三餐时间混乱。更有甚者，家里没钱买食物，家庭预算被用于一些没有计划过的活动上，老公经常在外面醉酒，家庭失去了很多发展的机会。

纵观全文，似乎没有明确出现任何针对总统的不利信息。议员批判的只是一位不甚合格的家庭主妇。但结合当时的社会背景，从隐喻论证的角度看，该议员其实是在含沙射影地指责女总统不称职。桑特博纳兹运用图尔敏模型对该案例进行了分析。他将整个隐喻论证分成两个相互关联的部分。第一部分聚焦始源域（图 3－5）。

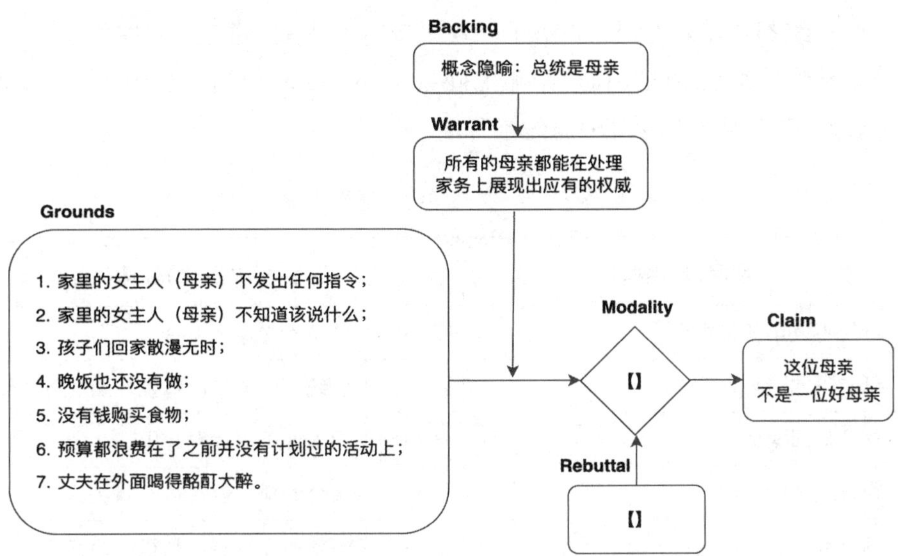

图 3－5　始源域中的论证模型

这个模型是一个典型的图尔敏论证模型。其中的“主张”(claim)是“这位母亲不是一位好母亲”,“根据”(grounds)是那位国会议员的隐喻性表达,两者之间通过“理据”(所有的好母亲都能在处理家务上展现出应有的权威)建立起支撑关系。而概念隐喻“总统是母亲”在其中扮演“支援”(backing)的角色,用来支撑“理据”(warrant)。

第二部分则聚焦目标域,同样也可以有一个图尔敏论证模型进行刻画(图 3－6)。

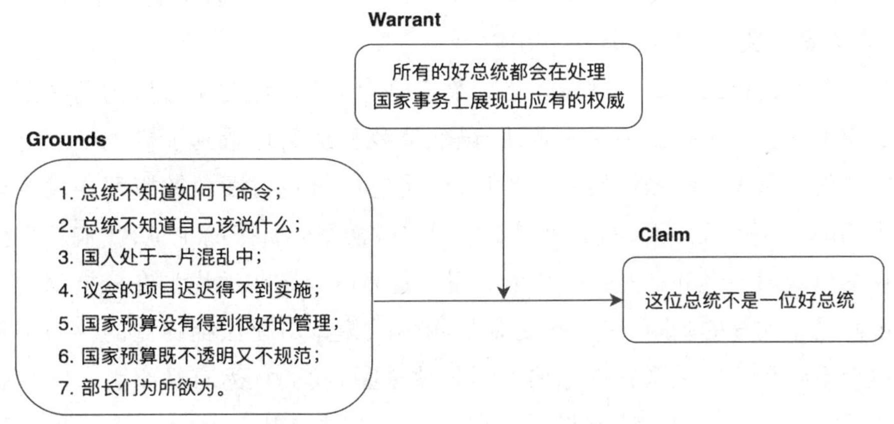

图 3－6　目标域中的论证模型

该模型通过概念隐喻的映射机制来实现重构。其中“主张”(claim)是“这位总统不是一位好总统”,由第一部分的“根据”(grounds),即通过映射关系建立起来的一系列论据构成此处的“根据”,并通过“理据”(warrant),即“所有的好总统都会在处理国家事务上展现出应有的权威”建立起支撑关系。

桑特博纳兹主张用概念隐喻的映射关系(表 3－1)将两个图尔敏模型组合起来,最后推出主张:总统不称职。

表 3－1　概念隐喻的映射关系

母亲(始源域)		总统(目标域)
母亲不发出任何指令	→	总统不知道下命令
母亲不知道该说什么	→	总统不知道自己该说什么
孩子们回家散漫无时	→	国人处于一片混乱中
晚饭也还没有做	→	议会的项目迟迟得不到实施
预算浪费在之前没有计划过的活动上	→	国家预算没有得到很好的管理
丈夫在外面喝得酩酊大醉	→	部长们为所欲为

虽然桑特博纳兹用图尔敏模型分析隐喻论证有很多可取之处,但仍然存在很多值得商榷的地方。例如:

(1) 概念隐喻问题。桑特博纳兹认为,这段隐喻性表达背后的概念隐喻是“**总统是母亲**”,其中始源域是“母亲”,目标域是“总统”。但根据认知语言学的分析范式,这段隐喻性文本的概念隐喻应该是“**国家是家庭**”,而“**总统是母亲**”只是概念隐喻“**国家是家庭**”的诸多对应关系中的一项。此外,概念隐喻不应该作为第一个图尔敏模型的支援,因为这个概念隐喻“**国家是家庭**”并不对“理据”构成“支援”关系。

(2) 论证结构的整体性问题。桑特博纳兹把隐喻论证分解为两个图尔敏模型加上一个映射关系的做法,虽然让我们清楚地看到了概念隐喻之间的映射关系对最终结论的支撑作用,但是它同时也对图尔敏模型构成了极大的破坏。也就是说,如果我们要用图尔敏模型分析隐喻论证,我们就需要在图尔敏模型之外补充一个映射关系。这意味着图尔敏模型在分析隐喻论证时是不充分的,即存在一些要素是图尔敏模型所无法捕捉到的。为了将概念隐喻和映射关系有机地纳入图尔敏模型,我们认为有必要引入图尔敏的论证链思想。图尔敏在其《推理导论》一书中指出:“任何一个可靠的论证都可以作为第一个论证的出发点,同样第二个论证也可以成为第三个论证的出发点,这样的话,各个论证就可以串起来,成为一个论证链”。因此,徐慈华和吴义诚从论证链的角度对桑特博纳兹的论证分析进行了重构(图 3－7)。

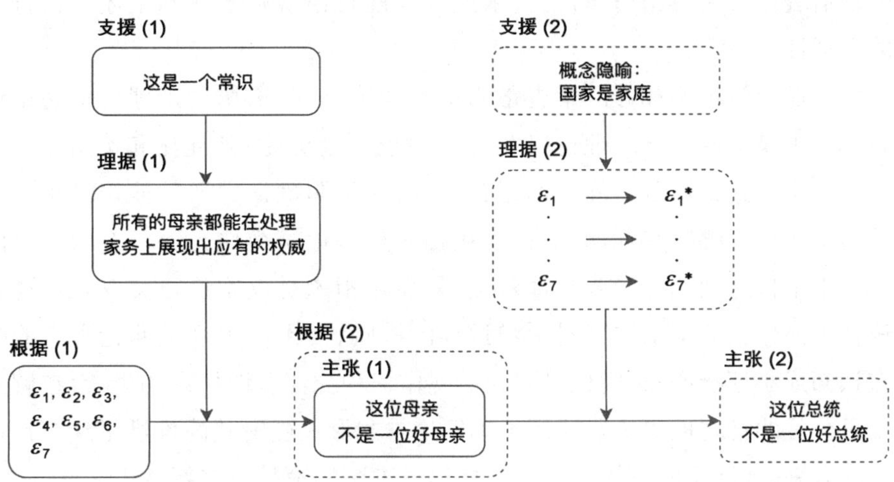

图 3－7　基于论证链的隐喻论证模型

图 3－7 展示的是一个完整的隐喻论证的结构。该结构包含了两个子论证：第一个子论证的构成要素用实线方框表示，其中的主张是“她不是一个好母亲”，根据是($\varepsilon_1 \cdots \varepsilon_7$)，指的是图 3－5 中根据部分的七项内容；第二个子论证的构成要素我们用虚线方框表示，其中的主张是“她不是一个好总统”，也就是我们最终要得出的结论，它是以主张(1)为根据的。理据(2)中的($\varepsilon_1 * \cdots \varepsilon_7 *$)指的是($\varepsilon_1 \cdots \varepsilon_7$)通过映射关系在目标域中建立起来的对应体，即图 3－6 中的根据部分。在第一个子论证中，理据(1)可以保证我们能够从根据(1)中合情合理地推出主张(1)。在第二子论证中，提供支持的理据(2)就是一个映射结构，该结构是在概念隐喻“国家是家庭”的支援下获得的。整个论证结构说明，我们要在隐喻论证中得出一个可信度比较高的最终主张，需要具备两个重要条件：一是我们能从根据(1)中推出主张(1)；二是理据(2)中的映射关系必须足够强大以有效地支撑最终结论的推出。

三、语用论辩理论

语用论辩理论发轫于 20 世纪 70 年代，是当代论证研究的一个重要分支。荷兰学者范爱默伦(Frans van Eemeren)和荷罗顿道斯特(Rob Grootendorst)在论辩学和语用学的基础上，综合话语分析、言语交际理论、逻辑学等多学科知识，创立并发展了具有重要国际影响力的语用论辩理论(Pragma-Dialectics)。该理论名称中的“语用”一词指的是以语用学角度来描述论辩者为消除意见分歧而在批判性讨论中实施的言语行为。“论辩”指的是沿袭西方古典论辩学传统，依照批判性讨论规则来评判上述言语行为的合理性。

与逻辑学进路和修辞学进路的论辩理论不同，语用论辩理论认为论辩研究必须遵从四个基本理论出发点：功能化、社会化、外显化和论辩化。功能化是指不把论辩视作静态的逻辑推演，而是明确语言或其他符号系统在论辩中实现了哪些交际功能；社会化指的是将论辩视作正反双方两个或两个以上主体之间的显性或隐性对话；外显化指的是仅阐释正反双方通过言语行为而作出的承诺及其对论辩过程的影响，而无需主观揣测论辩者的内在认知或心理状态；论辩化是将论辩视作一种受合理性标准约束、旨在解决意见分歧的批判性讨论。语用论辩理论与非形式逻辑共同推进了经典论辩学的复兴，开辟了不同于逻辑学或修辞学进路的论辩研究新范式①。

语用论辩理论将论辩定义为：一种言语的、社会的、理性的活动，其目的是通过一个或一个以上能证明某一立场为真的命题来使理性的批判者接受该立场。②从这个定义中，我们首先可以看到语用论辩理论的分析视野，其不仅仅局限于理性的推理活动，而且扩大到语言和社会维度。此外，论辩预设了参与者是理性的，即可以通过推理来接受某种立场。

论辩是解决意见分歧的重要手段。我们要分析一个论辩活动，首要之事就是确定意见分歧。如果没有意见分歧，论辩也无从谈起。那么什么是意见分歧呢？要理解它，我们先要理解什么是立场。语用论辩理论中的“立场”就是图尔敏论证模型中的“主张”。立场由态度和命题两部分组成。命题可以是描述型的、预测型的、评价型的、建议型的。例如以下命题：

［1］ 俄罗斯是世界上领土面积最大的国家。（描述型命题）

［2］ 下个月房价会下跌。（预测型命题）

［3］ 某某老师讲课很精彩。（评价型命题）

［4］ 建议国庆节放假十天。（建议型命题）

尽管命题类型迥然不同，但每个命题都可以被赋予三种不同的态度：正面的（positive）、负面的（negative）和中立的（neutral）。那么什么时候会出现意见分歧呢？对某一特定的命题而言，如果存在一方持正面态度，另一方持负面的或中立的态度时，就会出现意见分歧。例如，对“银河系中有外星人”这个命题，有的人持正面的态度，支持该观点，也有人持负面的态度，认为“没

① 黄华新，徐慈华，张则幸.逻辑学导论［M］.3版.浙江：浙江大学出版社，2021：257.

② 范爱默伦，斯诺克·汉克曼斯.论证分析与评价［M］.2版.熊明辉，赵艺，译.北京：中国社会科学出版社，2018：2.

有外星人”，还有人会持怀疑态度，“不能确定有没有外星人”。以上，不管是哪种态度，只要两方对同一命题的态度出现了差异，即使有一方持中立态度，也意味着存在意见分歧。我们将持正面立场的肯定观点称为正方立场，负面或者中立的立场称为反方立场。

意见分歧主要分为四类：① 单一非混合型，指意见分歧的基本形式只涉及一个命题、一个立场被正方采纳，反方没有直接反对，而是表示怀疑；② 单一混合型，指意见分歧涉及一个命题、一个立场被正方采纳，反方对命题持负面态度；③ 多重非混合型，指意见分歧涉及多个命题，有人同时提出两个或者两个以上命题的立场，反方持中立立场；④ 多重混合型，指面对多个命题，双方采用的是截然相反的立场，而不是简单地表达怀疑。

在标准理论发展阶段，语用论辩理论注重论辩的合理性维度。为了更好地分析论辩活动，语用论辩理论提出了“批判性讨论的理想模型”（图 3 - 8）：

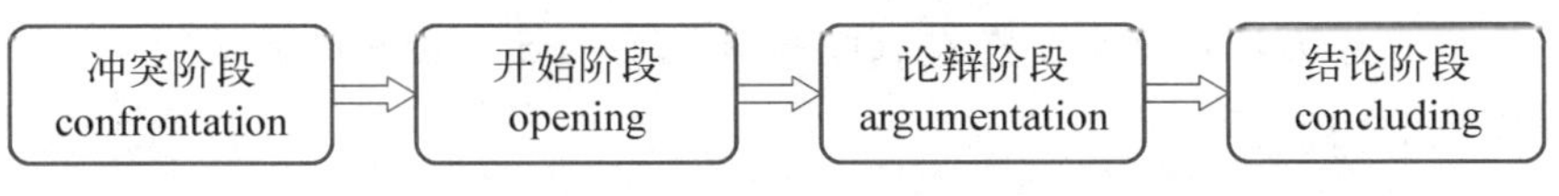

图 3 - 8　批判性讨论的理想模型

在该模型中，一个论辩活动被分为四个阶段：① 冲突阶段，双方明确可能存在的意见分歧以及各自的立场；② 开始阶段，双方定位正、反两方，并就程序性和实质性出发点达成一致；③ 论辩阶段，正方为自己的观点辩护，尽力消除反方的异议或疑惑，同时反方可针对正方的立场和论证提出异议；④ 结论阶段，正反双方确定意见分歧是否被消除，或在多大程度上被消除。

有了批判性讨论的理想模型，我们就可以对一个论辩话语进行重构。由于大多数真实的论辩并不是完全按照批判性讨论的四个阶段展开的，甚至有些元素还会缺失，因此我们在论辩重构时需要以批判性讨论模型为模板，完成冗余信息的“删除”、潜藏信息的“增添”、模糊表达的“替换”、材料顺序的“重排”等工作。论辩重构的目标是要建立完整清晰的“分析概览”（analytical overview），主要包括如下六个关键要素：意见分歧、双方立场、出发点、论辩结构、论证图式和论辩结果。以下案例是 2015 年外交部发言人洪磊在一次例行记者会上的答记者问。

记者问：德国媒体报道称，斯诺登披露的资料显示，中国网络间谍窃取了隐形战机 F - 35 的设计情报。中方对此有何回应？

洪磊答：有关指责毫无根据。关于网络安全问题，我们一直强调，中方是网络攻击的受害者。网络安全是当前各国面临的共同挑战，中方愿与各国共同努力，建立一个和平、安全、开放、合作的网络空间。网络攻击有其回溯难、跨国性强的复杂性，确定有关攻击源非常困难。我不知道有什么证据支撑这种指责和无端攻击。相反，根据有关人员披露的材料，有些国家自己在网络攻击方面的记录是不光彩的。我们希望在网络安全问题上不要无端指责别国，搞“莫须有”，而要采取合作态度，共同防范网络黑客攻击行动。

上面这段问答中，洪磊的回答是一个论辩性的话语。我们可以在批判性讨论模型的基础上进行如下重构。

【冲突阶段】

意见分歧：“中国网络间谍是否窃取了隐形战机 F－35 的设计情报”。

意见分歧类型：单一非混合型。

正方立场：中国没有窃取隐形战机 F－35 的设计情报。

【开始阶段】

正方：中国政府(包括外交部、发言人等在内)。

反方：提出该指责的德国媒体、支持该指责的其他潜在人群。

程序性出发点：外交部记者会上新闻发言人和记者需要遵守的规定与权利。

实质性出发点：网络安全是当前各国面临的共同挑战，需要各国共同努力；网络攻击有其回溯难、跨国性强的复杂性，确定有关攻击源非常困难。

【论辩阶段】

立场：中国没有窃取隐形战机 F－35 的设计情报。

1.1 中方不进行网络攻击。

1.1a 中方是网络攻击的受害者。

1.1b 有些国家自己在网络攻击方面的记录是不光彩的。

1.1c 我们主张共同防范网络黑客攻击行动。

1.2 中方愿与各国共同努力，建立一个和平、安全、开放、合作的网络空间。

1.3 指控中方窃取 F－35 设计情报没有依据。

1.3a 网络攻击有其回溯难、跨国性强的复杂性，确定有关攻击源非常困难。

1.3b　德国媒体没有给出依据。

【结论阶段】

中国没有窃取他国情报，而且中国希望与他国合作，共同对抗网络攻击。

论辩重构所建立的分析概览为论辩评价奠定了良好的基础。从论证的可靠性维度看，我们可以从三个方面对论辩进行评价。首先是前提的可接受性，有些情况下，我们很容易对某个陈述的可接受性做出判断，但在另外一些情况下却比较困难。其次是推理的有效性。我们在论辩的时候会涉及一些常用的演绎推理，如三段论推理、充分条件推理、必要条件推理等，这些推理必须是有效的。如充分条件推理中，只有肯定前件和否定后件才是有效的推理形式。最后是论证图式的可靠性。语用论辩理论区分了三种不同的论证图式：征兆图式、类比图式和因果图式。每种不同的图式要经受得住批判性问题的质疑。如果经不起质疑，那么论证的可靠性就会大大下降。

语用论辩理论指出，理性的论辩需要遵循十条准则①：

（1）自由准则。该准则要求论辩中任何一方不得阻止对方提出自己的立场，也不得阻止对方提出质疑。

（2）举证责任准则。该准则要求正方提出自己立场的同时，要承担为自己的立场进行辩护的责任，当自己的立场受到质疑时，需要通过论证进行维护。

（3）立场准则。该准则要求反方提出的质疑与反驳必须与意见分歧相关。

（4）关联准则。该准则要求一方为自己立场辩护时，所提出的论辩要与该立场切实相关。

（5）未表达前提准则。该准则要求论辩双方对于省略的信息，不能进行刻意的夸大或强加给对方。

（6）共同出发点准则。该准则要求论辩双方不能把不是双方共识的命题当作共识，或单方面否认某些共识。

（7）逻辑有效性准则。该准则要求演绎推理的逻辑有效性。

（8）论证图式准则。该准则要求论辩者正确地使用恰当的图式。

（9）结束准则。如果正方不能为自己的立场进行成功的辩护，那么他就要撤回自己立场。对于反方而言，如果正方能够成功辩护，那么反方要撤

① 范爱默伦，斯诺克·汉克曼斯.论证分析与评价[M].2版.熊明辉，赵艺，译.北京：中国社会科学出版社，2018：115－144.

回质疑或反驳。

(10) 用法准则。该准则要求论辩的各个阶段都要保证语言表达清晰准确,避免歧义。根据上述准则,我们在进行论辩评价的时候,就可以对论辩活动是否遵循理性标准做出判断。

在具体的论辩话语中,论辩者不仅需要考虑"合理"地解决意见分歧,还要尽力使论辩结果朝着有利于自己的方向发展。合理性目标可以通过遵守批判性讨论准则实现,而有效性目标的实现则需要灵活运用修辞技巧与策略。因此,对论辩的分析和评价必须将论辩学和修辞学有机融合。可是,在当代论辩研究领域,论辩学和修辞学一直是两个相对分离的研究视角,两者之间存在较大的概念鸿沟,也缺乏必要的沟通。这不仅背离了亚里士多德的论辩研究初衷,也在深层次上阻碍了论辩理论的全面发展。综上考虑,从1996年开始,范爱默伦和豪特劳斯尔(Peter Houtlosser)尝试对语用论辩标准理论进行修辞拓展,并最终系统提出了旨在使合理性和有效性目标互通的"策略操控"概念和更为完整的论辩话语分析框架。"策略操控"是指论辩者为了实现"合理性"和"有效性"的微妙平衡而付出的"持续性努力"。"操控"(maneuvering)指的是"视论辩的具体情形做出最好的选择",而"策略"(strategic)强调的是"技巧性的安排与规划",也就是说,论辩中的每个"操控"都不是临时起意,而是在平衡了论辩合理性和修辞有效性之后做出的整体策略安排。"策略操控"概念的提出标志着语用论辩理论进入了扩展理论发展阶段。

为了让策略操控的思想具有更强的可操作性,范爱默伦和豪特劳斯尔吸收了古典修辞学的宝贵思想,提出策略操控的实现主要有赖于论辩者在"话题潜能"(topical potential)、"受众需求"(audience demand)和"表达手段"(presentation devices)上的一系列选择和斟酌。

话题潜能指的是论辩者在不同阶段选择的谈论话题,即切入议题的角度。一般而言,在冲突阶段,论辩者会首先界定"争议空间",并通过对其中可用话题的选择使论辩焦点有利于己方论证或质疑。在开始阶段,论辩者会围绕对方的妥协或认可之处构建"一致区域",使论辩的出发点符合自己的利益。在论辩阶段,论辩者会根据批判性讨论的具体情况选择最适合自己的论证或质疑话题。在结论阶段,论辩者会通过对"结论范围"的界定使论辩的结果与其理想方向相符,比如从自己的角度指出论辩结果的意义。

受众需求指的是论辩者将自己的论证或质疑与受众持有的观点或喜好相呼应,尽最大可能迎合受众的需求,以使自己的立场更容易被接受。为此，论辩者在冲突阶段可能会将意见分歧简单化。在开始阶段，论辩者通常选择既能为受众认可，又符合自己利益的程序性和实质性起点。在论辩阶段，论辩者会挑选能够最大程度照顾受众利益的论证。在结论阶段论辩者会尽力使受众相信论辩的结果不会给他们带来任何不利。

表达手段指的是利用言语表达的“语用空间”（同一言语表达可能具有的语境含义集合）使论辩话语取得理想的交际与互动目的。比如，在论辩的冲突阶段，论辩者也许会在陈述立场时刻意隐藏自己的态度以使意见分歧不至于过早复杂化。在开始阶段，论辩者可能会借用能够引起受众共鸣的隐喻表达作为实质性出发点。在论辩阶段，论辩者可能会一口气提出全部论证并为论证加上序号，使自己的立场显得严谨和充分。在结论阶段，论辩者会以谦虚的方式用“事实”说话，形成“理在我方，无需雄辩”的印象。

综上，策略操控的核心要义就是论辩者从话题潜能、受众需求和表达手段三个角度出发，在遵守批判性讨论准则的同时，综合运用多种修辞手段对论辩话语的内容与形式进行策略性安排，努力使论辩话语兼具合理性和有效性。

当我们评价论证话语时，必须觉察到论辩话语在策略操控的过程中对十大原则的遵守情况。如果违反了十大原则，就意味着策略操控出现“脱轨”，就会产生各种各样的谬误。谬误不仅违背了批判性讨论规则，同时也妨碍了以理性的方式消除意见分歧的论辩宗旨。谬误可能发生在论辩进行的任何阶段的任何一方。参照理性论辩的十大准则，相应的谬误有：① 如果给论辩对方施加压力或者进行人身攻击，就违反了十大准则中的自由规则。② 如果在论辩过程中尝试逃避或者转移证明责任，则违背了证明责任规则。③ 在论辩过程中，如果一方抨击的立场并非正方原来提出的立场，便违背了立场准则。④ 当使用不相干论证时，就违背相干准则。如果使用修辞技巧或者夸大和否定未表达前提，则会违背未表达前提准则。⑤ 如果错误地把某一起点当作已取得的一致意见，或者否认已取得一致意见起点所承诺的内容，那么就会出现违背共同出发点准则的谬误。⑥ 如若在论证中使用演绎推理，但准则是无效的，那么便违反了有效性准则。⑦ 如果把整体属性当作部分属性，或者把部分属性当作整体属性，这两种情况分别被称为“分解谬误”和“合成谬误”。⑧ 论辩过程中有一方或多方均使用不太清晰或混乱不清的表述，甚至故意歪曲对方表述，就违背了用法准则。⑨ 如果辩护时没有借助正确运用适当论证图式来进行，如此便不能认为立场得到了决定性辩护，因而违背了论证图式准则。⑩ 在立场辩护失败后，一方再维持该立场且继续辩护，这就是违背了结束准则①。通过以上分析，我们可以看到语用论辩理论中的十大准则、策略操控和谬误分析都是在一个统一连贯的理论框架下完成的。这也正是语用论辩理论的重大贡献所在。

以下是摘自北京大学中国语言学研究中心语料库（CCL语料库）的一段文字。我们可以结合这个案例更好地理解语用论辩理论及相关概念工具的使用。

> 工夫不大，菜摆上了，酒端来了，兄弟二人边吃边喝。
>
> 皇太极说："小弟，你比俺幸福得多，不仅母亲健在，而且有兄弟三人，俺就不能跟你相比了，母亲早死，还就是俺一人……"
>
> 皇太极说到这里，真动了感情，禁不住流下了几滴泪水。
>
> 多尔衮忙说道："八阿哥，你说到哪里去了！即使同胞兄弟，也未必处得多好；处得好的，也未必都是亲兄弟，别的不说，就说咱大金原来的五大臣，与俺父王之间，处得咋样？再说，那舒尔哈齐倒是俺父王的亲兄弟，又咋样？"
>
> 皇太极又笑着说道："小弟，你说的这两个例子，也真够典型的，极有代表性。"②

在上述语境中，我们可以清楚地识别出皇太极和多尔衮之间的对话属于典型的自然语言论辩③，符合日常论辩的一般特点。由于日常论辩的口语化程度较高，语言组织相对随意，因而借助语用论辩理论对其进行论辩重构十分合适。

从文字表述来看，皇太极和多尔衮作为对话双方，关系密切，是同父异母的兄弟。皇太极率先主张"你比俺幸福得多"，这本质上是一个评价型命题。皇太极随后还给出了自己如此主张的理由。而多尔衮根据皇太极的主张，明显表达了不同意见，"八阿哥，你说到哪里去了！"和"即使同胞兄弟，也未必处得多好；处得好的，也未必都是亲兄弟"可以相互印证得出多尔衮的态度和立场，意见分歧由此产生。

皇太极和多尔衮各自的论证都围绕自己的立场展开，且论证组成部分的大多数内容构成了两人共同认可的实质性出发点。比如，"（多尔衮）不

---

① 范爱默伦，斯诺克·汉克曼斯.论证分析与评价[M].2版.熊明辉，赵艺，译.北京：中国社会科学出版社，2018：115－144.

② 李文登.努尔哈赤[M].北京：中国戏剧出版社，1999：1068－1069.

③ 除自然语言论辩外，还有包含视觉图像等在内的多模态论辩，而根据论辩场景的不同，又有演说、辩论、广告等各种类型的论辩活动。

仅母亲健在,而且有兄弟三人”“大金原来的五大臣,与俺父王(努尔哈赤)之间,处得咋样?”等等。

其中,皇太极的论证比较直接,论辩指示词“不仅……而且……”和“……还……”将并列型论证结构①呈现得非常明确,“(多尔衮)母亲健在”“(多尔衮)有兄弟三人”和“(皇太极)母亲早死”“就是俺(皇太极)一人”相互补充,成为共同支撑皇太极立场观点的条件。多尔衮的论证对皇太极的部分论证形成了反驳,且主要集中在“同胞/亲兄弟”与“处得好”的关系上。为了进一步说明自己的立场观点,多尔衮以两人的父亲努尔哈赤为例,运用类比图式,就近论证了“同胞/亲兄弟”与“处得好”并不存在必然联系。所以多尔衮完整的论证结构中包含多重型论证和从属型论证。

在多尔衮结束自己的论证后,皇太极对其所举的例子表示同意,承认多尔衮的举例具有代表性,故而在某种程度上解决了两人的意见分歧,论辩也告一段落。

通过以上分析,再结合删除冗余信息、增添潜在信息、重排论辩顺序和替换模糊表达等论辩重构方法,我们发现皇太极和多尔衮在组织论证时,都隐含了各自的前提,比如,皇太极认为多尔衮比自己幸福是因为多尔衮母亲健在、有兄弟三人,其未表达前提是“母亲、兄弟在世的人是幸福的”,加之皇太极母亲早死、只剩一人,我们可以简化其为“有亲人在世的人是幸福的”。同理,多尔衮的论证也可以补充相应的未表达前提。

参照语用论辩理论的批判性讨论模型,我们得到以下重构:

【冲突阶段】

正方(皇太极)立场:你(多尔衮)比我幸福。

反方(多尔衮)立场:我没有比你(皇太极)幸福。

意见分歧:多尔衮是否比皇太极幸福。

意见分歧类型:单一混合型。

【开始阶段】

正方:皇太极。

反方:多尔衮。

程序性出发点:身份地位、礼节或规则。

---

① 论证结构是指充当结论(主张)的命题和充当前提(理由)的命题之间的关系呈现,可以分为简单论证和复杂论证两大类,前者一般为一个前提一个结论的单一论证(single argument),及单一论证的组合;后者有多重型(multiple)、并列型(coordinative)、从属型(subordinative)三种,分别对应同一立场的多个独立论证、同一立场的相互依赖的并列论证以及具有子立场的子论证。

实质性出发点：多尔衮的母亲健在、多尔衮有兄弟三人；皇太极的母亲早死，且只有自己一人；大金五大臣不是父王的兄弟，但与父王关系好；舒尔哈齐是父王的兄弟，但与父王处得不好。

【论辩阶段】

正方（皇太极）：

1　你（多尔衮）比我（皇太极）幸福。

1.1a　你（多尔衮）母亲健在。

1.1b　你（多尔衮）兄弟有三人。

1.1c　我（皇太极）母亲早死。

1.1d　我（皇太极）只有一人。

(1.1a—1.1d')（有亲人的人是幸福的）。

反方（多尔衮）：

1　我（多尔衮）没有比你（皇太极）幸福。

1.1　同胞兄弟未必处得好。

(1.1.1)　（同胞兄弟不是相处得好的充分条件）。

1.1.1.1　舒尔哈齐是父王的亲兄弟，处得并不好。

1.2　处得好的未必是亲兄弟

(1.2.1)　（同胞兄弟不是相处得好的必要条件）。

1.2.1.1　大金五大臣不是父王的亲兄弟，处得很好。

(1.1—1.2')　（处得好即为幸福，无论是否亲兄弟）。

【结论阶段】

皇太极同意，不能认为多尔衮有兄弟三人就比自己幸福。

仔细观察重构后的论辩，尤其是意见分歧、双方立场、出发点、论辩结构、论证图式和论辩结果这六个关键要素，不难发现，多尔衮的论证还是一个有效的策略操控。他注意到皇太极并列型论证的结构特点，没有从“母亲健在”这一前提入手，转而针对“同胞兄弟”的相处问题这一潜在话题，强调不和睦的亲兄弟还不如和睦的君臣，有力地反驳了皇太极论证的重要组成部分，还顺势引入了关于幸福标准的讨论，使自己的多重型论证的结构趋于完整，论证强度也大大增加。

此外，多尔衮运用反问的方式进行举例说明，调用了皇太极熟悉的类比图式，在简洁明了组织论证的同时，也充分考虑到了受众需求、表达方式等方面的策略，使得论辩双方能够在相对轻松的氛围中达成阶段性的意见一致，最终消除彼此的意见分歧。

当然，多尔衮的论证同样需要接受批判性讨论问题的检验。如父王与皇太极或多尔衮的类比关系是否成立，如果不成立，则容易违反论证图式规则。系统的论辩分析与评价，需要全面考虑这些可能出现的问题。

学术写作不同于文学类写作，非常强调论证的使用。作为人类思考和交流活动中不断逼近真理的重要手段，论证可以帮助同学们减少个人认知偏差，更加理性地判断信息真伪和解决方案的优劣以提高决策和行动的质量。此外，论证可以帮助我们更好地进行学术写作规划，更全面且透彻地了解学术观点，并兼顾有效性和合理性提出自己的学术主张。尽管学术写作之路对于大家来说，道阻且长，但好的论证的运用可以让写作持思维之力，达四两拨千斤之效，切学术写作之要件，从而见微知著，落墨大方。

复习思考题

1. 请谈谈论证在不同学术活动中的重要性。

2. 请用图尔敏模型对一个日常生活中的论证案例进行分析。

3. 简述语用论辩理论中“批判性讨论理想模型”的基本内容。

解题思路

第四讲 论证实践与写作

陈勃杭

写作是一项将思想付诸文字的活动。而一篇说理性文章在多数情况下由若干论证构成。在第三讲阐述了基本的论证理论之后,本讲我们将围绕论证实践展开论述。何为论证实践?我们可联系日常生活中的常见情境进行理解:某人说了一句话,如果他/她是认真的,那么就伴随着证明责任。在这里,他/她必须证明那句话是正确的或至少在有限范围内是正确的。我们说,他/她的证明过程就组成了一个论证实践。

一、事实和价值

事实和价值

联系日常生活情境可理解和论证实践相关的一些基本概念。一般而言,当我们思考或谈论世界时会产生想法,将这些想法表达出来就是话语,当把话语进行精确化处理以后,便得到了命题。我们在日常生活以及科学研究中会遇到各种各样的说法和命题。例如以下命题:

[1] 我来到了浙江大学。

[2] 天是蓝的。

[3] 我家有一只宠物狗。

[4] 为实现伟大远景而奋斗。

[5] 不应该随意使用暴力。

[6] 绿水青山就是金山银山。

这些命题或多或少都和世界相关。其中[1][2][3]我们一般叫作事实命题,它们给出和现实中发生的事情相关的一些信息,描述发生在现实世界里的情况,解释过去发生的、刻画现在发生的和预测未来发生的事情。事实命题的目的是要描述这个世界到底发生了什么,而这就是科学(science)想要研究的内容,科学研究"是(be)"的问题:事情是怎么样的。[4]和[5]明显不是事实命题,而是我们一般所说的价值命题。价值命题虽然仍和世界相关,但它们更多的是表达好恶,赞许或厌恶世界上可能发生的某些事情。也就是说,这是在表达说话人对世界的希望。在表达价值命题的话语中一般会出现诸如"(不)应该"等类词。命题[6]的情况比较复杂,既可以说是真命题,也可以说是假命题,还可以说是价值命题。后面将详细讨论。

事实和价值的二分是一个基本的区分。根据这一区分,说话者和表达命题者需要明确自己命题的目的:这个命题是要讲世界到底是怎么样的,还是讲自己希望世界应该是怎么样的。这个区分也粗略对应理科和(至少一部分)文科的区分。毫无疑问,物理和化学等自然科学学科关注的是自然界发生的事情,以及控制这些事情发生的规律;而文科中的伦理学和政治哲学等学科则更多关注人类世界应该如何发展和运作。长久以来,人文学科和社会科学并置,有所谓"人文社科"之称。然而,从事实和价值二分的角度看,经济学和社会学等社会科学学科可以归属于理科范畴。和自然科学一样,社会科学同样研究世界到底发生了什么、未来会发生什么以及过去发生了什么;一言以蔽之,社会科学亦关注这个世界到底是怎么样的问题。从这个意义上讲,社会科学也应该划归理科,即,广义的探求事物本来之理的所有学科。

通常,除伦理学和政治哲学之外,广义的哲学学科和历史学学科都被划入文科。然而,从事实和价值二分的角度出发,这一点仍然有待商榷。在哲学中,有人专治哲学史,而哲学史以事实为依托,需要关注历史上的哲学家的作品;在历史学中,这一点更无疑义,史料构成了历史事实的来源。即便历史学家的"阐释"技艺再高,他们也无法脱离史料胡乱解释。因此,即便是在公认的文科中,能在事实和价值二分之下成为"纯粹"文科的学科也几乎不存在。

这种说法针对一般的表达和命题同样成立,而这正是上面的命题[6]面临的基本情况。"绿水青山就是金山银山",它是事实命题还是价值命题?恐怕我们没法给出一个简单的答案。就最直接的物理性质而言,绿水青山肯定不是金山银山。但是很明显,这个命题不是想说物理性质。它想讲的是对物理资源的合理利用,即,如果将绿水青山运用得当,能够产生各种有形或无形的财富,比如生态旅游的创收,绿水青山给人们带来的健康和舒适,等等。从这个角度讲,[6]是一个真命题。然而,[6]显然不是在所有情况下都成立的事实命题。比如,在工业化之前的中国农村,绿水青山比比皆是,然而农民却吃不饱饭。这个绿水青山对他们来说就不能象征财富。在那种情况下,绿水青山就是金山银山显然是一种错误的说法,[6]也就是一个假命题。最后,在一般使用过程中,命题[6]很难说不包含价值成分。显然,说话者表达了一种期望,鼓励在保护环境的情况下发展经济,取得经济增长。他希望[6]说的情况能成为现实情况,[6]能成为真命题。

我们要强调的是,事实和价值的区分是一个逻辑上的区分。逻辑上的区分意味着,它是我们研究一个表达或一个命题的基本工具。在分析一个命题时,我们必须把它拿到具体情境中,看看说话者到底是想说事实上的东西,还是在表达愿望。在日常生活中,一般人都会将事实和价值混合起来用同一个命题表达,我们必须特别注意此类现象。其实,我们无法把某一个命题从一个具体情境中抽象出来,孤立考查它在讲述事实还是价值。例如,考查命题[1]我来到了浙江大学。这句话一般来说至少表达了一个事实。但是,在某些特殊情况下它也表达了某种赞许——比如高考我超水平发挥,来到浙大我很高兴。

以下是两个知识含量更高的例子。

第一个案例,我们分析古希腊哲人亚里士多德的一个著名论断:

> 人是热爱知识的动物。(Man desires to know.)

这句话到底是在表达事实还是价值呢?恐怕我们仍然不能一概而论。但可以明确的是,这个命题可以从事实和价值两个角度进行探究。从事实角度看,在一个学术氛围浓厚的环境中,多数人可能都热爱知识,这时这个命题构成了一个真命题。然而在一个崇尚金钱和权力的环境中,这个命题恐怕并不能成立。甚至,这个命题针对大多数人其实都很难成立,人们更有可能为了知识之外的东西才去追求知识,对知识本身有热情的人恐怕并不多。但是,难道古希腊大哲学家亚里士多德不知道这些现象吗?他当然知道。因此,他表达的这个著名命题更应该从价值角度进行理解。他看到了人追求知识的潜力,并鼓励每一个人如此行事。

第二个案例:

> 社会契约论是16和17世纪兴起的社会和政治理论,讲的是社会以及社会秩序的起源,即,普通人为了自己的安全和权利,集体签订契约(宪法),赋予统治者权力。

那么社会契约论到底讲的是事实还是价值呢?在问题提出之初,不少学者都坚持这讲的是一个事实。而这意味着,这部分学者认为社会契约论和电磁场论、相对论等自然科学理论性质一样,都是为了解释自然或社会中存在的某些事实。于是,他们想从非洲和南美洲的原始部落中寻找证据。不过,他们的努力最后都未能成功。于是,从事实角度讲,社会契约论基本可以确定是一个并不成立的理论。后来,很多人也以此为理由批评社会契约论是没有事实根据的空想。然而,关于社会契约的讨论并未就此终结,从事实角度去考察社会契约论也无法了解其理论之精华所在。在18世纪末,哲学家康德仍然认为社会契约论十分有用,可以当成一个基本预设。他认为,这个预设规定了统治者和人民之间的关系,比如,由于契约的关系,统治者有保护人民的义务。因此,社会契约论讲的不是一个事实,而是一个规范,从这个规范中可以推导出很多价值,很多还是我们现代社会仍然推崇的共同价值,例如主权在民和宪法神圣。在社会契约论兴起之前,西方人乃至全世界都不讲主权在民和宪法神圣。当时在西方规范统治者权力的是"君权神授",欧洲的统治者认为自己不需要人民授权,权力合法性来自上帝。这一点在18世纪之前一般老百姓也是认同的。但是,社会契约论兴起之后,"君权神授"崩溃了,社会契约论奠定了现代民主制度的基础。

事实和价值关系中还有一个可能让人迷惑的地方。设想,在亚里士多德的呼吁下,人们变得热爱知识,可以实现这方面的潜能;而在社会契约论支持者的影响下,的确产生了以契约形式立国的政治实体。但是,即便价值能够"变成"事实,这一点也无碍事实和价值二分的有效性。在价值方面我们讨论的问题是,人应不应该热爱和追求知识,或政治实体是不是应该以契约形式立国;而事实方面我们遇到的命题是,有的人的确在亚里士多德影响下变得热爱知识,有的政治实体的确采纳了社会契约论,以契约形式立国,并规范统治者和人民之间的关系。

二、命题和世界

从这部分开始,我们要做一个简单的限定,即我们开始只讨论事实命题,或命题中的事实性成分。我们先简单看看命题和世界的关系。我们的世界由各种各样的物质或实体组成,原子、分子、细胞等是自然科学研究的对象;社会科学研究的对象有机构、经济体、美国、课程等。这些研究对象有各自的性质。这时我们会很自然地认为,命题的基本结构应该是,物质或实体+性质。翻译过来,就是句子的主语讲实体,而谓语讲性质,或实体处于一个什么样的状态。这样的讲法符合我们的日常生活经验,但可能引起误解。

如果我们认为世界是由各种各样的实体(广义上的)组成,那么有一个不得不提出的问题是,组成世界的最基本物质是什么?这时候最常见的一个答案是物理学的基本粒子。很多物理学家都是这么认为的,其中便包括为爱因斯坦广义相对论提供了观测证据的物理学家爱丁顿。爱丁顿有一次在给大学生做科普时通过两个“桌子”介绍了现代物理学的“成果”。他说，我们有一个是可以伏案的日常用的桌子，还有一个是带电粒子高速运动的物理学的桌子。那么哪个桌子才是真正的桌子呢？他给出的答案是，物理学的桌子才是真正存在于世界的桌子！但是，这种看法其实并不能成立，我们也不赞同这种看法。因为即便按照最朴素的想法，我们也能知道基本物理学粒子背后还有其他更基本的东西。元素周期表里面的元素便是原子背后最基本的东西。我们知道，有些原子可能不存在于自然中，比如某些高序数元素的原子，但是元素肯定是存在的，而且这种存在是一种超越时空的存在，代表了世界背后的某种“理”，即控制世界运行的自然规律。

我们用代表概念的各种性质去刻画某个客体，这些概念代表了客体是其所是的条件和各种自然规律。这种刻画让我们得到命题，而这里的命题表征某个具体事件，该事件将刻画某个客体所处的状态。所以，我们不说世界上有氢原子，我们说世界上某个东西带有氢元素的性质。这样一来，我们就可以把微观实体和宏观实体拉到平等位置，如“这里有一个东西，它具有桌子的性质。”“这里有一个东西，它具有原子的性质。”这两个命题是平等的，它们或许有某种联系，但并没有高下之分。这里说原子是更基本的粒子没有意义。这样一个转变在哲学家维特根斯坦的《逻辑哲学论》中表现得非常明显。维特根斯坦在开篇即明确：世界不是“事物”而是“事件”的集合。

三、命题之间的联系：演绎和归纳

在之前论述的基础上，我们可以进一步描绘命题之间的联系。这种联系有两类，也是我们在科学研究中采取的最基本的两种方法：演绎法和归纳法。演绎法最简单、最经典的形式就是亚里士多德的三段论：$p, p\rightarrow q: q$。演绎法的最大特点也是最大好处就是确定性。换言之，演绎法从前提到结论是绝对不会有错误的，结论就蕴含在前提中。不过，演绎法的问题也在这里。显然，在演绎推导过程中，结论已经蕴含在前提中。也就是说，结论并没有增添任何信息。这时，过度使用演绎法有一个风险，就是空想。一个爱思考的“哲学家”完全可能陷入自己设立的各种前提之中自我陶醉，脱离和现实世界的接触。

相较于演绎，归纳更接地气。它直接诉诸于世界上发生的事件，并且这些事件可以用一些单称命题刻画。然后，我们在此基础之上对这些命题进行归纳整合：$p_1, p_2, p_3, p_4 \cdots \rightarrow p$。之所以说归纳的优点在于接地气，是因为其结论建立在真实世界发生的事件之上。不过，归纳法也存在可能会过分概括的问题。这时，如果归纳采取的样本不全面，我们也会得出错误结论。

四、知识的两大来源：逻辑和事实(理性和经验)

关于演绎和归纳，我们其实还可以说很多。要论证一个命题成立或不成立，我们可从两个角度出发，即演绎和归纳。更宽泛地讲，我们是从逻辑和事实，或理性和经验出发。从逻辑出发，我们是从既有前提出发演绎出结论；而从事实出发，我们要做的则是搜寻证据，证明命题。就前者而言，我们会要求讲出道理来，用逻辑说话；就后者而言，我们会说拿出证据来，用事实说话。

得到证明的命题可被称为真命题，也就是我们所说的知识。在哲学史上，我们称强调逻辑和理性的传统为理性主义传统。理性主义传统历史悠久，最早可追溯到古希腊哲学家柏拉图。在柏拉图看来，理性最高的代表是几何学或者数学。柏拉图之后，中世纪的哲学家和近现代的笛卡儿以及莱布尼茨均提出了一些理性的基本原则。20 世纪，胡塞尔总结了两类逻辑：一个是形式逻辑和数学，这些对于一切科学和一切实践均适用，即一切科学和实践均不能和形式逻辑与数学矛盾；第二类是各个成熟科学中具体的逻辑，即概念框架。这些逻辑或概念框架我们一般不能违反。比如，经典力学中的牛顿三定律，现代经济学中的供需关系理论等。

与理性主义传统相对的是经验主义传统，其最初的代表人物是柏拉图的学生亚里士多德；之后的代表人物包括英国哲学家洛克、休谟和贝克莱等。经验主义者和理性主义者针锋相对，他们认为知识的来源并不是一些基本原理，而是对经验世界的观察。经验主义者中有人怀疑因果规律是否存在，有人甚至还怀疑数学和逻辑是否能够普遍成立。而在 19 世纪末，不少物理学家甚至从经验主义角度反对原子存在。这里一个最常见的质疑是：你看见原子存在了吗？值得注意的是，这个说法并不荒谬。为了使原子理论能够和物理事实产生联系，物理学家做了大量努力。除了爱因斯坦对布朗运动的理论推导之外，佩林的实验也是决定性的，他表明对布朗运动的理论推导的确符合实验观察结果。如果符合结果，我们就称观察证据证实了理论推导，如果不符合，就是观察证据证伪了理论推导。

原子理论获得承认的过程提示我们，知识之所以成为知识，有两个方面的因素：第一个是符合逻辑的理论推导，第二个是符合事实的观察结果。更宽泛地讲，知识是理性和经验的综合，是逻辑和事实的综合。在哲学史上，康德是第一个明确提出这一点的哲人，我们可以稍微改动一下康德的名言：理性没有经验支持是空洞的，经验没有理性支持是盲目的。换言之，如果只有逻辑和演绎，那么我们只能得出已经包含在前提里面的空洞结论；但如果只有事实和归纳,那么我们将永远无法发现事件之间的深层次联系,只能在有限变量之间碰运气。高度成熟的科学知识,必然有一个相对完善的概念体系,同时也还有能用这个概念体系进行解释的海量事实。

以上是有关论证的一些基本概念。需要强调的是,要论证一个命题,要么从逻辑出发,要么从事实出发。从逻辑出发,可以表明结论可以从更基础的理论中推导出来,或结论至少和更基础的理论之间并不矛盾。从事实出发,就需要找证据证实命题。反过来,要反驳一个命题,我们可以证明它和某些更基础的理论矛盾,或者我们也可以找到事实,来证伪这个命题。

五、案例分析

案例一　苹果落地

现在假设我把一个苹果从窗户扔出去,大家肯定都知道苹果会落地。这里就有一个命题:苹果落地(或者说,有一个客体,它带有苹果性这个性质,它会落地)。要证明这个命题,我们可以从逻辑出发。苹果落地这个结论可以从万有引力定律和一些初始条件演绎推断出来。同样,我们还可以从事实出发。例如,你跑到楼下等着,看到苹果落地就行了。这是一个最简单的论证实践。在日常生活中,经过细致思考你会发现,你的论据一部分来自逻辑推导(广义的),一部分来自事实性的举例说明。

案例二　世界是偶然的,还是决定的?

为说明为什么论证应该从逻辑和事实出发,我们显然不能只考察一些答案显而易见的例子。现在我们分析一个让人迷惑的问题,即“世界是偶然的,还是决定的?”要思考这个命题,我们还是应从事实和逻辑两个角度出发。

从事实角度看,我们能否证实或证伪这个命题?这个命题似乎是可以证伪的,因为这个世界似乎存在大量随机事件,比如我们不能提前确定抛硬币会得到正面还是反面。那么这个命题可以完全证伪吗?实际上亦非如此。随机事件存在,可能是因为我们对世界的了解还不够多,不知道很多先决条件。例如,如果我们可以完全模拟抛硬币整个过程,那么也许我们就可以提前决定最后是正面还是反面。因此,从逻辑角度讲世界是决定的,这个可能性完全存在。于是,哲学家康德对这个问题的观点是,“决定”还是“不决定”,仅仅诉诸事实并不能知道答案;但是,我们应该把“世界是决定的”当成一个逻辑预设,任何科学研究实际都要遵循这个预设。实际上非概率性的规律,就是在验证决定论。

这时可能有人会问,量子力学不是表明世界在根本上是非决定的,是概率性的吗？这里我们要做一番辨析。现在“量子力学发现了世界是非决定的”这一类说法非常流行,但实际上还有一批包括爱因斯坦在内的物理学家都认为量子力学的概率解释并不完备,并提出过很多质疑。例如爱因斯坦认为,量子过程看起来是概率性的,但它背后其实有一个我们没有发现的隐参量(hidden variables)在控制。实际上,这种做法就是把看起来是偶然的事件重新纳入决定论的轨道中。因此,爱因斯坦对玻尔说：上帝不掷骰子,你不要用概率来骗我。玻尔的回答是：你不要试图告诉上帝应该做什么。当然,隐参量学说在今天已经基本没有支持者了,但隐参量学说式微的原因是,没有任何实验事实可以证明隐参量存在。我们想强调的是,虽然世界上仍然存在很多偶然的事件,但是我们都无法避免这样一种可能性,即如爱因斯坦所说,偶然的背后可能有隐参量。

案例三　中国古代政治是专制政治吗?

这个问题自从新文化运动以来一直争议很大。很多人认为中国古代政治是专制的,比如鲁迅在《狂人日记》中揭露了封建礼教的“吃人”本质;谭嗣同甚至还激烈地宣称,数千年来之政皆秦政也,都是大盗之政。然而也有少部分学者,比如钱穆先生等,认为这是这种说法有失偏颇,并未公正对待传统中国政治中的优秀遗产。而前一部分学者则对钱穆先生反唇相讥,称其是想为专制政治张目,别有用心。

在这个和我们民族文化息息相关的问题上,我们尤其要注意事实和价值的二分,不能为情绪所左右。很简单的道理是,即便钱穆先生对中国古代政治颇多褒扬,持肯定态度,但批评他的论断也不能仅从这一点出发;即便批评者认为中国古代政治一无是处,他们也不能流于情绪化控诉。现在我们排除情绪因素,仅从问题本身出发加以分析。

从事实出发,鲁迅和谭嗣同等人都曾大量引用历史事实,证明中国古代政治是专制政治。例如,中国古代皇权至高无上,其他人都是奴才等,还有与之伴随的幸臣和宦官等现象,以及法家等鼓吹专制政治的知识分子。那么这些事实可以证明中国古代政治是专制政治吗？在有限范围内的确可以成立。另一方面,我们也能从逻辑上讲出一套道理,例如,绝对皇权控制生杀大权,其他人只能唯皇权是从,这一点不只是中国,世界其他帝国概莫能外。于是,原命题似乎又有了逻辑上的加持。

不过问题并没有如此简单,钱穆先生可以指出很多相反的事实。例如,相权对于皇权确有制衡,除了法家之外,还有儒家敢于为了民众和社会,对抗皇权。另外,钱穆先生也讲出了一套解释其非专制政治的逻辑：一般而言，皇帝是和士大夫共治天下，士大夫在道义上和制度上都有可能制约皇权。这样一来，原命题的反命题似乎也能够在事实和逻辑上获得支持。

统筹考虑，我们有了两个看起来自相矛盾的命题：

[1] 传统中国政治是专制政治。

[2] 传统中国政治不是专制政治。

那么根据排中律，是不是[1]和[2]只能取其中之一呢？答案并非如此。因为，[1]和[2]是两个过度概括得出来的命题，它们讲的不是同一部分事实。鲁迅和谭嗣同关注的是一部分事实，而钱穆先生则关注的是另一部分事实。这时我们的分析必须进一步深化。这里问题的关键在于，说“中国古代政治”时，两个命题所指并不一致。显然，鲁迅和谭嗣同等人都会抓着专制现象不放，而钱穆先生则偏重于强调非专制现象。因此，严格来讲，[1]和[2]之间并不矛盾，这也并不违反排中律。

那么是不是说这个争论就是一个无意义的争论？不尽然。它还是能够教给我们很多东西。如果我们要做严肃的历史社会学研究，那么讨论中国古代政治是不是专制政治这种问题就会有极强的误导性。在讨论这个问题时，我们很容易把一些本身并不矛盾甚至互为依存的现象用对立概念进行解释，然后人为制造对立。我们要注意避免这种人为对立，在讨论这个问题时从概念出发，我们应该用专制和反专制两个概念去解读和中国古代政治相关的现象。中国古代政治中间有专制成分，当然也有反专制成分。甚至，我们还可以把专制政治进一步细化，分为专制政治制度、专制政治思想，以及专制风格的当权者，等等。这样就可以进一步对现象进行分门别类。在这个过程中，我们既扩充了概念框架，又纳入了更多事实。

复习思考题

1. 列举几个日常生活或科学中的例子，尝试进行“事实”和“价值”的二分。

2. 列举几个日常生活或科学中的例子，尝试从“逻辑”和“事实”两个角度辨析命题。

3. 为什么事实的混淆和价值的错误在社会科学中尤为常见？

第五讲　逻辑基础与写作实训

于　翔、黄　略

逻辑学视域下的分析性写作是主体以论证动机为导向，在给定文化环境中进行的兼备专业性和创造性的论证实践活动，旨在从真实前提出发进行有效推理，促使读者接受或拒绝某个结论。“分析”的过程必须是一个有系统、有重点、有依据的思维过程，且主体依靠一定的论证规范，清楚明白、有理有序地向读者展示知识并输出认识方法。为帮助同学们掌握“分析”的过程，本讲将分两个阶段进行相应的实训，以期帮助同学们做到学以致用、学用相长。

第一阶段的实训注重锻炼思维方式，本讲提供了以下五组选题（表 5－1）：

表 5－1　实训课选题

组　别	选　　题	
第一组	颜值即正义的看法合理吗？	科技发展是利大于弊还是弊大于利？
第二组	内卷的行为是否合理？	科学是否有标准？
第三组	人的身份是否由他人决定？	司法是否要顾及舆论？
第四组	躺平是利大于弊还是弊大于利？	医学进步是否可以消除疾病？
第五组	让一部分人先富起来能否带动共同富裕？	网络拉近还是疏远了人与人之间的距离？

上述选题或者偏向价值判断，或者偏向事实判断，本讲将围绕这些选题，从具体例文出发，分析如何将逻辑学基础知识内化于写作实践中。

一、明确概念

将概念分析作为文章的切入点,是理性写作的开始,也是建设分析性思维最直接的通道。“概念明确”指的是在进行命题判断前,对命题所含概念的内涵和外延进行明确的界定。每个人的价值偏好或许不同,但只要能对概念加以明确的界定,进而展开判断和论述,言之有理,便能写出一篇逻辑清晰的文章。

(一) 定义核心概念

对“概念明确”的理解首先体现为有意识地发现核心概念,并通过定义的方式明确其内涵。

例文一

共富有期

共同富裕指全体公民通过劳动与互相帮助达到生活富足的水平。这里首先应当对“富足”的概念范围进行界定,“富足”分别包括了“经济富足”“教育富裕”和“思想丰富”……

例文一的选题为“让一部分人先富起来能否带动共同富裕?”,在例文中,该开篇就定义了选题中的关键概念——“共同富裕”,对“共同富裕”一词的内涵进行了简单阐释。随后,继续对“富足”这个概念作出了划分,将其分为“经济富裕”“教育富裕”和“思想富裕”三个层面。从这一段落看,这篇文章已然带有了模糊的逻辑色彩,能够自觉地阐释定义和划分层次,有条理地界定概念,有重点地思考问题。

考虑到逻辑的严谨性,我们仍可以对这段例文提出一些建议。首先,例文一依据线性建构的方式进行思维和写作,最后落脚在“共同富裕可以实现”。因此,在解释或定义概念时,应该根据“富裕”和“共同富裕”两者概念间的外延关系,先从定义外延较大的“富裕”概念入手,从而帮助读者理解“共同富裕”概念。否则就会出现定义不清,需要后续追加定义的问题。而且,例文中也不应该在“共同富裕”的定义时使用“富裕”的近义词“富足”,这使得定义项中间接包含了被定义项,出现了循环定义的问题。用近义词“富足”“丰富”代替“富裕”,这样的做法在日常写作中并不会造成太大的歧义。但是,逻辑对明确概念的执念要求我们准确地使用对应的语词,“富足”多指主观上的丰富充足,它的标准可以因人而异,而“富裕”多用来摹状客观情况的充裕丰富,它的标准是统一确定的。“共同富裕”是一个有重大历史意义和现实意义的概念，应该使用准确的词项进行表达。

（二）把握概念要点

当文章中出现多个重要概念时，应当逐一解释重要概念，把握要点，进行要点式写作。

例文二

医学进步不可消除疾病

首先，我想明确两个概念。所谓医学进步，是指在更先进的医疗器械下运用更高明的治疗方法；所谓疾病，是给身体、心理带来痛苦的东西。……

从实践角度讲，医学进步是有极限的，它是一个缓慢、艰难的过程。而疾病种类繁多，更重要的是，随着生活环境变迁，新的疾病不断出现。……

如果更理想化一些，有一天医疗条件取得巨大进步，足以治愈身体，那么就算消除了疾病吗？不是的，人有心病。即便有精密的仪器、高明的医术，也还是会有人孤独、有人痛苦、有人不能打开心结。心理疾病的敌人是人类，而医学进步并不代表人类对自我认识更清晰、对人生的目的更明确。有时科技的进步甚至会让人类在探索中迷失。……

例文二的选题为“医学进步是否可以消除疾病?”，这个选题包含两个关键的概念，一是“医学进步”，二是“疾病”。所选例文的首段就直接对这两个重要概念做了定义。接下来，文章后续的两个自然段分别紧扣首段的定义，围绕要点进行写作。第二段从现实角度出发，论述医学进步缓慢且时常滞后于新疾病的出现；第三段则以理论猜想为前提，得出了未来心理疾病的复杂程度可能会远超人类医疗水平的假设论据。这样的行文结构符合发散性思维的认识规律，紧扣对“医学进步”和“疾病”概念的把握，在充分举证的同时避免了因发散思维过于灵活造成的论据混乱问题，通过并列分布的要点式写作使文章的结构清晰，足见这位同学掌握了“概念明确”这一关键。

二、恰当判断

判断是文章中已经被判断为真或假的命题，多数时候作为论证的前提或结论，出现在文章段落的开头或结尾。“恰当判断”指的是在明确概念后，在对事态进行判断时，要么肯定或者否定，要么反对或者支持，尽量避免中立和模棱两可的回答；此外，还要实事求是，以事实为依据进行合理判断。

例文三

科技发展利大于弊还是弊大于利?

科技日新月异,世界不断进步,但许多问题接踵而至。科技发展利大于弊还是弊大于利?

随着科技发展,地球上的资源不断被开发,环境不断遭到破坏,各种细菌病毒也随之出现,人类面临一项又一项艰巨的挑战。

这样看来,科技的发展似乎是弊大于利,其实不然。……

科技发展必将解决带来的弊端,使我们生活更加美好。科技发展利大于弊。

例文三的选题为“科技发展是利大于弊还是弊大于利?”。从文章的标题开始,至文章的第三段,我们都找不到一个确切的立场。例文第二段所给出的论据也不能有力支撑第三段开头所说的“这样看来,科技的发展似乎是弊大于利”。因此,例文三中的论证就给读者留了一种不知所云的印象。

三、有效推理

推理是思维的基本形式之一,它是由一个或几个已知的判断(前提)推出新判断(结论)的过程。经典逻辑将一切利用真前提得出真结论的推理都视作有效的推理。此外,随着当代西方非形式逻辑的发展,以及中国本土推类论证思想的根深蒂固,生活世界视域下的有效推理标准是多元的。只要满足不从真前提推出假结论,且不违背逻辑矛盾律、同一律、排中律和充足理由律的推理,都可以视作有效的推理。

例文四

内卷是合理的

……因为互联网的普及和网上娱乐项目的增多,人们对精神上的要求降低,出现了“躺平”的思潮。

内卷含有竞争的意思,竞争行为可以刺激人的大脑,勾起内心的胜负欲,提高人的执行力,能有效遏止“躺平”思想对人精神的侵蚀,促进人的进步和社会的发展,由此可见,内卷是合理的。

例文四的选题是“内卷的行为是否合理?”,这是一篇论证失败的文章,文中所做的推理都是无效的推理,自然也就无法支撑起“内卷是合理的”的结论。文章首段推理的前提为“互联网的普及和网上娱乐项目的增多”,那么理所应当反映出人们对精神生活需求的提升，然而，文章却认为这种现象代表了“人们对精神上的要求降低”，显然出现了前后矛盾，违反了逻辑矛盾律。随后作者又得出“躺平”思潮因此出现的结论，更是违反了充足理由律，成了我们常说的无稽之谈。文章第二段所做的“内卷代表竞争，而竞争能促进人的进步和社会发展”的推理也同样违反了充足理由律。竞争行为本身能否勾起胜负欲，能否提高人的执行力，能否有效遏止“躺平”思想对人的侵蚀，都是例文四做出的没有充足理由的假设，而生活中的有效推理需要真假赋值，不能将结论完全基于假设，使之成为一个不可断定真假的语句。因此，这样的语句只能被称为猜想，不可作为论据。

例文五

疾病，是人的“不完美”

医学进步无法消除疾病。疾病是人类本身的不完美，人类的发展史，也可以视作与疾病的对抗史。……在某种层面上可以说是疾病在助推医学进步，而被“推着走”的医学，又如何反过来消除疾病这一“推手”呢？这本身便有相悖的意味。所以，医学进步，无法消除疾病。

例文五的选题为“医学进步是否可以消除疾病”，文中蕴含了一个运用逆向思维的推理，即被称为二难推理的复杂构成式。医学进步依赖疾病的存在，如果医学进步，疾病消失，那么医学的进步的方向就是医学的不进步；如果医学不进步，那么医学就不能够完全消除疾病。因此，无论医学是否进步，根据医学进步与疾病之间存在的关系，消除疾病的结果都是人类不希望见到的。两个推理的结果都是在真前提的基础上得出的，也能根据逆向思维论证为真，是很严密的推理。

四、有力论证

有力的论证能使论证参与者消解对立，就某个问题达成一致，进而实现某个功能或达成某个目标。要达成有力论证，就需要论证者遵循四条论证规则：① 语境理解规则，即确定开展论证的文化环境和现实场景。② 论证动机规则，即明确当下语境中，论证者实施论证的动机是什么。③ 语言表达规则，即论证者当下应该使用什么样的论证方法和论据实现论证的目标。④ 分块组织规则，即论证者如何谋篇布局，使之发挥功能，为同一个论证目标服务。

（一）语境理解规则

考虑认知语境的异质性是开展和理解论证实践活动的一个必要前提，

论证者必须将论证受众所处的，包括文化和现实场景在内的认知语境作为自己进行下一步论证行动的准则。具体来说，论证者需要考虑论证受众的文化背景、价值偏好、身份地位、教育水平及语言习俗等条件。否则，一旦脱离语境，论证或成枯竹空言，不切实际，或成“一派胡言”，无法实现论证的目标。

例文六

司法应该顾及舆论

司法的依据对象是法律，而法律的精神，于中国而言，正是为了维护广大人民的利益。……舆论代表了社会群体对特定事件、人物、环境的综合性考量……反映的正是广大人民群众的价值取向、精神依归……

例文六的选题为“司法是否要顾及舆论”，文中“于中国而言”的表述是从中国语境的角度解读法律的精神。并且，考虑到语境的异质性，文章将舆论视作群体发起的论证实践活动，强调舆论需要注意事件、人物和环境的特定性，以及广大人民群众的价值取向、精神依归等情况，遵循了语境理解原则。

（二）论证动机规则

论证的关键一步在于能让论证受众明白你的论证动机与论证目的。在分析性写作中，可以将表达论证目标独立成段，置于文章的开头或末尾。将论证目标直接置于文章开头，可帮助读者带着前见迅速进入论证；将论证目标置于文章末尾，则可以帮助读者加深对论证目标的记忆。

例文七

人的身份由自己决定

人来到世界上，选择成为一个什么样的人，是由自己决定的。

人生来便是一个独立的个体。……

因此，人的身份不应该被他人，也不应该被社会赋予。

例文七的选题为“人的身份是否由他人决定？”，首段直截了当地提出了论证目的，末段以结论的形式再次强调论证目的，强化读者记忆“人的身份该由自己决定”这一论点。

（三）语言表达规则

精彩论证的背后是庞大的知识储备和灵活的论证方法。在生活世界中，我们可以根据自己的研究方向、兴趣爱好、工作日常等，有目的地去搜集论证材料，为将来的论证实践提供语料库，也可以尝试参阅书刊文献或利用互联网等多媒体途径，搜集多模态的论证素材。在累积了一定的素材后，我们就可以选择适合的具体论证方法来使用这些材料。通常情况下，分析性论证的思路较情感性写作更为简单，常用的论证思维有五种：演绎思维、辩证思维、发散思维、逆向思维和建构性思维。常用的基本论证方法有直驳法、对比法、归谬法、反证法、例证法等。

例文八

社会之人

我认为，人的身份是被他人赋予的。

……

接下来，进行进一步的论证。我们进行一个假设：宇宙中只剩下你一个人类，你怎么证明自己的身份？这时，依托或许存在的外星文明，依托其他生物，方可认证你的身份。这时的人的身份依旧是被自己以外的外物（即他人）所赋予的。

再者，我们平时会提到一个词，叫作身份认同。这里的身份在于肤色、性向、抑或其他特殊之处。而此间之人群寻求身份认同，亦宣传身份认同，在某种程度上，便说明身份是被他人赋予的。

例文八的选题同样是“人的身份是否由他人决定?”。文章第二段以发散性思维为主导，设想了一个思维实验作为论据；第三段采取例证法，以生活世界中的“身份认同”为例，侧面举证身份的获得需要他人的认同。多种论证方法的应用让论证文字显得更加有力、精彩。

（四）分块组织规则

生活世界中的论证实践大都不是用一两句话能够说清的，因此，论证者通常需要将论证分为若干个阶段，并有目的地组织起部分阶段，以期实现阶段性的功能和目标。

例文九

网络拉近人与人之间的距离

网络，拉近空间的距离。指尖的一次轻触，让远隔万水千山的亲人收到温馨的问候；鼠标的一声轻响，使远隔重洋的好友接到暖心的祝福。网络以不可思议的方式，将整个世界联结在一起，跨越空间的阻断，打破空间的隔阂，拉近了人与人间的距离。

网络，打破文化的藩篱。多姿多彩的网络上，各具特色的民族跨越地域，跨越国界，通过网络向整个世界展现独属自己的风采。在网络上，不同文化相互碰撞，相互吸收，相互融合，将世界文化相连接。

网络，抹去心灵的隔阂。人和人的心灵于网络上互相温暖。这是地震后的网络募捐，是重症患者的网络会诊，是战争时的人道主义发声……网络将善良宝贵的心灵联系在一起，用温暖化解人们心中的隔阂。

网络，拉近了人与人之间的距离。

例文九的选题为“网络拉近还是疏远了人与人之间的距离?”，要使每个语篇段落能互相配合，共同支撑起“网络拉近了人与人之间的距离”这个结论，全篇就需要非常清晰的组织方式。文章从空间、文化和心灵三个维度举证网络拉近了人与人之间的距离，三段文字在体量上相当，在内容深度上相似，基本囊括了网络拉近人与人之间距离的方式，成功完成了论证目标。

五、有效性分析

本讲第二阶段的实训注重锻炼同学们解决实际问题、评价论证实践的能力。

有别于逻辑基础部分进行分析性写作的出发点和目标要求，有效性分析其实是论证活动的评价，尤其是以第三人称视角对第一人称视角为主的论证活动的检验。其中“有效性”的含义有两方面：一是论证本身的结构是否有效，即推理过程是否符合逻辑要求；二是论证对所涉问题的解决是否有效，亦即论证结果是否符合实际情形。在以“有效性分析”为主的练习中，评价主体往往面临一些具体的问题分析，这些问题很少涉及价值判断，更多偏向事实判断，因而本质上属于问题解决和决策的范畴。

根据逻辑有效和问题解决有效这两大标准，有效性分析在评价一个论证时主要分为两个步骤。首先，围绕论证推理的形式结构，以及论证命题的内容组织，评价者需要确定评价对象是否是一个“好”的论证。一般来说，一个“好”的论证要求论证前提和结论之间有很强的支持关系，并且符合逻辑推理的严格规范。前文关于逻辑推理规范的内容不再赘述，这里侧重强调通过提取自然语言表述中直接或间接表达的前提和结论，“重构”起一个潜在论证的基本结构。自然语言往往不像逻辑语言那样明确、简洁，所以需要我们根据语法、语义、语用，将自然语言中包含或隐含的信息转换成关键的逻辑命题。比如,“因为”就是一个典型的论证标记,从类似的论证标记出发,我们能够很快确定哪些内容是前提(或理由),哪些内容是结论。同样,把一个句子转换成陈述句,再转换成命题,能够极大程度地减少歧义,理清命题之间乃至论证之间的推出关系,进一步呈现论证结构的完整性和局部性。从这个意义上说,结构化论证活动将原来的论证材料分解成一系列句子、陈述或命题,用以支持其他句子、陈述或命题,是为了更好地理解论证,觉察论证的关键要素,精准定位可能存在的逻辑问题。有时候,术语概念模糊会导致论证对象不明;有时候,某些命题与所要论证的主张(结论)并不相关,属于无效命题;又或者,材料中命题的范围与结论的范围不一致,甚至出现前后矛盾或其他类型的悖论,那么命题之于论证的逻辑有效性也会大打折扣……以此类推,不胜枚举。为此,我们需要牢记这样一条准则:一个论证如在逻辑上有效,当且仅当所有前提为真的情况下,结论不可能为假。

其次,对于论证活动涉及的具体问题,评价者还要关注评价对象的问题解决或者决策可能带来的效果,也就是论证主张(或结论)在实际情境中是否“可行”。如果一个论证被证明在逻辑上是有效的,那么就可以形成采取某种行动的信念。但具备采取行动的信念,并不意味着采取该行动是真实且合理的。我们需要在问题解决的维度,解释论证结论的可操作性。比方说,房间里的甲醛对人体是有害的,而对人体有害的东西都需要去除干净,所以我们要把房间里的甲醛去除干净。这个简单的论证在逻辑上是有效的,但就目前去除室内甲醛的技术而言,去除干净是几乎不可能的,因而在问题解决的实际情境中并不可行。这里就区分出第二种有效,它通常需要我们保证论证涉及的前提为真。此处需要注意,“问题解决”不等同于解决方案的执行,它仍然是理论上的对论证主张(或结论)的验证,强调的是当前状态与目标状态之间差距消除的可能,同时还伴随着问题解决代价的评估和平衡。这些现实的问题解决有效性的考量,就比单纯从逻辑上评价论证活动是否有效周密得多。非形式逻辑专门将此类涉及问题解决的论证命名为“实用论证”,认为其有效性评价可以通过批判性问题进行讨论,诸如“该论证力求解决的问题是确实存在且需要解决的问题吗?”“论证结果(或主张)能够实现问题解决的预期效果吗?”“采取某行动是否会带来新的更大问题?”,等等。对这些问题的回答就是从问题解决的有效性方面对论证活动予以评价。

以下是一个有效性分析的案例,要求根据材料一,对项目有效性分析进行评述,包括分析论证的概念、方法、论据及结论等方面。

材料一

研究表明，随着年龄增长（从10岁到60岁），咖啡饮用者的平均咖啡消费量会逐渐增长。即便到60岁后，其咖啡消费量仍然会居高不下。但是可乐的平均饮用量则会随着消费者年龄增长而下降。过去40年间，这两种趋势都保持不变。由于在未来20年内老龄人口会有加大增长，所以，这一时期内咖啡需求量将增加，而可乐需求量则下降。因此我们应该考虑将我们对K可乐的投资转向F咖啡。（K与F分别代表两个产品的名称）

这是一个典型的涉及具体问题的有效性分析案例。论证活动的主张（或结论）出现在论证标记“因此”之后，而论证标记“所以”之后，是用于支持所要论证的主张（或结论）的前提，“所以”之前则是前提的前提。

例文十

转变投资方向

投资建议者认为，咖啡的消费量会随着消费者年龄的增长而增加，而可乐的消费量会随着消费者年龄的增长而减少，因而咖啡的需求量将增加，而可乐的需求量将减少，应该考虑对K可乐的投资转向F咖啡。这一论证从整体上讲缺乏说服力。

首先，销量并非全部由需求量决定，需求量增加，并不能代表F咖啡的利润一定增加。企业的利润受销售价格、销售数量、固定成本、变动成本等多方面影响。且咖啡的需求量增加，可能会引起市场大量生产咖啡，导致同质化严重，因此咖啡商无法收到预期的利润。

其次，投资应更看重这一企业的发展前景，而非只关注这个行业的发展。“可乐的平均饮用量会随着消费者年龄的增长而下降”说明可乐也有它的固定消费者，如果K可乐拥有良好的企业口碑，且积极创新，适应市场的潮流，投资者又何必将投资转向F咖啡。

最后，“未来20年内老龄人口会有较大增长”这句话并不意味着年纪轻的人口会减少或不变，它肯定了咖啡的市场发展前景，但没有否定可乐的发展前景。单用这句话推导出可乐的需求量下降的结论是不准确的。

因此，具体选择F咖啡还是K可乐进行投资应当结合具体市场状况，而非草率地下决定。

在学习了逻辑基础知识后，我们对自然语言表述的概念、判断、推理等有了基本的了解，也增强了逻辑命题的敏感度。例文十首先就将材料部分的主要前提、结论进行了提炼，呈现出一个基本的论证结构。而后，作者意识到“消费量”“需求量”“销量”等这些经济学术语的定义并不相同，指出了其中概念的含混。同时，他从整体饮用量基数和人口基数这两个方面又指出了材料中论证的前提并不可靠，因而无法形成完整的论证链，结论（或主张）也没有得到有效论证。

总体上看，例文十在逻辑层面上考察了材料内容的有效性。作者注意到了概念定义的含混性、隐含前提的不确定性，以及表达前提的不充分性。这些方面的不足，使得用于支撑结论的前提无法满足结论的推出有效。因而，材料内容在论证结构上的逻辑有效性值得推敲。

例文十一

Hi！咖啡

投资建议者认为，咖啡饮用者饮用量会随着年龄增长逐渐增长，而可乐相反，于是建议在老龄人口增长的背景下，考虑将对K可乐的投资转向F咖啡。

首先，该观点存在逻辑关系不成立的谬误，老年人口上升不能证明青壮年人口下降。建议者认为：“老年人口会有较大增长，所以，这一时期内咖啡需求量将增加而可乐需求量则下降。”这里陷入了有增必有减的习惯性思维陷阱，其完整想要表达的观点为：老年人口上升，青壮年人口下降，咖啡需求量增加，可乐需求量减少。这是与实际背离的，因为有人老去，也有人新生，所有一切都不是静止不变的。这是一种司空见惯的“幸存者偏差”，老年人口逐渐上升，引起社会担忧，被人们津津乐道；人口出生情况却被忽视了。

其次，建议者论证的主次关系颠倒不分，老年人口不是咖啡需求量变化的决定因素。老年人口再怎么变化，依旧只占少数。即使预测到2040年，老年人口的比例上升至20%，那依旧是总人口的五分之一，如要放下五分之四的市场去追求五分之一的市场，简直是舍本逐末。况且这样的未来相去当下甚远，20年的时间，足够一个企业从可乐产业扩展到咖啡产业，考虑长远是好事，但不能操之过急。

最后，建议者存在将总发展趋势与个体发展视作对等概念的问题。即使咖啡需求量将增加的命题成立，也不代表F咖啡的前景一片光明，在经济迅猛发展的情况下,破产瓦解的公司也不在少数。将K可乐的投资转向F咖啡,其不确定性与风险是显而易见的。

综上所述,建议者的分析既无法证明咖啡需求量将大于可乐,也无法证明F咖啡更具有投资价值。建议者拿投资者的未来做赌注,只能说这是没有经过深思熟虑的轻率冒险。

从例文十一中可以看出,作者对谬误有更深的理解,侧重于运用逻辑推出该分析的无效性。的确,谬误是逻辑有效性没有实现的结果,作者通过一些相对专业的表述,将材料内容存在的悖谬根源进行了剖析,使得问题一目了然;同时也提供了一定的理据,以及相应的正确思路。相较于例文十仅对论证结构逻辑有效性的分析,此文对逻辑有效性的理解更加深刻。

但是,正如前文在关于有效性的专门论述中所揭示的双重维度,人们往往更加关注逻辑推理的有效,而忽视或者轻视论证对于问题解决的有效。其实,例文十和例文十一对未来人口变化趋势和消费趋势的怀疑已经或多或少考虑到了所要论证的主张(或结论)在现实情境中的可行性问题。这个维度恰恰是对逻辑有效的补充,旨在进一步证明或解释用以推出结论的前提为真。

例文十二

投资F咖啡真的更好吗?

该投资建议者认为,由于随着年龄的增长,人们对咖啡的消费会增加,对可乐的消费会减少,因此在人口老龄化的当下,应尽早将对K可乐的投资转向F咖啡。然而,这样的论证存在多处漏洞。

第一,该建议者是基于过去40年的趋势做出"未来20年,随着年龄增长人们对可乐消费量将下降,咖啡消费量将上升"的判断。这一理由显然缺乏说服力,因为建议者完全忽略了世界是瞬息万变的,这两种趋势很有可能因为种种因素的介入在较短的时间内发生改变。也就是说,用过去40年的数据来预测未来20年的发展,是有很大风险且不具有科学性的。

第二,该建议者的建议存在偷换概念的嫌疑,因为趋势不等于消费量。假设未来20年,由于人口老龄化,人们对咖啡的消费量确实有了上升,可乐的消费量也确实出现了下降,这依旧不能代表咖啡的需求量大于可乐。因为这两种饮品的消费基数并不相同,若群体对可乐的消费量本就远大于咖啡,那么即使老年人占比上升,社会整体对可乐的需求依旧会大于咖啡，只是二者之间的差距缩小了而已。这种情况下，投资可乐仍可以获得更大的利益。

第三，该建议者没有明白，尽管整体与个体具有共性，个体仍然具有自己的特殊性。抛开上述两处漏洞不谈，当前数据也只代表这两个行业总体的趋势，不足以证明F咖啡的发展势头就会好过K可乐。假设K可乐正好是可乐行业发展较好的企业，而F咖啡处于咖啡领域中等甚至偏下的位置，投资K可乐的效益依然是大于F咖啡的。

总而言之，该投资建议者的建议仍值得商榷。投资并不能只比较几方面的数据，还要考虑很多其他的因素。同时，逻辑的正确性也非常重要，有时候细微的逻辑漏洞就会使判断的正误发生颠倒。

例文十二在结构上满足逻辑基础部分的所有要求，而且在语言表述上更为严谨，提出了材料内容的关键问题，包括逻辑上的概念混淆、命题不充分等，同时，更加关注材料论证的问题解决是否有效。该文从两个方面回应了采取行动的效果以及对应的依据。一方面，过去40年的发展趋势，不能预示未来20年的发展前景，也就是说，采取材料中的行动，可能不能实现预期的效果，这表明现象当中未必存在论证者所论述的问题，因而可能不存在解决问题的对象。另一方面，考虑到具体产品的效益问题，从公司的目的出发，追求效益是更为重要的现实因素，这类因素会给原本提供的论证加上必要的限制条件，使得所涉原有前提不能为真，因而主张也并不一定能够解决问题。这样，就可以从逻辑有效和问题解决有效两个维度对论证活动进行评价，评价结果也更加全面、细致。

例文十二的问题在于，本身的论述结构条理性不足，这使得行文比较跳跃，文章应该先进行关键的逻辑分析，再进行循序渐进的现实分析。以下是另一个项目的有效性分析案例。

材料二

我们现在准备了一些太阳能发电设备，所以成本已经开始下降了。另外，现在人们正在研究、开发新的利用太阳能的技术。我们因此可以预计，用太阳能发电将要比用煤、石油更具有成本有效性和吸引力。所以，我们应该鼓励对生产太阳能产品的索拉瑞奥公司进行投资。毕竟索拉瑞奥公司的首席执行官曾经是雷得威软件公司财务规划组的成员，而该软件公司自不久前成立以来一直在迅猛发展。

例文十三

冒险的投资

投资建议者认为，用太阳能发电将比用煤和石油发电更具有成本有效性和吸引力，因此应该鼓励对生产太阳能产品的索拉瑞奥公司进行投资。这一投资建议值得商榷。

其一，建议者的投资理由无法证明用太阳能发电将要比煤和石油成本更低，前景更好。建议者指出，“我们现在装备了一些太阳能发电设备，所以成本开始下降”；“现在人们正在研究、开发新的利用太阳能的技术”。这两点理由都忽略了对太阳能发电跟煤与石油的发电在成本上的比较。稍具常识者不难指出，目前煤与石油仍是比太阳能更具成本有效性和吸引力的能源。建议者根本没有把两者加以比较，便得出太阳能发电将比煤与石油的发电更有成本有效性和吸引力的结论，可见其分析的草率和荒唐。

其二，在众多生产太阳能产品的公司中，选择索拉瑞奥公司进行投资，其重要理由之一竟是该公司首席执行官曾经是一家成立不久的软件公司的财务规划组的成员。建议者强调该软件公司“一直在迅猛发展”，可他竟然忽略了对即将投资的索拉瑞奥公司的经营状况的介绍。另外，众所周知，IT行业曾一度全面飙升，豪气冲天，可随着高科技泡沫的破碎，也有不少IT公司一落千丈，因此那家软件公司的所谓“迅猛发展”未必与其经营管理有直接关系。况且即便曾在一家经营管理和业务发展俱佳的公司的某一部门任职，也不能证明此人就具有领导好一家企业的才干。

综上所述，建议者的分析既无法证明太阳能发电确实比煤和石油发电具有更好的前景，也无法证明索拉瑞奥公司具有投资的价值。这不禁让人想到：给出这样一份建议的人，若不是一个十足的糊涂虫，便是一个存心要让投资者破产的阴谋家。

例文十三结构清晰，首先提出对建议者建议的观点，便于读者理解论证，随后针对建议中的问题展开分析，最后得出结论。每一部分都有明确的段落结构，论点和论据明了简单，富有条理。

复习思考题

1. 有人认为“人生的意义在于追求自我实现和个人幸福”，但另一些人则认为“人生的意义在为他人做出贡献和改善世界”。你认为哪种观点更正确？为什么？

2. 有人认为“大学生应该以培养思想提高文化水平为主”，但另一些人认为“大学生应该以传授知识和技能为主”，你认为哪种观点更正确？为什么？

3. 有人认为学校应该强制学生学习外语，但另一些人则认为学生应该自由选择是否学习外语，你认为哪种观点更正确？为什么？

解题思路

第六讲　文献阅读与写作

李哲罕

一、问题意识是学术写作的根本

在开始学术写作之前，需要解决的基础性问题是到底要写什么，而不是怎么去写。这就是问题维度中经常提及的“what”和“how”的关系问题。对学术写作产生焦虑的诱因是许多当代大学生问题意识的缺乏，而问题意识的缺乏究其根本则是他们在阅读上下的功夫不足，或者方法不对。所以重视阅读文献，就成了解决此问题的关键。

有鉴于参加此课程的同学大多数都是刚刚考上大学的新生，我们就以大家比较熟悉的高考作文作为引子。高考时的作文题目虽然千变万化，但是依照应试思维方式，答题者只需要以不变应万变，按照一定的模式将语言、例子排列组合好，将其书写出来就可以了，因为这种写作都是有规律可循的，这和学术写作有很大的差别。如果高考写作脱离这些规律，可能很难拿到高分，甚至不能成文；但是，如果在学术写作中仍然依靠这套程式，学术写作就会很难展开。基础教育中有许多写作训练其实和高等教育有一定的差别，这也就凸显了大学写作课的重要性。大学和研究生阶段的学习，可以说是自我探索、推进人类已有认识边界的过程，这符合现代大学之父德国教育学家威廉·洪堡(Wilhmelm Humboldt)在两个多世纪之前创立柏林大学时所持有的教育理念。大学的课程作业、本科论文、硕士论文、博士论文及发表性的学术论文不仅仅需要符合学术规范，而且还要具有问题意识，需要论文作者自主去探索答案，为既有的人类知识带来增量。如何形成自主探索、发掘问题的意识，探索人类已有的认识边界，明确自己到底要写什么，这是大家要反复思考的关键问题。

正因如此，我们需要大家具有一种问题意识。问题意识是一种自主探索发掘问题的意识，是一个不断寻找问题并不断形成对问题的把握的过程，或者也可以说是不断冲击人类已有认识边界的过程。

在现代社会中，我们常常从事像流水线一样分工合作的工作，这种模式被称为精确科学或经验科学。在社会科学或自然科学层面，很多工作虽复杂但可以拆解，需要大量的协同合作，有人做实验，做问卷，有人写论文，修改论文文稿，有人设定实验方向，除了顶层设计，很多简单的实验可以让本科生或研究生完成。当然，要获得在学术上的成功，就并不能满足于只是做一些可以替代的工作，而是要去做一些不可替代的工作。与之相对，人文学科领域更多需要的是个人的积累和沉淀，其中很多工作都是不可拆解合作的，需要独自完成。不过，不论精确科学还是精神科学，如何去把握问题意识才是关键，换言之，要非常明确地认识到自己要写什么、怎么写。

二、文献阅读是学术写作的基础

阅读为什么重要

文献阅读就是一个“输入”和“输出”的问题。在很多情况下与人工智能中的深度学习(deep learning)并无太大差别。深度学习的过程本身就是根据人类认知规律建立的。我们需要按照客观规律行事。举一个形象的例子，这就像奶牛，吃进去是草，产出来是奶，文献阅读的目的是产出不一样的新文献，而不是简单地重复。如果不进行系统、充分的文献阅读，那当然就不能指望有好的文献的产出了。

我的导师当年曾和我说过，文献功夫到家了，那论文就差不多可以写出来了。古人说过很多差不多意思的话，诸如“韦编三绝。”(司马迁《史记》)“书读百遍，其义自见。”(陈寿《三国志》)“读书破万卷，下笔如有神。”(杜甫《奉赠韦左丞丈二十二韵》)“问渠那得清如许，为有源头活水来。”(朱熹《观书有感》)“熟读唐诗三百首，不会作诗也会吟。”(孙洙《唐诗三百首》题记)，等等……文献功夫到家是一个必要条件，但不是一个充分条件。在好的文献基础上，可能会产生好的论文；但若没有好的文献基础，肯定是不会写出好的论文的。在评审研究生和博士生论文，以及一些项目申报书的时候，参考文献是判断一个申请人从态度上到行动上是否全情投入研究，以及学术品味如何的重要参考。

对有些行业，如体育、音乐、绘画来说，天赋是很重要的。符合一定身材比例的人，学游泳时就会有优势；打篮球时身高也是很大的优势；唱歌的时候，一个人能否担任高音歌手和心肺功能有关。但对于大部分行业来说，“一万小时原理”是普遍适用的，天赋反而没有那么重要。只要采取正确的方式，坚持正确的方向，学会反思和调整，投入大量的时间就可以取得成果。除了理论数学之类较为特殊的学科外，大部分学术工作，包括这里所讲的学术写作，需要的只是一般水平的能力和天赋。

古人常说“读万卷书，行万里路”。学者们一般需要用二阶的方式去获得素材。这其实是符合“闭门造车，出门合辙”这个说法的。人的感觉和经验都具有主观性，要用科学的方法对其进行验证，如交叉对照法、问卷调查法等，并尽量详尽地查阅相关资料，对材料进行反思和处理，而不是直取直用。不要过度标榜科学的中立性，因为无论是作为理论工作者还是自然科学家，都是“先入为主”地去处理和使用素材的，在获取素材前就要先有问题意识、或者说认识框架来明确自己的目标。当然，这种认识框架在极大程度上是具有普遍性，而非特殊性的，这就取决于我们自身的反思能力。尤其是当我们作为理论工作者，在处理别人已经初步处理过的一些材料时，更要尽量拉开距离去处理，不能被材料带着走，要从抽象的整体上来加以把握。德国哲学家康德一生几乎没离开过他的家乡，更没去过亚洲或者非洲，但他却在柯尼斯堡大学讲授人类学，他的资料来源就是文献阅读。如今康德已经去世很多年，我们很多研究康德哲学的人也没有去过俄罗斯的加里宁格勒，只是通过看他写的文献，以及别人对他的解读的二手文献来了解他。

当然，做学术研究并不是单纯下苦功夫就可以了，有很多社会人士平时也自主阅读了很多文献，但是他们的研究成果和专业人士还是有很大差距，这就凸显了专业系统的训练的重要性。专业哲学工作者和民间哲学家两者之间的主要区别在于是否受过专业系统的训练。自康德之后，绝大部分哲学家都是在大学或类似机构内工作的专业人员。其实在更早之前的大部分哲学家也是作为“有闲阶级”，依附于宗教或权贵的附属阶级而专门从事哲学工作的。这种建制性因素保证了哲学家们在客观上可以接受专业系统的训练。德国哲学家尼采在晚年患有精神性疾病，这使得他后期写的很多文章前言不搭后语，但他二十六岁就成为了瑞士巴塞尔大学的古典文献教授，因为他之前受过非常专业系统的训练，之前他的讨论和对文本的处理是非常细致且专业的。马克思在波恩大学学习法学，后来在柏林大学学习哲学，最后在耶拿大学获得了哲学博士学位，期间经历过非常艰深的训练过程。他早期的著作非常细致且专业地讨论黑格尔的自我意识，他的《1844 年经济学-哲学手稿》还包含了大量劳动异化的问题，这种细致程度当然是建立在作者熟读相关文献的基础之上的。而且一旦受过专业系统的训练，我们的自我学习能力就可以使其很好地扩展到其他领域，诸如马克思后来对政治经济学的研究等。《共产党宣言》绝不是他和恩格斯随意炮制出来的东西，那不仅仅是一个意识形态上的口号、行动纲领，还包含了很多哲学的方法论和概念工具。他把很多问题都吃透了，才能写出这些文献。钱穆先生写过一本《中国历代政治得失》,尽管它只是一本两百页不到的小册子,却举重若轻,用清楚且专业的、学术化的方式把中国历史上很多朝代的政治制度都进行了讲解,通过对很多重要文献的处理,对分析的关键点拿捏得非常到位。钱穆在这本小书中将各个朝代政治制度的得失优劣分析得非常清楚。倘若没有经历过专业系统的学术训练,当然是写不出这样的著作的。与之相对,在生活中常有一些对政治话题高谈阔论的人,但是这些人探讨的内容没有任何学术化的论据、论点,没有专业术语和框架,也就失去了讨论的价值。这并不是单纯的贬低,他们是因为没有机会接受一些专业系统的训练才会如此。一般意义上而言,这种专业系统的训练方式主要是阅读、讨论和写作。我们可以把阅读视为读者与作者以专业系统的方式进行的讨论,而写作则是作者与读者以专业系统的方式进行的讨论。

每个行业都有自己的术语,学术界也是如此。在不同领域会有相应的术语,即“行话”。按照华东师范大学刘擎教授的说法,学术工作不过是学术的“行话”(jargoon)的“解码”(decoding)与“编码”(coding)。大家可能知道每个行业都有自己的“行话”。在《智取威虎山》里,“座山雕”和杨子荣“对切口”就是土匪用自己内部的“行话”以辨别对方是否是自己人。术语是前人为了研究和传授的便利,在产生各种相关概念的基础上发展而来的。学术研究是要有前置知识作为条件的。例如一个人在学微积分前,要经过小学、初中、高中的数学训练和积累。经过传授和学习,后人才能进入“行话”的“解码”过程。学术写作也就是“行话”的“编码”,至少要让评议人员清楚你掌握了这套话语体系。“行话”是把双刃剑,在最初创造时,它是为了便于内部的交流,不仅省时省力且有助于身份识别,在学科内部交流时也是检验知识掌握度的标准。但“行话”具有自我衍生逻辑,在发展过程中,很多话语会因脱离源语境而产生异化,衍生出其他的含义,反过来会给研究造成困扰。因此,既要熟练地掌握自己学科的术语(“行话”),又要同时做到不为其所困。

这样一来,话题就自然延伸到“做脚注”上了,美国历史学家格拉夫顿写过一本很有趣的书,叫《脚注趣史》。书中指出,那些古罗马时代的拉丁文铭文是没有引用的,它们和中国古代诗歌一样被认为是采用“用典”的方式。现代意义上的学术工作则已经形成了自己的规范,在做学术研究时,要明确标注出引用的内容和借鉴的观点,避免学术不端。这是一种“权利意识”,当然也是为了验校引文或论据的可靠性。脚注里面有许多门道,这是需要深入学术研究后才能逐步理解的。在进行学术研究工作时,每个人都要经过这样一个学做脚注的漫长的学徒期。

三、文献处理的步骤和方法

很多人都曾立志读遍天下书籍。但残酷的现实却是，即使是一台扫描仪，也无法在较短的时间内将所有书都扫描一遍。以浙江大学图书馆为例，全馆大概有六百多万册馆藏书籍，一个人要在大学四年读完的话，一年就要读一百五十万册，一天大概四千多册，而且其中不仅有现代中文的书籍，还有许多古籍和英文、德文等外文书籍。其困难程度可想而知。而且，图书馆每年还会购置很多新的书籍，就算只去阅读增补的书籍也基本是不可能读完的。再比如，有位学者想研究康德，在中国知网进行大致的搜索后会发现相关论文有六七千篇，哪怕夜以继日地读，一天读十篇，也要两年时间才能读完。在知识爆炸的时代，要认识到一个人是不可能读完所有文献的。人的生命、时间和精力都是有限的，要学会在有限的时间里做有效的事，用科学的方式去读文献。这样一来，如何对文献进行选择和处理，就成了非常重要的问题。

首先，在挑选文献时，要选择名家作品和在领域内权威的文献和期刊论文；选择审校规范、翻译水平高的出版社出版的文献等。在对该领域内权威、经典和最新的文献做了初步阅读之后，才能对该研究领域形成大致的了解，并明确自己的认识框架或者学术品味。当然，这并不是教大家迷信权威，一些知名大家、顶级出版社或期刊的文献的水平也可能是一般的，很多不知名学者、小出版社或期刊的文献可能是非常优秀的。对于初学者来说，借助一些外在的评判标准还是很有必要的。我们在接触新的领域的时候，借助诸如剑桥指针系列（*Cambridge Companion*）、劳特里奇手册（*Routledge Handbook*），或者一些经典的教材、辞典等作为入门的工具也是非常有必要的。

其次，在阅读文献的过程中，还要学会借助参考文献和索引表等部分。一本学术书籍后面常常会有几十页的参考文献和索引表。这是因为通过参考文献部分，可以拓展相关问题的阅读范围。索引表会将相关名人和术语等在书中第几页出现的关键信息列出，能快速定位到相关页，通过针对性地阅读上下文，就能快速提取想要的知识和关键点。一些经典著作的参考文献和索引表部分起到的作用就像地图一样，可以让读者深入相关问题。

再次，要正确处理一手文献和二手文献的关系。以动漫作品《灌篮高手》为例，漫画原著才是最为真实的根据，《灌篮高手》的动画片、许多关于《灌篮高手》的讨论等等都是衍生出来的二手文献。我们做学术研究当然是要以一手文献为准，但是当一手文献晦涩难懂或需要扎实庞杂的知识作为基础时，二手文献就能帮助读者更好地理解和解读一手文献，它们本身是相互参看的关系。随便读几本二手文献或许可以对相关知识有大致了解，以应对考试，但是这并不是做学问的正确方式。

最后，大家要会精读，泛读，有选择性地读，并及时整理阅读记录，形成自己的文献数据库。有些书多年后再读一遍还是有所收获。如果书中有些问题解决不了，就要一读再读，甚至要结合其他相关一些文献读；对于不那么重要的书，略略翻过即可，可以根据目录、索引表读相关章节、段落，论文可以只读摘要，等等；对于没读懂的书，可以将相关的问题整理并记录下来，时常复盘，问题解决后便可删除；对于看过的书，可以将重要的论述和观点记录下来，在今后写论文等需要使用的时候，就可直接引用调取，无需再找出那本书重新翻阅。重要的是要逐步形成自己的数据库，工欲善其事，必先利其器，无论是借助各种科研辅助软件还是普通的文档编辑器都是可行的。以前很多学者是通过做文摘卡片来做研究的，在德国比勒菲尔德大学的图书馆，就可以看到其中展出的著名社会学家尼古拉斯·卢曼（Niklas Luhmann）的文摘卡柜子，这就是一个学者究其一生完成的数据库。

此外，我们要具备外文文献阅读和写作能力。英语是国际通行的语言，现在很多重要的文献都有英文版本，其原因主要有：第一，工业革命以来英国的影响力以及第二次世界大战后美国的全球霸权地位导致很多商业、政治文书都使用英语，最后影响到学术文献也多使用英语；第二，英语相对中文等很多语言来说比较简单，可以更好地作为学术工作语言。因此，拥有良好的英语文献阅读和写作能力就学术工作而言是极其重要的。此外，语言文字背后所代表或蕴含的也是思维方式和生存背景上的差异，有些情况下阅读中文可能无法理解，但英文表述却能令人豁然开朗。学会用英语的表达方式来思考，不仅有助于理解原文，还可以形成更深层的思考。同时，发表英文文献能较好地增进研究成果的国际影响力。在全球化的今天，国际影响力也是衡量学者学术能力的一个重要标准，要将自己的成果在更大范围内被人们接受，使用英语是一条重要途径。当然，我们希望大家有余力可以学习第二外语，如研究德国哲学的同学可以学一些德语；研究法国史的同学可以学一些法语等。这并不意味着我们要放弃将中文作为一种工作语言，中文当然也有自己在学术研究上的优势，如果我们不断推进中文的高质量学术成果，终有一天外国学者也会主动学习和使用中文。

当人们往沙子里浇水之后，就会发现水很快就消失得无影无踪了，这就像花在阅读文献上的时间一样，但浇着浇着总有一天水就会冒出来，这就是量变到质变的过程。做学术工作也是如此，很多时候我们付出了很多努力，也走上了正确的方向，但不一定会立刻取得成功，那是因为功夫还不到家。做学术工作属于延迟满足，需要极强的自律。学术工作是一个很痛苦的训练过程，从本科生、硕士生、博士生、青年学者再到成熟学者的过程并不会一帆风顺。阅读与写作中最重要的是判断力，是品味，而这唯有在正确的方式下下苦功夫才有可能做到。

复习思考题

1. 人类的“思考—写作”方式与人工智能有什么不同？

2. 一位学生一上来就看了《哈利波特》第七部，然后表示看不懂，这是为什么？

3. 你认为所有能找到的文献都要事无巨细地读一遍吗？

解题思路

第七讲　学术写作的选题与解题

李忠伟

写作需要后天艰苦的学习，而学术写作是直到进入大学才开始学习，直到博士毕业乃至于用整个学术生涯逐渐完善的技能。这是因为学术写作与学术研究本身是紧密融合的，学术研究的难度构成了学术写作的难度。学术写作和与学术研究过程及其结果都相关。学术写作往往需要呈现研究过程，以合乎逻辑的方式来呈现证据与研究结果间的支撑关系，有时还要预见性地讨论其他研究者可能提出的质疑，预先为自己的理论进行辩护。但学术写作对研究又不仅仅是呈现性的，即不仅是单纯地描述研究的过程、搜集的证据及其与结论的关联。学术写作实际上可以很大程度地帮助我们理清与形成研究思路。学术写作不单纯是对学术研究的反映，有时候它就是学术研究自身不可或缺的部分。

有一种观点认为，可以等"书读完了""实验做完了"之后，想好了再进行写作，这样下笔就会有如神助，一气呵成。事实上，学术写作绝大部分时候不可能是文思泉涌的。思考需要借助写作这样的外部手段，这是人类认知心理学的规律使然。人类的长短时记忆、短时的认知能力或算力都是有限的，通过外部的符号以及对符号的记录与操纵，个人才能实现复杂的、内容丰富的、长时性的认知操作。文字和记录实际上是人类发明的最伟大的工具。我们学会通过外部记录符号的方式来记录我们的思考步骤，并且在这个基础上，把信息和知识保存下来，传承下去。深度的思考往往只有通过写作才能进行。写作不是思考结果的简单呈现，有时它就是思考过程本身，我们固然是用头脑进行思考，但是用手以及纸笔（或者电脑与键盘）进行的写作，其实质也是一种思考。

除了通过个人的写作进行思考，人类另一种强大的思考方式是通过他人进行思考。我们吸收传承下来的知识与方法，参与同伴的沟通与交流，这样就能借助传统与当下的人的心灵来进行思考。正是因为"集智"（collective intelligence),人类才能进化为具有高度发展的文明的物种。从某种意义上来讲,说理性写作,尤其是学术论文写作,是实现集智的最有效的手段之一,也是现代科学得以发展的助力与结果。

本讲的主题是学术写作中的选题与解题,在选题与解题阶段,通过实际的写作训练以及对他人写作的分析,也能够对我们进入到一个研究领域,选取恰当的题目进行研究起重要的作用。本讲会分为如下几个部分展开。第一,学术研究和学术论文写作的概念。第二,选题的真正含义。学术研究和写作是在某个领域中,围绕某个主题展开的,选题并不是从已有题目中选择一个。选题本身就需要一个研究和发现的过程。故而有时候一个选题的发现,比一个旧的科学问题的解决还要重要。第三,什么是问题意识。本讲试图通过微写作来陈述选题的问题意识,选题的意义,帮助我们理清写作思路,并最终开始论文的正式写作。第四,通过分析论文实例,来对论文进行反向工程,分析什么样的主题才是好的主题,解决这些科学问题有什么意义,等等。

一、学术研究与学术论文

研究并不是什么新鲜事物,而是有古老历史的人类活动。人类在实践中往往面临很多需要研究的问题,因为我们的实践目的往往需要采取各种手段才能达到。那些需要研究的手段要么可能尚不存在,要么存在却不够完善,需要优化。例如,原始人类面临如何寻找食物,如何高效利用和保存食物,怎样可以使食物更加美味,为此又怎样去生火等问题时,就会主动研究解决的办法。这些研究的过程和结果是可以传递的,它们可以在群体和代际间传递,并且随着时间的推移以及更多的实践,逐步迭代并改良。

学术研究则是比较晚近的事情,是人类文化发展到一定阶段的结果。研究性的写作或许起源得较早,例如中国古代《孟子》中的篇章,以及古希腊柏拉图的《理想国》等著作,都是围绕某些主题,提出一些理论,并对这些理论进行论述与辩护的文本,可以看作较早的“研究论文”。现代意义上的“学术研究”,其含义来源于柏拉图所创办的学园(academy)。“academy”原指创立于雅典城墙外的一座学校,柏拉图在那讲述他的学说,学者们在那里进行讨论。彼时,学术(scholarship)在古希腊语中,其词源是闲暇,因为只有脱离生产劳动,有了闲暇时光,才能从事学术研究和沉思。很多科学家实际上是全职地进行研究的。他们通常并不直接从事生活资料和生产工具的生产与制造,而是通过社会提供的工资与研究经费来生活与开展研究,在这个意义上他们是“闲暇的”。只有当社会发展和分工发展到一定程度,才能出现这样全职进行研究的科学家。因此,在大学中从事学术研究,实际上是要承担社会赋予的使命的。

学术研究历来具有公共性,所谓学术乃天下工器。有人认为,学术研究只是“个人的事情”,是“孤独的”;还有些人在想象学术研究时,脑海中会出现一个孤独的、沉重的思考者的形象。这种沉思者形象并不贴合学术研究者的真实面貌。古代的思想者善于论辩分享,中国春秋战国时期的孔孟学说发端于“百家争鸣”,在论学中不断完善,最终在汉代形成了面向公众的官学;同样,古希腊也崇尚在公开场合讨论问题。17 世纪著名的法国思想家笛卡儿虽然是在独处沉思的情况下写就了《第一哲学沉思录》,但是在著作完成之后,还是通过朋友将其著作发给全欧洲的有识之士,搜集批评意见,并在出版时予以逐一的回应,以充分地论证其观点的合理性。现代的学术研究更是如此,思想者与科学家们在研究过程中,不仅需要阅读很多已有的材料,还需要与他人进行合作。此外,学术研究的结果需要经受他人的评审、检验,并为他人所分享与改进,最后才有可能成为整个人类知识库中的成分。

正是因为学术研究是公共的,因此需要符合理性的规则,需要在总结前人已有研究的基础上,寻找新的问题或者对已有问题的答案进行评估或改进,并清晰地给出各种类型的证据和论证过程。为了达到良好的沟通效果,提高沟通效率,现代的学术论文往往会采取比较固定的格式。一般理工科学术论文有基本固定的结构,论文分为导论、方法、结果和讨论四个部分(introduction, methods, results, discussion 结构,简称为 IMRD 结构)。在导论中,作者要介绍研究的主题和科学问题,并突出目前在知识方面对这个问题有什么缺憾和缺陷,或者本研究有什么改进和新结果。这个部分往往包括目前对于该问题的研究综述,陈述目前进展到何种程度;同时也会给出工作假设,即提出为了弥补该主题的知识缺憾,或者改进此前研究,文章要提出什么样的解决方案和理论,以及为此可能需要搜集什么样的证据。方法部分要阐述为了解决存在的科学问题,作者采取了什么样的方法,或者论述为何要采取该种方法而非别的方法。这个部分要呈现实验设计、实验材料等内容,以及陈述测量和数据收集的方法。这些方法往往是可以重复,便于检验的。随后,就是研究结果,即在搜集经验证据后有什么发现。例如,艾丁顿爵士的远征队观测日食,拍摄了关于日食的照片,然后通过相关测量和计算来验证爱因斯坦的相对论。最后是讨论部分。这个部分往往要讨论得到的经验证据为什么可以验证本研究提出的理论,同时又可以排除其他竞争性假设。讨论部分往往要阐述文章支持的理论的意义和后承,以及本研究的界限和可以进一步探索的空间。

哲学论文也有较为明确的结构，但相较理工科的论文，哲学论文格式就没有那么固定。一般来说，哲学论文有三个部分：导论，论文主体和总结。论文以导论开始。导论往往介绍一个令人困惑但异常重要的哲学问题，并论述这个问题的意义和重要性，这个部分还可以简单介绍对这个问题有什么样的解决办法或相应的理论。但最为重要的是，导论要突出作者自己的研究和探索的重要性，以突显自己研究的意义。导论往往也会给出作者自己的工作假设，并对文本的结构给予一个前情提要。文章的中间部分就是论文主体，是正式详实地分析问题、查摆现象、给出理论、展开论证和反驳的部分。这部分的核心是论证与辩护，需要论述的内容包括用来论证理论的证据来源是什么，如何获得这些证据，以及这些证据怎样有逻辑地支撑论文的论题。当然，这部分往往会有专门文字来分析和回应对该文主要论题的实际的和可能的反驳，并借此机会更充分地发展文章的核心论点或理论。在论文的结尾或结论部分，文章要重述论题，并说明论文的意义和界限，以及进一步工作的方向。

研究主题的发现

二、研究主题的确立

在认识了思考、研究与写作的关系后，我们将进入到本讲的核心内容，即如何去进行论文主题的选取。常有人认为选题就是从已有的主题中选一个，或者干脆让老师分配一个。但事实远非如此。即便从已有的选题中进行选择，也不能随便选，而是必须对选题的意义以及可能的结果进行了解，而这就涉及很多前期的准备工作。更何况，选题是要去发现一个有意义的科学问题，换言之，就是发现一个研究领域。因而选题也是一个非常有创造性的工作，有时候甚至比实际写作更难。

选择或发现研究与写作的主题，往往要对所在研究领域以及相关主题有所了解和研究。在写作时，我们往往已经确定了研究领域（area/field），领域是广泛的知识范围，可以是所学的专业本身，也可以是专业下某个既定的方向。在这个领域中，我们往往要选择研究的主题（topic）。在词源学中，topic 这个词源自希腊语 topos，是位置的意思。故而，类比地说，可以把主题理解为领域中某个特定的位置，与其他的位置处于相对的定位关系。做研究的时候，不能只熟悉一个小领域、小主题，甚至只熟悉该主题下的一些细分内容。这样可能导致两种后果：一是因为坐井观天，攻乎异端和末端，做不出有相关性和有意义的研究。二是会迷失方向，因为不能参照其他位置和领域而明确自己的定位。

研究要选择具有相关性的主题，相关性指的是研究能关注目前该领域中的知识空缺，而研究的预期结果能够更新甚至填补已有的知识空缺。找到具有相关性的主题，往往需要对相关领域和主题有相当的熟悉。找到相关性主题，本身需要一个研究过程。如何寻找相关主题呢？我们可以从自己的阅读、思考、课程、实验、生活、体验和困惑中寻找，并不停地追问自己其中是否存在目前知识领域中没有充分解决甚至被忽视的问题。这里有一个因果科学中关于母亲吸烟史与新生儿健康的关系的例子。20世纪60年代，很多美国人，甚至美国医生都认为，母亲吸烟有益婴儿健康，特别是有益于体重偏轻的婴儿的健康。体重轻于通常标准的婴儿的死亡率要比正常的婴儿死亡率高得多。根据一些观察得出的数据显示，有吸烟习惯的母亲生出的新生儿平均体重偏轻。因此自然的预测是，对于有吸烟史的母亲，其新生儿的死亡率会偏高。然而，令人惊讶的是，实际的数据表明，对低出生体重婴儿（出生时体重低于2.5千克）而言，有吸烟史的母亲的孩子的存活率却要比无吸烟史的母亲的孩子的存活率还要高些。对这个问题，直到21世纪近十年才得到答案。事实上，吸烟只是造成新生儿体重过轻的诱因之一，其余诱因对新生儿造成的危害更大，换言之，如果新生儿不是因孕妇吸烟导致的出生体重过轻，那么其情况只会更糟糕。

在这个论证过程中，因果科学介入了统计学和医学的研究边界，这个案例提示我们要善于发现重要的、相关的科学问题，这有时候也意味着挑战现有的科学框架和普遍理解。

主题固然要相关，但也要可研。可研主题需要先具有一定的相关性，还要指示出明确的研究内容，它应该包括明确的科学或学术问题，以及明确的材料和证据收集范围和方向。可研主题是一个相对于研究者的概念，对于成熟的学者而言可研的主题，或许并不适合用来作为本科毕业论文甚至博士论文的主题。我们在选择可研主题时，往往要根据自己的知识储备和能力，来选择可以操作、难度适宜的主题。当然，无论选择什么主题，在这个主题下做出的研究，必须有一定的理论和实际的预期价值。

寻找可研主题的方法就是围绕一个我们关心的主题，采取宏观—微观—宏观的路径，循环往复地阅读和思考，直到找到一个好的问题。在哲学领域，除了平素的思考与交流，最重要的首先还是广泛和深入的阅读，包括对主题相关的普通文献的阅读，以及对哲学史上特别重要的原著的阅读。例如，如果我们对“想象”这个主题感兴趣，想就此做点研究，但是只有些模糊的兴趣和感觉，认为“想象”这个主题可能对我们的认知理解有很大的作用，但并不清楚到底有哪些具体的相关的主题。这里就有几个主要的办法，可以帮助我们寻找和确定可研主题。

一是泛读与精细阅读。针对“想象”这个哲学主题，可以去阅读一些与之相关的著作，包括哲学史上一些哲学家，例如笛卡儿、霍布斯等人对想象的论述，还可以去阅读一些当代心理学家的研究，此外还需要去看一些当代关于人类认知特别是想象的综述研究，以期对想象这个主题有宏观的了解。在有了宏观的了解之后，可以再深入地去了解想象对于认知的功用，尤其是对科学认知的实质功用。

二是借助可靠的网络资源。在寻找可研主题的过程中，除了阅读概览式与专门的文献，同样重要的是去借助可靠的网络资源。网络资源是丰富的，但有很多是并不可靠的。我们必须要确定其来源可靠。确定来源可靠性即是要确定其专业性，也即有专业保障的网络内容。例如，就哲学来说，有斯坦福哲学百科全书，也有各个大学网站哲学内容，一些大学教师个人主页上还会提供其所上课程的课程纲要，而课程纲要往往会列出相关书单。

三是要勤于和老师、同学进行有效交流。一个自己很感兴趣，并自认为有很大的相关性和意义的题目，在别人看来可能会觉得兴味索然。为了避免认知盲区，无论是已经明确了研究主题，还是处于迷茫期，都可以去寻求老师和同学的帮助。一个原则是：如果你能向他人讲清自己想要研究的内容，那么你就理解了你的主题；如果你能获得他们的认同或者改进意见，那么你就得到了很大的帮助。

让我们来举一个简单的例子——想象。一开始，对于想象，我们可能有一个比较一般的主题。我们可以试着将其表达出来：

想象的功能

然而，这并不是一个可研的主题，而是标识非常大的领域。这个主题可能包含很多内容，可以从很多方面来研究。例如，我们是要从神经科学角度来研究吗？要从神经科学角度研究想象与感知、记忆的关系吗？但这些或许都不是我们关注的主题。在经过广泛和深入的阅读，经过网络查找资料，经过咨询老师和同学后，我们可以落实到一个更为精细的主题：

思想实验对获得科学知识的作用

这样一来，主题就更加具体了，同时也恰好指涉更为具体的资料搜集方向以及问题的解决方向。这是非常重要的，因为我们搜集材料的方向和研究的重点越明确，也就越有可能产出具体的有意义的研究成果。例如，我们可以为此去搜集和阅读如下类型的材料：① 伽利略、爱因斯坦思想实验的相关原始记录；② 研究专著、文集；③ 最新（近20年）研究论文，以及最新文献中出现较多的更早的文献。完成一定量的阅读后，或许我们就能得出一个有意思的观点，填补目前研究中的知识上的空缺。

三、问题意识与解题：通过微写作而寻找选题

我们经常会听到“问题意识”这个说法。但什么是问题意识，如何去培养问题意识？这里利用一个医学中的例子，来说明问题意识是怎样产生的。这个例子是关于产褥热致病原因的初步发现以及预防措施。

> 泽梅尔魏斯是一名匈牙利产科医生，1844 年到 1848 年间，他在维也纳全科医院的产科工作。其间，他发现妇产一科和二科产妇感染产褥热并死亡的概率有很大差异。1844 年，妇产一科进行分娩的 3 157 名产妇中有 260 名最终死于产褥热，死亡概率达到 8.2%，妇产一科 1845 年产妇死亡率是 6.6%，而 1846 年则高达 11.4%。然而，妇产二科三年的死亡率则分别是 2.3%，2.0%，2.7%。

这两个产科产妇罹患产褥热和最终死亡的概率差异，成了一个很难解决、生死攸关的科学和医学问题。但这个问题并没有明显的答案。泽梅尔魏斯一开始考虑和测试了好几种假设，并因为这些理论不能解释他一开始发现的问题而予以排除。当时被普遍接受的理论是，产褥热是由“流行影响”导致的，而这种影响大约来自空气和环境中的某种东西。但问题是，这不能解释妇产一科和二科的死亡概率差异，也未能解释在医院生产或及时送医的露天生产的产妇，其死亡率为什么都比妇产一科的要低些。另一种解释是，妇产一科的发病和死亡率高是因为科室拥挤。但妇产二科同样拥挤，却并没有这么高的死亡率。到 1846 年时，一个调查认为，妇产一科一般由医学生接生，他们的检查比较粗鲁，因而导致了产妇发病和死亡。然而问题是，检查和生产带来的创伤相比是微小的，而且产妇二科的女性助产士也是以同样方式检查。直到 1847 年，泽梅尔韦斯才因为一个偶然事件有了决定性的发现。他的一位同事因为被一位做尸体解剖的学生的手术刀划伤手指，最终死于和产妇相似的症状。随着深入观察，他发现妇产一科的医学生在进行尸体解剖或接触到死于产褥热的产妇后，一般只是简单清洗手之后就直接去接触下一位产妇。而产妇二科的女性助产士一般不会进行尸体解剖。因此他提出一个假设：因为医生和医学生们没有彻底清洗双手，从而将沾染的某些物质传递到了下一位分娩的产妇身上，导致了她们患病与死亡。为了验证这个假设，他在产科全面引入了氯化漂白粉溶液用于术后洗手。成效是显著的，1848 年，妇产一科和二科的死亡率分别降到了 1.27%和 1.33%。

问题意识需要我们追问主题，这要求我们先对主题形成分析性理解。

所谓分析性理解，就是对主题的各个部分，以及要回答的相关问题，予以充分理解。针对一个主题，可以问出许多问题，还可以进一步把这些问题归为很多更细小的问题。然后，针对这些问题，要继续阅读文本和收集信息，进一步解题，对主题进行分析和追问，理清这个主题亟待解决的问题。以此前的想象问题为例，我们可以先进行发散性追问，然后对问题进行分类与排序，逐渐形成更多的理解。

（1）发散性追问。例如，针对“作为思想实验的想象对获得科学知识的作用”这个哲学问题，我们可以追问，想象是什么？思想实验为什么是特殊的想象类型？有哪些科学知识的获得过程曾经受到思想实验的指导？例如，伽利略反驳重的物体比轻的物体落地快的思想实验；爱因斯坦对“如果我以光在真空中的速度来追一束光会发生什么？”的假想。这些具体的思想实验，在获得相应科学知识的过程中，是否不可或缺，有实验和理论推理不能取代的作用吗？实验中获得科学知识的程序和机制是什么样的？思想实验和实验室的实际实验有何不同？思想实验支持科学知识的获取的具体机制是什么样的？目前的文献中，关于思想实验支持科学知识获取的机制，有哪些基本进路？这些进路有什么困难？如何解决这些困难？

（2）带着问题阅读。关于以上问题，都有相应的文献。所有这些问题，都指示出信息收集的范围，形成相应的理智任务预期。如果缺乏科学哲学关于证据和假设的相关知识，还需要去补充基本理论。

（3）适度探索，及时开始写作。我们所做的探索，不能止步于在文献的海洋里无穷无尽地游荡，有时候这只是延缓写作的借口。在获得一定程度的积累后，就应尽快开展写作。

我们在前文中已经论述过，好的论文选题不是从现成的问题中选择一个，然后在既定框架下进行填空。既定框架中的题目和解题，虽然不乏好题目，但往往并不具有很大的创造性。更具有创造性的选题，是对既有的主题问一个新的问题，或者采取不同的解决路径。

比如在机器视觉、人工智能视觉的领域里，曾经有人用一种符号主义的方式来建构机器视觉的系统和算法。例如说要辨识一只猫，需要搜集一些典型的特征，以及这些特征的组合，甚至这些特征在不同场合的表现形式。然而，将这一些特征输入电脑中去，电脑却往往无法识别出一只新的猫，或者无法识别同样的一只猫在不同场景下的样子。因为猫是一种有众多特征的动物，并且它经常处在各式各样的情境之中。我们当然可以在这个框架中提出一个问题，比如：如何选取更多更好的猫的特征，输入系统以提高辨识率？但事实是，这个问题或者说它背后的研究方向是有缺陷的。现在机器视觉更多地依赖基于神经网络的深度学习。对物体识别更好的问题应该是：如何设计更好的神经网络来进行物体识别？这个问题会使得我们从一个完全不同的角度来解决物体识别的难题。我们会通过海量的数据，也即各种各样的猫的照片，来训练神经网络模型。经过训练后的神经网络，就可以辨识出猫。在这个新问题的引导下，人们开发了更好的物体识别神经网络，在现代计算机日益增强的算力的帮助下，机器视觉往往比人类视觉的识别率还要高。

此外，我们不能离开写作而谈写作，而是必须在写作中学会写作。一种被称为“微写作”（micro writing）的写作技术，能够较为有效地帮助我们进行主题确定，帮助我们明确问题意识，并最终帮助我们开展正式的论文写作。

为探究选题而开展的“微写作”可以这样进行：当我们完成一段时间的阅读、实验、讨论和思考，对问题有了足够的分析性理解后，我们需要在准备论文的正式写作之前，围绕一些核心问题进行思考，并用一个段落来回答这些问题，形成完整的陈述性段落。写作这个段落的目的，是初步地将思考过程外化，从而明确地知道自己的想法，以供自己和他人来审视写作的方案。这个完整段落需要回答如下这些问题：

（1）研究主题、目标和问题意识。主要是明确研究的问题，特别是相比起目前对该主题的研究，你的文章关注在什么问题，能有什么样的理论贡献，预期提供什么新理解或知识。

（2）待证论题。这是指通过前期工作获得的较为明确但还未有充分支持的假设。待证假设可以有多个，最终看证据支持。

（3）研究思路和方法。这是指写明为了解决该问题，具体的切入点是什么，需要搜集哪些信息，采用什么方法，以及为什么采取这样的思路与方法。

（4）研究意义。这个部分主要回答如果待证论题为真，可能有何种后承，也即回答“是又如何”（so what）的问题。这个问题非常重要，其实就是要说服我们的目标读者，为什么他们应该关心对这个问题的解答。

针对这些问题，就“想象的认知作用”这个主题，可以用“微写作”的方式进行写作实践。

科学实验是寻求科学知识的主要手段。同时，一些科学家也认为，想象、特别是思想实验，对获得其科学理论有重要的作用。然而，哲学家和科学家要么长期忽视了想象在科学认知中的作用，要么是承认其作用，但并不清楚想象在科学知识探索中的运作机制。本研究就是要研究思想实验对科学认知的作用,主要研究想象在获取科学知识过程中不同于实际实验的具体运作机制。通过对伽利略、爱因斯坦、费曼等人利用想象和思想实验的案例研究,通过哲学性地分析思想实验与科学理论间的证据联结,我们试图确认想象与思想实验在科学研究中的实际作用。研究表明,如果能够让科学家对实验室内很难观测到的情况,加以想象地呈现,让这些情况在想象中充分地展现结构,以便审视,科学家就能获得更多相关信息,有利于其科学研究。如果想象对科学研究的作用是明确的,机制是清晰的,那么我们就有更好的办法来训练和增强想象,来帮助我们进行科学探索。

在写作过程中,要把自己想象成你的论敌,不停地进行自我说理,慢慢建立自己完整的心灵叙事和心理结构。多和自己导师和朋友讨论,根据目前的文献尝试对自己的理论进行突破。

四、解题的反向工程:从论文分析学习如何选题

通过"微写作"有针对性地总结一篇论文,能帮助我们进行深度的分析性阅读,帮助我们认识一篇论文的问题意识和选题的意义,并理解其核心思想,从而让我们能从阅读论文中体会与学习到如何写作和选题。

我们将以两篇论文的摘要为案例进行反向工程(reverse engineering)。在对论文的分析或者反向工程中,我们会问如下一些问题:

(1) 论文的主题和问题意识是什么?

(2) 论文的待证科学命题是什么?

(3) 为了回答作者提出的问题,验证待证论题,作者提供了何种证据,做出了何种论证?

(4) 论文研究意义是什么?

先来看一篇科学论文《氯胺酮通过阻止外侧缰核放电以快速缓解抑郁》的摘要。

N-甲基-d-天门冬氨酸受体(NMDAR)拮抗剂氯胺酮因其快速的抗抑郁作用在精神健康研究中引起了巨大的兴趣,但其作用机制仍然难以捉摸。我们在此表明,在大鼠和小鼠的抑郁症模型中,阻断"反奖赏中心"——外侧缰核(LHB)的NMDAR依赖性突发活动,是氯胺酮快速抗抑郁作用的中介。在类似抑郁症的动物中,LHB神经元显示出突发活动和θ波段同步化的明显增加,这被氯胺酮逆转了。LHB的突发诱发光刺激驱动行为上的绝望和失语。药理学和模型实验显示,LHB

突发需要NMDARs和低电压敏感的T型钙通道(T－VSCCs)。此外,局部阻断LHB中的NMDAR或T－VSCCs足以引起快速的抗抑郁作用。我们的结果提出了一个简单的模型,即氯胺酮通过阻断LHB神经元的NMDAR依赖性爆发活动来抑制下游的单胺能奖励中心,从而迅速提升情绪,并为开发新的快速作用的抗抑郁药物提供了一个框架。

这篇论文的摘要能够较好地体现作者的问题和选题意识,也呈现了论文的主要经验结果和实验手段,还给出了其可能的理论和实践意义。见表7－1。

表7－1　论文分析

	相应语句	备注
1. 研究现状,问题意识	N－甲基－d－天门冬氨酸受体(NMDAR)拮抗剂氯胺酮因其快速的抗抑郁作用在精神健康研究中引起了巨大的兴趣,但其作用机制仍然难以捉摸	作者在这里简要地回顾了对氯胺酮的抗抑郁效果的研究,同时指出氯胺酮抗抑郁的机制是不明确的,希望对此进行研究
2. 待证科学命题	我们在此表明,在大鼠和小鼠的抑郁症模型中,阻断"反奖赏中心"——外侧缰核(LHb)的NMDAR依赖性突发活动,是氯胺酮快速抗抑郁作用的中介	作者基于对大鼠和小鼠的研究,给出待证理论
3. 实验结果	(1) 在类似抑郁症的动物中,LHb神经元显示出突发活动和θ波段同步化的明显增加,这被氯胺酮逆转了。 (2) 诱发LHb的放电的光刺激导致行为绝望和快感丧失。 (3) 药理学和模型实验显示,LHb突发需要NMDARs和低电压敏感的T型钙通道(T－VSCCs)。 (4) 此外,局部阻断LHB中的NMDAR或T－VSCCs足以引起快速的抗抑郁作用	作者陈述了其主要实验的方式及其结果。这些实验中涉及不同类型的,目标不同的实验,而且涉及一些新技术
4. 理论和实践意义	我们的结果提出了一个简单的模型,即氯胺酮通过阻断LHb神经元的NMDAR依赖性爆发活动来抑制下游的单胺能奖励中心,从而迅速提升情绪,这为开发新的快速作用的抗抑郁药物提供了一个框架	作者总结其理论,并指出其可能的医学实践意义

以下是一篇哲学论文《视觉图像作为对视觉的模拟》的摘要。

> 模拟理论说，我们不需要完全依赖关于其他思想的命题知识来解释他人的行为。为了寻求知道你会怎么做，我想象自己处于你的处境中，看看我做出了什么决定。我认为，这种模拟的概念能自然而然地泛化：我们的心理机器的各个部分可以“离线”运行，履行它们被制造出来的功能以外的功能。特别是，我认为当视觉系统离线运行时，会产生视觉意象。我简要地回顾了经验证据，并考虑了哲学上的影响，特别是关于图像中的精神表征模式。

对这个摘要，我们也可以通过反向工程进行分析，并且用微写作的形式呈现出来。我们会发现，学术论文的意义就是要在前人研究基础上，对目前的领域贡献新的问题意识以及新的知识。例如，这篇文章的意义就在于，提出心灵图像或者想象实际上是对视觉经验的模拟，这样一个论点不仅有哲学论据支持，而且能够在经验研究中找到证据。

关于写作和选题，还有两点值得我们关注。

一是，从寻找论文题目，到正式的写作，再到后续的修改，投稿，再修改再投稿，是非常艰辛的过程，这个过程大部分都要求作者自己去探索和练习。然而，就像成为专业运动员、钢琴家必须有好的教练和老师一样，成为好的论文作者也必须有好的老师和朋友。大学实际上就是提供一个让大家能够较好地学习学术论文的写作，最终能进行独立的学术研究和写作的场所。

二是，学术写作应具有跨学科意识。完成一篇学术论文的写作需要作者具有较强的学术技能，包括传统和新的学术技能，这样我们才能够处理更为复杂的学术主题。因此，我们可以从其他学科中学习新的学术技能，为本学科的研究提供新的思路。有时候，在一个课题组中，最好能够有来自不同学科，具有不同背景的学者。即便是自己完成一个课题，写作一篇跨度不是很大的论文，有时候也需要去了解各方面不同的知识。例如，如果我们要在心灵哲学中有所研究，那就需要去了解当代心理学、神经科学等领域的知识。

学术写作，以及作为起步的选题的确立，不可能通过一门写作课程学会，更不能通过一次课程学会，我们只能在写作中学会写作，而我们课程的主要目标，是给大家提供一个初步的指引以及一些有用的信息。

复习思考题

1. 你所学专业的学术论文有没有基本的标准格式？请以一篇例文进行分析。

2. 本讲提到的“微写作”是什么？为什么它可以帮助我们进行正式写作？

3. 找一篇你所学专业的学术论文，仿照本讲第四节的形式，进行论文分析。

第八讲　学术写作的伦理与规范

陈越骅

为什么要写学术论文

一、认识学术论文

大学生在大学期间离不开学术论文写作。各种人文类的选修课课程作业会要求大家写课程论文，不仅文科的同学要写，理工科的同学也要写；要拿学位时，毕业论文或做毕业设计是不可或缺的必要条件；不仅本科生学习期间要写，研究生发表成果更是离不开学术论文写作；可以说学术论文的写作贯穿整个大学的学习与科研生涯，是大家在大学期间必须掌握的基本技能。因此，早日掌握学术论文写作的规范、格式和伦理，早日开始训练自己的基本学术写作能力，可以让自己更好地适应大学的学习，也可以少走弯路。

历史上的思想家并不都是通过写学术论文来传达自己的思想的，例如老子、孔子、庄子、苏格拉底、柏拉图等人，他们留存自己思想的方式有格言、讲述、对话、寓言等文体，他们的创新与文化影响力也是震古烁今的。所以，学术论文并不是传达思想创新的唯一方式。目前的学术环境是过去差不多一百多年的时间才新近形成的，是人类创造出来的非常有效的创新知识、创造知识、认识自然的一个协作系统。现在的学术论文格式和规范，可以说是全球数百年来最聪明的大脑一起琢磨出来的最有效的用于同行间交流科学发现的文体。因此，学术论文是自中世纪以来学术生态不断发展之后，各个专业群体为了便于交流而不断迭代形成的一种相对固定的文体结构。从本科生到研究生、博士生、博士后，再到获得副教授、教授的教职，在学术界前进的每一步都需要专业的学术论文来证明自己的“学位”或学术水平。以文科为例，学术论文具体包括：读书笔记、书评、课程论文、期刊论文、文献综述、开题报告、会议论文、硕士论文、博士论文、专著、课题申请书等。本讲主要以期刊论文为典型进行讲解，不仅因为它是公开发表数量最多的、最常见的，而且因为它是论文规范的集中体现。例如一篇硕士论文可以看作是一篇扩展版的期刊论文，或者几篇同主题期刊论文的集合。

随着现代大学学术体系以及各国科学院的建立，一百多年来各个学科纷纷形成了自己的学术专业体系。学科的建立又依赖于学术共同体以及共同的理论基础和学术规范，这就形成了所谓的“范式”。所以，这里谈论的学术论文规范是指在这种现代学术范式下普遍适用的一些写作格式和规则。在这种现代的学术协作机制下，学术论文基本上都带有公共性。学术论文不是学者自己写来欣赏的，而是用于学术共同体交流的。因此，我们必须明确自己所在学科的专业惯例与规范共识。以教科书为例，许多学科的教科书都是把这个现代科学建立之后所在领域过去几百年里面被证明最有影响力的学术论文的观点集结到一起，用一个系统的有逻辑的方式把这些知识点串起来构成的。如果没有这些论文，也就不存在现在教科书中的内容。例如爱因斯坦的相对论最初也是以论文的形式发表出来的。学术论文的规范，就是帮助研究者将研究内容变成一篇同行认可的格式化的报告发表。规范是获得学术界同行认可不可忽视的要素。从这个意义上讲，学术论文的内在构成和格式是非常固定的。

学科发展到现在已经细分出理工农医、文史哲艺等不同的门类，几乎每个学科都需要写学术论文。每个学科各有学科特点，每一个专业，其论文具体的用词、语言习惯等要求的格式细节不尽相同，但是出于同一个科学交流的目的，学术论文的内在构成和外在规范还是具有一些共性可供学习。

二、学术论文规范与伦理的实质

学术论文是对研究者创新性发现成果的报告。它不需要作者有多么华丽的文采，也不是只有名师大家才能写，本质上说它就是一份“报告”，每个受过良好学术训练的人都应该能够写出来。学术论文具有以下几个特征。① 规范性：学术论文是向自己的专业同行写的报告，所以各个细分专业的论文写作格式都已经有了惯例；② 原创性：是你的工作就注明是你的，是谁的工作就注明是谁的；③ 创新性：报告的内容必须是前人所未曾发明或发现的；④ 真实性：报告的内容是客观的事实或真实的道理，不能是没有依据的主观幻想。这么一份报告，既是学术研究的结果，也承载着学术研究的初心。以下从四个方面展开对学术论文的规范和伦理的解释。

学术论文的发表基本上就是向全世界公开的，规范性是学术论文的必然要求。论文既然是一种报告，它的前提就是研究。我们要通过论文诚实地报告自己在研究过程中发现了什么新的东西。如果这个发现是前人已经发现并报告过的，那就不叫创新了。为了写论文而写论文的做法，是被学界抵制的。论文要经过专业最接近的同行的评审才能发表出来，而且要给全球的同行看。反过来说，在知识爆炸的时代，每个学科的学者要评审无数的论文，也要不断跟进无数篇最前沿研究的论文，所以学术论文具备固定的规范和格式就显得很必要。统一格式是有效交流的一个前提。特别是随着知识传播技术的进步（从纸质介质，到光盘介质，再到互联网数据库），现在的论文规范格式是最有利于学术知识传播的一种方式。论文的规范格式相当于学术界交流的一种语言，不论是英文论文还是中文论文都有一定的“语言”，这使交流更方便。所以不要担心不会写论文，要担心的是做不出创新性的研究来。

学术论文的原创性要求作者不能够去抄袭、剽窃别人的内容，这也是学术伦理的底线。我们从第一篇课程作业开始就要养成这个基本意识，不能上百度等搜索引擎随意查找拼凑，更不能找人代笔。对于学生来说，违反了学术伦理，轻则课程成绩无效，重则甚至被开除。对于一般的研究者而言，违反了这条底线，轻则被学术发表平台（如期刊）禁止投稿，重则终身禁止从业。总之，学术论文要自己写，直接参与者要按贡献量安排署名顺序，引用别人的观点要标注出处。违反这些学术原则是非常严重的事情。文献综述式的论文是报告某个研究主题在一个时间段内学界的研究进展，虽然里面观点都是他人的，但作者进行了分类、比较和总结，付出了自己的劳动，呈现的内容更有条理、更清晰，对同行的帮助很大，因此并不违反原创性和创新性原则。

学术论文的创新性越大，论文的学术价值就越高。全世界的研究者正是一点一滴通过自己的创新，把人类的知识整体往未知的领域不断推进的，其中绝大部分前沿知识的承载方式就是学术论文。因此，论文的内容一定是前人所未发现的，如果重新再写一篇别人已经说过的东西，那也只是在人类已有知识内打转，很难体现学术价值。这里并不是说大学学生一入学就要写具有多么大创新性的论文。而是希望大家借助平时的课程论文和习作往这个方向努力，学会创新的方法和途径，至少做到在写毕业论文时能有自己独到的见解。常见的几种创新有：① 研究问题（材料）创新；② 研究视角创新；③ 研究方法创新；④ 综合性创新；⑤ 应用性创新。

那么学术论文到底要报告什么？这就涉及科学研究的本质，即使借助科学哲学的许多理论都未必能够有确实的答案。借用世界上许多大学的校训，我们可以笼统地概括为“实事求是”，这个“求是”也是“求真”——我们要报告客观的“真理”或者“事实”。这里将这个原则也解释为“真实性”。对于理科的同学来讲，可能发现的不一定是一个现象，而是一个真实的道理，这个道理放之四海皆准，可以经受在不同时空做出的检验，没有被证伪，至今仍然可用,比如说数学原理,物理规律等。新发现的原理有可能不断推翻、修正旧的原理,所以任何一次创新的理论都有可能被后来者超越甚至推翻,但这不妨碍我们认为每一篇学术论文在它发表时都具有真实性的预设。工科同学将来写的更多是应用型论文,即发现新的工具或新的方法解决一个旧的问题,报告一个事实或者从原理上解释一个事实,或者总结一些工程应用上的经验教训,等等。人文社会科学的情况要更复杂一些,特别是文科的论文。除了上面两种类似的发现可以报告外,有的哲学领域的文章近乎读书报告,就是把自己读到别人的著作再分析一遍然后提出自己的评论,主观性很强。但只要言之有理,论据充分,论证坚实,其实也是报告了一种创新的观点,读者只要接受了他的前提和推理过程就能得出相同的结论,因此也是可检验的,是“真的”,同时这种研究扩展了我们理解研究对象的视野,也是一种“道理”。因此各个学科尽管论文内容差别很大,但有一点是共通的,那就是“真实”,脱离了真实,知识就失去了意义。作者研究和写作的过程要真心诚意,评审、出版、同行检验等每一个环节也都要认真,任何弄虚作假都是对学术论文本身、科学研究本身乃至研究者本身的否定。

三、学术论文的谋篇布局

我们把一个学术项目从开始启动到结果发表看作一个周期。如前所述,论文是研究的结果,但实际上大部分艰辛的学术工作都是在研究阶段完成的,论文是最后一个阶段,占用的时间并不多。以哲学系学生为例,可以将论文写作周期分为五个阶段。

第一个阶段:学科入门基础知识学习,选定专业方向,广泛地收集文献,阅读原著。

第二个阶段:在阅读、对比、反思、交流的基础上形成问题意识。

第三个阶段:根据问题意识开展针对性研究,收集材料,整理分析并进行论证。

第四个阶段:形成自己的观点并将之写下来成为草稿,再次比对二手文献形成论证。

第五个阶段:将草稿规范化形成用于发表的学术论文。

外在文字是为了更好地表达内在思想,重要的是能否做出好的研究,实际动笔写只占工作量很少的比例,阅读和思考花费的时间精力才是大部分。很多时候写不出论文不是不懂得怎么“写”,而是“读”得不够多。一篇学术论文就是自己的创新思想在专业性、时效性、易读性等定位下的书面化表达。最后成文时,要特别注意从读者的角度进行思维转换,要尽量使读者能够理解论文表达的思想观点。

论文的规范化可以分为两个部分：内在的逻辑和外在的构成。内在逻辑又分为宏观逻辑和微观逻辑；外在构成又分为章节部分和呈现格式。

一篇学术论文要紧紧围绕一个问题展开。我们从前面的“定义”和原则出发，从内在逻辑上看，一篇论文只报告一个真理/事实，只解决一个问题，只表达一个观点。关于一个宏大主题的成果可以扩展成一本书，但它本质上还是“一篇论文”，还是只处理一个问题。如果是很复杂的相互关联的成果，我们可以写成系列论文。宏观上看，论文整体的论证逻辑由以下思路构成：问题—论证—结论，也就是我们常说的，提出问题、分析问题、解决问题。论文的核心部分就是中间的“论证”，也是篇幅最大的部分。

论文的论证部分是最能体现创新性的地方。那么，要怎么知道自己的论文有没有创新呢？这就要求我们做文献综述。几乎每一篇学术论文都有文献综述，一般是在开篇的导论部分，它的作用是介绍对这个问题前人都做了哪些关键研究，现在学界研究进展到哪里了。文献综述的主要功能还有：① 强调这篇论文要解决的是一个有意义和价值的学术问题；② 指出这个问题尚未解决，或已有解决方案有改进的余地；③ 体现作者本人做了充分的前期研究，并且尊重学界前人的研究成果；④ 申明本篇论文的发现或观点前所未有。

我们把上面的“问题—论证—结论”扩展为论文的章节部分，那么一篇学术论文可以包括以下章节部分：导论、方法、分析、讨论、结论。

一般来讲，论文的第一个部分导论基本是介绍性的，就是要对研究对象进行介绍。第二个部分讲自己的研究方法。介绍完对象和方法，你才能够进行一个深入的分析。第三部分需要报告自己实际的研究过程和结果。分析和讨论就是创新性的体现。有的论文没有方法论讨论，有的没有讨论环节，有的则是数据的呈现。最后部分一定是结论。

导论用于提出问题。简单地说，这部分要告诉读者：我为什么要写这篇论文，要解决什么问题。如：① 这篇论文是属于哪个研究领域下的哪个专业问题，论文主题在整个大的学科框架下面是什么样一个地位；② 它有什么理论或实践意义；③ 文献综述表明尚有的创新空间在哪；④ 自己准备用什么新方法、如何处理这个问题；⑤ 论文会采取怎样的结构顺序完成论证。所以导论一般呈现“倒金字塔状”，从宏观谈到微观，帮助读者确定这篇论文的在人类知识地图中的相对位置。一个好的研究者一定对他所在学科知识的地位和重要性有深入的理解，而且一定是具有强烈的人文关怀，知道自己做的研究对于人类生活的价值在哪里的。

方法部分又称为“方法论讨论”，因为解决问题需要方法，所以作者需要介绍自己方法的原理，讨论它的适用性和局限性，特别是对处理眼前的问题有什么特别的功效。

分析部分是指用上面的方法对研究对象进行处理，得出结果。这些结果要经过分类、整理和总结，以非常直接明了的方式呈现出来，并且最好能够呈现对象背后的规律性。对于理工科的论文来说通常这部分就是一大堆的数据表格或图表。图表是将研究得出的数据进行可视化展示，所以这些图表往往是论文成立的核心依据。出于真实性的原则，对图表做影响结论的改动就是造假，是不允许的。对于文科的论文来说可能就是一堆原著引文的翻译和现代解释，而且作者要尽量做到客观公正，这时候还不适宜带入自己过于强烈的观点或结论。同样，出于真实性原则，文科作者也不能伪造引用或者做错误的出处标注。总之，就是让研究对象在新方法下呈现出更接近原理性的新显现、新样貌。

讨论部分是把分析结果解释成有学科意义的话语。例如要讨论一个数据表格，就好像是把数字翻译成文字语言，告诉读者这些数字到底对我们要研究的问题进行了哪些说明，提供了什么证据。对于文科论文来说，这部分也是表明自己立场观点的重要场合，往往要引入不同学者的观点进行综合讨论。例如引用一些学者观点来佐证自己的发现，或者反驳一些不同观点的学者以维护自己的创新有效性，等等。这些讨论往往是使用专业术语进行的，是同行比较关注的要点。这部分有一种隐晦而难以发现的违反真实性的伦理风险，那就是作者有意隐瞒对自己不利的、或与自己观点相左的文献。

结论部分，顾名思义，就是把前面所有工作都做个总结，直接回答最初提出的问题。我们主要还是以期刊论文为例，理工科论文结论约为 1~3 段，文科论文则约为 2~4 段，篇幅要根据整个文章的长度做适当地增减。结论最好能够包含前面各章节的小结论，把它们串起来，逻辑连贯地再总结一次，在此基础上提出更综合性的判断。判断一般是以“……是……”的方式表达的逻辑命题。结论最后一两句话可以在指出现有研究局限性的同时，展望未来可以进一步研究的方向。论文结论一般应该具有“普适性”，也就是具有普遍性的原理，或者是可复用的经验教训。即使是实验结果，一般也有多个样本，预计可以从这些样本中提炼出统计规律。举个极端的例子，如果只是陈述自己某一天的所思所想，即使非常真实，但这也不是学术论文，因为它是对不可重复的某个时空中的某个个体的记录，别人没办法重复或证实，它不具有可证伪性，也不具有普遍性。总之，结论应该能够对回答导论提出的问题提供积极价值，同时还必须具有学科知识价值。

总结一下，论文要分章节，大概三到四章。文科的论文一般由没有章节编号的导言，有编号的3至4个章节组成，最后一部分是结论，又叫“结语”等。文科论文习惯在编号后面加标题，这叫章节标题。章节内还可以继续起编号和小标题。标题的作用是把正文的内容浓缩成一句话，直接给出结论。标题还要考虑逻辑，标题之间不能外延重叠，整合起来的标题，能够把上一级标题完完整整地支撑起来，把它逻辑划分的各部分都讲完，不能缺漏，也就是形成“总—分”结构。所有的章节都是为了解决论文的问题服务的，它们只是把研究对象拆分开来处理。

具体到每一章节部分里面又该如何进行写作呢？这就涉及论文内在的微观逻辑了。我们以分析部分为例，一个章节，是由几种类型的段落组成的：导言、文本分析、讨论、小结。我们再进一步拆解，以文本分析段落为例，它又往往由5个类型的句子构成：主题句、具体文本、解释、讨论、结论句。所以，每个章节和每个段落基本上又是论文宏观逻辑结构的再现。

每一个章节要提出本章具体问题、介绍背景信息，然后要介绍研究对象，对它进行研究，再给出结论。每一章节如果不处理研究对象，就会变成纯粹的个人观点抒发，偏离了主题，所以有一些段落必定是与研究对象有关的。既然是处理研究对象，就必定要分析、讨论和解释，其实质就是运用不同的方法，引用不同的参考文献。最后必定要对这一章节内容做个总结，承上启下。具体到段落上，也是同样的逻辑。因此，每一个中间论证的段落应尽可能有主题句和结论句，因为评审人在通读时目光会自然地聚焦在每一段的第一句，想知道这一段讲什么；然后看最后一句，想知道得出什么结论。对于整篇文章也是如此，如果想快速知道一篇文章的创新点，读者会重点读导论和结论。如果想重点阅读某一章节，读者也会重点读第一段和最后一段，然后通过主题句寻找中间关键的论证段落。

下面举一个段落的例子。

> 物、意、言三者之间是否有共性或者统一性基础，三者的转换何以可能的问题超出了言意之辨的语言学层次而具有形而上学的深度。言、意、物分离是反思及语言分析的结果，对其克服并非去寻找另一种反思的统一性，而是把“指”与“所指”都融入生活世界，在实践中实现三者的融通。《论语》有言“夫子之言性与天道，不可得而闻也”[李学勤编：《十三经注疏 论语注疏》，第61页，北京：北京大学出版社，1999。]，刘宝楠解释说，天的变化生生不息，天道和人性都是自然而然，人“不知所以然而然”，两者道理都很深微，所以人不得而闻。[李学勤

编：《十三经注疏 论语注疏》，第 62 页，北京：北京大学出版社，1999。］人性与天道在现实层面相互作用，不管人的臆测和言谈如何对其认识，这个自然而然的过程就已经在起作用了。如果不寻求一种神秘或超然的形而上学基础，那么弥合言意鸿沟的另一种可能是借助第三个维度“行”，就如马克思所说的“哲学家们只是用不同的方式解释世界，而问题在于改变世界。”［《马克思恩格斯选集 第 1 卷》，第 57 页，北京：人民出版社，1995。］除此之外，要在理论上克服言不尽意，我们仍然需要超越古代范式寻找新的解释框架。①

这一段的第一句就是主题句，它概括了本段要处理的问题：物意言三者之间的关系。然后作者引用了孔子的原文，从孔子的思想中找到突破三者矛盾的灵感，这是本段最主要立论的依据。但这句古文什么意思呢？作者引用了刘宝楠的注疏解释，给出了自己针对哲学学科和论文问题的现代文解释。随后又对这个思想做了发挥和讨论。最后给出了本段问题的答案——“行”的维度，为了佐证观点，也为了更好地解释观点，作者采用学界熟悉的马克思的名言。因为这个选段是一个章节的结论段，最后一句是为了提示下一个章节。实际上，整个段落的研究对象、核心构成是孔子的原文，其他句子都可以看作是围绕它服务的。

每个学科的具体论文形式不同，是因为每个学科知识的逻辑架构不同，所以必须用合适的形式来呈现该学科研究的内容。知道它们的共性之后，我们就可以快速地分辨他们的结构，知道每一部分的功能和作用，甚至在自己写作时提前谋篇布局了。

四、学术论文的格式规范

除了论文主体外，学术论文还有辅文，一般包括：标题、作者、摘要、关键词、参考文献、研究单位、项目资助等。② 如果我们随机地从期刊论文网站下载几篇专业的论文，就会发现现代各个学科论文的辅文格式基本是统一的。这点从各大学为学生提供的统一的毕业论文模板也可以看出来，当然不同类型学术论文的附件各有不同，例如毕业论文有“致谢”部分。下面的例文展示的是辅文部分。

① 陈越骅．古代语言与知识的关系范式新探——跨文化视域中的言意之辨［J］．学术月刊，2013(5)：60－66.

② 详细标准请参考国家标准 GB7713－87“科学技术报告、学位论文和学术论文的编写格式”以及自己所在学校制定的学术规范文件。

2013年5月 学术月刊 May, 2013
第45卷 5月号 Academic Monthly Vol. 45 No. 5

跨文化视域中的言意之辨

——古代语言与知识的关系范式新探

陈越骅
(浙江大学 哲学系,浙江 杭州 310028)

[摘　要]在古代言意范式中,物自身或者超越性的终极存在被视为知识的来源,人通过对这个来源的直观和内在的理性反思而获得知识,语言则是人造的表意工具,三者在其中只能单向度地遵从物—意—言的顺序转化。在这个认识框架中,古代的言意之辨在理论上必然得出"言不尽意"的结论。跨文化的视角提供了超越古典范式"目的—工具"的新的理解维度。语言不仅具有工具性意义,某种具体的群体语言更是该文化中个体存在的一部分,反过来规定了该群体整体知识的发展。在现代默会知识论、解释学和语言哲学视野中,语言、文化与知识都具有互为主客体的可能。民族文化与民族语言相互促进的辩证过程提供了克服"言不尽意"的可能。

[关键词]言意之辨　古代知识论　语言　知识　跨文化研究

[作者简介]陈越骅(1982—),男,广东省潮州市人,哲学博士,浙江大学哲学系博士后,主要研究古代形而上学与知识论、哲学与宗教比较研究。

[中图分类号]B21　[文献标识码]A　[文章编号]0439-8041(2013)05-0060-07

图8-1

如图8-1所示,辅文有以下几个部分:

(1) 标题,就是用一两个短语或一句话最精练地概括整个论文。理工科的论文标题一般是"(环境/条件+)方法+研究对象",简单地说就是研究了什么问题、现象、材料、工艺,就写什么,没有任何多余的字。一般文科的论文喜欢用主副标题,主标题一般要起得有趣一点、范围大一点,是研究的问题,有人甚至采用问句加问号的形式,副标题则是实际的研究对象。例如我们会看到大标题之后是"以……为例"这样的起名方式。但近年来文科论文的起名法似乎也在向理工科的简洁标题靠拢。

(2) 作者,要按贡献度排名。理工科的论文一般有"第一作者"和"通讯作者"两位,有的团队协作还有第三、第四作者,甚至有全球科学家协作的论文署了上百个名字。一般来说,第一作者是开展具体研究、承担实验工作的人,通讯作者一般是项目负责人、实验室负责人等起到指导全局的人。这两位作者在现有的成果评价体系中都是有效的。而文科的论文一般作者只有一个,也有多人署名的情况,但在现有成果评价体系中只有第一作者是有效的。没有做贡献而挂名作者,这是一种学术不端。而且这个贡献是指直接贡献,如果是提供咨询意见,或提供了非核心帮助的,可以在脚注或文章其他非正文的地方注明致谢。

(3) 摘要,一般用两三百字概括论文的内容。文科论文的摘要基本上就是把每个章节用一句话概括。要注意的是，摘要是让读者快速了解每一章节结论的文字，也就是要把问题、方法、结果简明扼要直接地陈述出来，而不是重复论文结构和设想。有的专业论文甚至会为摘要注明章节名称。具体格式要看每个期刊的要求。

（4）关键词，一般是3—5个，主要利于读者更方便地检索。因此，除了选用标题的核心词外，应该从更有利于传播成果的角度，填入几个论文论证涉及的跨专业研究对象。图8-1的例文就填入了语言、知识、跨文化研究。

（5）单位，一般指作者完成该研究时正式归属的单位，因为该单位提供了完成研究所必需的平台和资源。

（6）基金资助，就是开展这项研究、写作这篇论文得到了哪些研究基金的资助，要一一注明。一般要求注明资助的项目名称和批准的序号。

这些辅文都是论文主体写好才开始琢磨的。当然，在写论文初期，可以先起一个大概的标题，完稿后才打磨调整。摘要是对论文主体的缩写。最后挑选关键词。大部分期刊会要求作者同时提交所有辅文的英文，为的是方便国际学界能检索和查找，如果他们检索发现对内容感兴趣，可以根据地址联系国内作者进行交流。

引用也是现代学术论文的标志，那就是“注释”和“参考文献”。论文中的引用主要有两种方式：直接引用和间接引用。直接引用，就是原封不动地置入别的文献的文字，前后加上双引号，然后加出处的注释。例如，引用浙江大学官网的一段介绍：“浙江大学是一所历史悠久、声誉卓著的高等学府，坐落于中国历史文化名城、风景旅游胜地杭州。浙江大学的前身求是书院创立于1897年，为中国人自己最早创办的新式高等学校之一。”而间接引用，就是用自己的话总结概括别人的观点，不用加双引号，但也要加出处注释。例如，间接引用上述介绍：浙江大学，简称“浙大”，主要校区位于杭州市，历史可以追溯到1897年建立的求是书院。有的学科的文献综述会采用连续引用的方式，所以注释出处也会进行特殊处理，例如[1-3, 6, 8]，表示这里引用了第1—3号、第6、第8号文献。

注释在不同学科有不同的格式要求，文科论文一般用“脚注”形式，理工科论文一般用“尾注”形式，有的社科类论文用“文内注”。建议大家参考自己学科的论文进行学习。图8-1所示例文采用的就是脚注。对于文科论文来说，脚注可以表明自己的研究论据有出处，引用了多少篇文献作为支撑，引用国内外最新、最权威的文献可以体现这篇论文的质量和学术价值。而且这些脚注还可以作为他人检验引用文献是否真实、研究是否可重复以及进行扩展研究的线索。加脚注对作者而言还有遵守学术伦理的重要功能，因为在论文中只要不是自己的成果、观点、发现都需要加注，标明原创作者及文献出处。反过来，如果在写作时想起一个别人写过的非常好的句子，却无法查证其出处，那就不要在论文中使用。没有注明出处或标注模糊容易误导读者以为这是你的创见，轻则被指责引用不当，重则被控剽窃或抄袭。有些内容是不用加注的，否则一篇论文密密麻麻都是注了，那就是日常生活或专业领域的常识，以及组成你论文绝大部分比例的作者自己的观点（已发表的作者本人的成果仍要加注）。

在学术论文最后，是不可或缺的组成部分——参考文献。参考文献跟论文的原创性和学术伦理有关，也是区别学术论文与非学术论文的重要标志之一。从参考文献就可以看出该论文所采用的资料是否前沿、是否全面、是否关键、是否有学术品味。

至于体例格式，包括字体大小，段落间隔，注释与参考文献的格式等，可以参考各个期刊的要求；大学生也可以参看自己学校的毕业论文的格式要求，整个大学期间包括课程论文都可以参考这个规范来做。

从学术伦理的角度看，本讲论及的许多格式规范都是为了“真实性”和“原创性”服务的，看似琐碎，但是一旦违反很可能会有严重的后果。例如注释和参考文献列表就是要表明自己的研究参考了多少前人的成果。如果采用了而不注明，那可能就是剽窃或抄袭。有意隐瞒对自己不利的别人的研究成果，那可能就会被指责学术综述不诚实。项目资助备注、致谢其实也是给予论文帮助者的尊重。正确署名工作单位也是职业规范和道德的体现。

计算机和互联网的发展为学术论文的写作和传播提供了许多便利，免去了许多重复劳动，让学术研究者可以集中精力于最有创造性的部分。所以建议大家从写读书笔记开始就养成使用办公软件的习惯，比较实用的软件包括 WPS 套装，Office 套装以及 Adobe 的 Acrobat 套装，等等。在上交课程作业的时候，建议发送 PDF 格式的论文，这种格式在打印和别的设备上查看都能保持原来的板式。另外，现今的文献阅读，特别是获取学术论文通常都是电子版文件，数量一多就需要文献管理软件，著名的例如 Endnote，RefWorks，国产软件如“知网研学”，NoteExpress 等。这些软件往往还附带自动生成引用注释和参考文献的功能，还能一键转换注释格式，它们带来的不仅是便利，而且是一种新的论文写作流程。

从学术论文普遍的引用关系可以看到，每篇论文都跟其他论文有关联，所有论文相互联结组成一张人类知识网络。一篇学术论文是站在巨人肩膀上，在前人的基础上继续推进的。反过来说，我们从论文的规范也可以反思学术训练和研究应该具有的样子。好的研究是好的论文的本体，好的论文又能够放大这种研究的社会影响力。就好像生物具有繁衍的本能一样，每篇发表的学术论文也都在努力地传播自己的观点，争取被更多的同行看到，被更多的论文引用，将自己的思想“DNA”不断传播复制下去。那些被引用最多的论文，往往就是这场“生存竞赛”的获胜者，究其本质，其实是因为它做出了影响整个学科或专业方向的重大创新，从而引领了学科的发展方向，影响了各种研究基金投入的比重。所以我们前面讲的各种规范和格式，其实也是对论文易传播性的要求。

最后，我们要看到，论文格式规范是学术论文内在逻辑的要求，它体现了内容的专业性，也展现了作者的研究思路。规范是学术论文外部公共性的体现。规范的格式是对评审人和读者的尊重，也是为了有利于公开的学术交流，同时对学生而言，论文很大程度上还向老师展现了自己的学术素养与学术能力。

复习思考题

1. 请到学校的图书馆，在馆员的咨询与帮助下找到自己所在学科的现刊阅览架，翻阅自己感兴趣的期刊和文章。同样地，找到自己学科的专著藏书架，随意翻阅。概述学术写作的专业成果与规范的例子。

2. 学会在期刊文献数据库网站检索自己专业领域的学术论文，思考如何在成千上万篇论文中挑选“影响力最大”的论文，以及如何按需求缩小检索结果。

3. 尝试着用本讲学到的论文“五部分”框架，分析找到的期刊论文，并尝试快速阅读，理解其论证思路，用自己的话概括论文的创新点并写下对论文创新性的评价。

4. 在阅读了一组相关问题的论文之后，尝试着写一篇 200—300 字的学术综述，练习对文献出处做脚注、尾注、文内注。

第九讲　学术论文写作

胡晓慧

一、如何选题

（一）选题的重要性

论文写作的第一步是选题。选题的恰当与否，决定了论文写作能否顺利进行，论文质量的高低，以及作者的研究是否有价值与意义。可以说，选题是一种智慧，是见功力、见才智的一件事。

爱因斯坦曾经说过，提出一个好问题比解决它更重要。选题其实就是找到一个有价值的研究对象。一篇论文的价值并不在于写作的技巧多么高，而在于你选择了什么研究课题，通过什么研究方法，组织了哪些典型材料来表述研究成果。因此选题是研究工作开展前最重要的步骤，具有重大意义。

（二）选题的常见问题

大学生在确定论文选题时，囿于专业知识的局限，容易出现以下常见问题。

1. 专业性不够

大学生在确定选题时，由于所掌握的专业知识尚未达到一定的广度与深度，缺乏专业问题的分析与解决能力，论文选题容易偏离专业范畴。

在选题过程中，随着阅读材料的延伸，会有各种各样的思路不断涌现。在众多思路中确定一个专业研究问题并不是那么简单。有的学生出于一时兴趣，选择一个看起来很“时髦”，实际上缺乏专业内涵的题目在所难免。

2. 创新性不足

有的学生会选择比较老旧的题目，跟着前人所做的研究亦步亦趋。或者是对论文写作有畏难情绪，想通过旧调重弹来降低论文撰写的难度；或者是对前人所做研究了解不多、不深，不经意间重复前人已有的研究。事实上，如果不能在前人基础上有所创新，有所超越，选题也就失去了研究的意义与价值。

胡适曾经做过一个研究，花了很多时间与精力，完成以后给陈寅恪看。陈寅恪看了以后说：还行，但是你这个问题，清朝人已经解决了，而且还比你多几个证据。大师尚且会犯选题重复的错误，对于初涉学术研究领域的大学生来说，更需要花大量时间与精力，对选题内容做系统性的了解，才能避免选题重复。

3. 可行性不强

可行性不强是大学生论文选题容易出现的第三个问题。主要体现在：① 选题宽泛，论述简单，缺乏力度；② 选题太难，超出自己能力范围；③ 选题缺乏材料数据的支撑。

有的学生选题过于宽泛，选得太大了，无法深入研究，观点得不到应有的展开，做起来必然是空洞的。例如“论社会主义市场经济”“唐诗概要”“中国民族政策探讨”之类的选题，说明选题的人其实心中没数，还没有考虑好应该研究什么问题。

选题也不能太难，选得太难，超出自己研究能力，可能导致论文写作失败。比如有的学生选择做理论研究，对不同的理论进行比较，这是比较艰难的尝试。刚刚涉足学术论文写作的大学生欠缺相关的理论学习与训练，没有足够的判断力，不能判断理论的价值高度，是理论研究可行性不强的主要因素。

选题还要考虑材料数据的问题，要全面了解相关的选题是否有足够的文献数据可供分析、论证。巧妇难为无米之炊，如果选择了一个材料不充足的选题，往往是吃力不讨好的。

（三）选题遵循的原则

在选题时，大学生应该根据自身的专业知识、研究能力、研究兴趣、实践经验，结合社会事实，挖掘有潜力、有价值的题目作为论文选题。要确定选题，应该遵循以下原则。

1. 专业性原则

论文的选题应该建立在专业研究的基础上，符合大学生个人的专业方向。研究内容应该在专业范围之内，能够体现自己的专业知识与专业能力。研究所得到的结论具有一定的理论价值，能够对专业发展与建设以及相关选题的研究发展具有启示作用。

2. 理论性原则

选题要有一定的理论高度，切忌无所依据、泛泛而谈。选题的理论性可通过四种途径实现。第一，选题研究以某一专业理论为基础展开讨论。第二，选题能够通过对社会事实的观察，阐述理论在具体实践中的应用，并进一步在实践中总结理论，提升理论高度，推动理论发展。第三，寻找理论和社会事实之间不相符合的地方，寻找新的解释，对现有研究理论进行补充。第四，选题能够基于社会事实，对不同的理论流派进行比较分析，指出不同理论流派存在的不足，在可能的条件下建立一个新的理论范式。

3. 实用性原则

选题也要结合社会发展的需要，为现实生活中一些亟待解决的问题提供思路和解决方案。选题对人类进步、社会发展、国家建设有用，能够产生社会效益，才能取得应有的研究效果，选题的研究价值才能得到最大体现。例如经济学论文，应该结合我国经济发展的现状，阐述社会主义市场经济的某些现象和本质，探究现象背后的深层次原因，并给出建设性建议，为解决社会问题提供参考。又如教学研究论文，应该针对教学问题，构建教学模式，完善教学方法，提高教学成效。

4. 创新性原则

创新是学术研究的生命，论文选题要在符合社会事实的基础上锐意求新。大学生确定论文选题的时候，要勇于表现自己的新看法、新观点。一个立意新颖的选题是论文的灵魂，也是研究的价值所在。

怎么样才是一个“新”的选题呢？创新可以体现在新课题、新材料、新角度、新方法。新课题指的是选择前人尚未涉足的研究领域，确定拓荒性的课题。这类选题理论价值很高，但有一定的难度。新材料指的是如果前人对此选题已有研究，但是有新的材料，也能对老问题有所推进、修正，就能体现选题的“新意”。新角度指的是同样的选题与材料，因为从一个新的角度出发，可能发现新的问题，得到新的研究结论。新方法指的是随着科学技术的发展，新的研究方法层出不穷，如大数据分析系统、内容分析软件以及跨学科的交叉研究，都为选题研究内容的变革、研究结论的更新提供了可能性。

5. 可行性原则

学术研究的范围很大，大学生在选题时，面对浩瀚的专业研究内容，往往感到无从下手。选择一个有操作性和可行性、力所能及的题目进行论文写作是明智之举。选题的可行性可以从两个方面进行考虑。

其一是从自身的角度出发。选题时，应该充分考虑自身的专业特长，兴趣范围，对选题相关的社会事实是否有充分的了解，或者是否有其他特殊的研究条件。如果研究领域不是自己的特长和兴趣所在，即使花费再多的时间和努力，也未必能得出研究成果。

其二是从选题的角度出发。选题要恰当、适中，符合自身的研究能力，研究才能够开展。比如题目可以选得小一些，从大处着眼，小处着手，讨论一些具体的问题。小的题目可以促使自己进行全面考虑，穷尽素材，花大力气进行严密的论证。又如相较理论研究，大学生更适合进行经验研究。从社会事实中发现一些东西，进行描述、总结与归纳，这有一定的社会意义，也更容易出成果。

（四）选题确定的方法

论文选题，应根据自己的兴趣，依托专业知识进行确定。新闻媒体所报道的社会现象或事件，专业领域所讨论的研究问题，以及生活中发生的社会事实，都可能引起你的兴趣。在阅读文献、课程学习的过程中产生的一些想法，也能成为值得探讨研究的论文选题。通过下列方法，可以使"兴趣""灵感""想法"成为切实可行的研究问题。

1. 文献归纳法

文献归纳法是指通过全面阅读、梳理研究相关的文献资料，来确定选题的方法。只有对问题的已有研究具备更深入、更细致的了解，仔细筛选、鉴别比较、梳理归纳，才能使研究问题进一步细化，并确定论文选题。文献材料越丰富，对前人研究梳理得越清楚，就越有机会发现前人研究中存在的不足，才能发现问题，并对此尝试形成新的观点和解释，论文的选题就有了确定的基础。

2. 假设验证法

假设验证法是一种先有研究问题的假设，然后通过阅读资料、实验调查等研究手段进行验证，最终确定选题的方法。假设验证法通过三个步骤来确定论文选题：① 提出假设。就是要对问题相关的研究现状进行全面系统的了解，并在此基础上形成研究问题的假设。② 验证假设。就是针对假设构建论证，通过文献阅读整理、实验调查等方法来验证假设是否有充分的支持证据。③ 确定选题。如果验证确定假设有充分、合理的理由与证据，并且具有一定的突破与创新，就可以最终确定选题。

3. 实践应用法

实践应用法是来源于实践，应用于实践的一种选题确定方法。实践应用法通过三个步骤来确定论文选题：① 提出问题。论文选题应以社会需要为出发点，结合具体的社会现象、社会事实，提出具有研究价值的问题。② 收集数据。通过调查问卷，实验，访谈，观察等研究方法，收集相关的第一手资料。③ 分析问题。运用专业理论知识，理论联系实践，对收集的数据进行分析，去粗取精，去伪存真，最终确立选题。

二、如何选材

论文材料的选择与组织是论文写作的基础。通过对选题相关材料的搜集、阅读、整理，可以了解已有的研究结果，形成论文的学术知识背景，并站在前人的肩膀上，使自己的研究有所突破，有所创新。论文材料的质量、数量与水平，决定了论文的价值与成败。没有材料，任何精辟的分析、新颖的观点，都是无源之水，无本之木。

（一）材料搜集

1. 搜集哪些材料

材料的搜集要以问题为中心，通过多种渠道、多种方法，尽可能全面和详尽地搜集材料。所谓“全面搜集”是指从古到今，从国内到国外，从一手材料到二手材料，从正面到反面，全方位、全覆盖地搜集材料。

首先，必须广泛搜集典型性、代表性的文献材料。典型性、代表性材料与研究问题有紧密关系，研究结论观点具有一定的代表性，能反映研究问题的本质和共性。缺少典型性、代表性材料，就会被人一眼看出研究者心中没数，搜集材料不够精准，对研究问题尚未形成基本概念。

其次，要搜集科学性、指导性的文献材料。例如选题相关的理论专著，可以为研究问题指明研究方向，提供研究方法，奠定理论基础。又如名家论断、政府文件、政策措施，对研究问题不但有启迪、借鉴作用，而且具有一定的权威性，可以增加研究的说服力。

最后，要搜集事实性、客观性材料。大学生在写论文时，要尽可能搜集第一手材料，在条件允许的情况下，应通过调查、访谈、实验、观察等方法收集一手数据和材料，或者利用文献搜集事实性数据和材料。这样的材料既是研究对象，又是产生论点的论据。比如做教学研究，就要注意全面搜集所有围绕教学展开的事实性、客观性材料，如调查问卷、调查报告、教学设计、课件、学生作业、试卷、教学评价、课程实录、教学反思等各类过程性、专题性、效果性材料。

在这个过程中，写作者还要注意搜集研究观点的反面材料。存在不利于自己观点的材料，这在学术研究中并不鲜见。对反面材料要有细致的考虑，并做出合理解释。合理利用反面材料，一方面可以使研究的观点更经得起质疑，另一方面，也为问题研究提供了新的思路和研究方法，使研究的观点更深入，更有说服力。

2. 怎么搜集材料

随着互联网的普及，与以前相比，材料搜集的方法与途径已经有了翻天覆地的变化。总的来说，材料搜集可以归纳为两条途径：一是从社会调查与科学实验中获取直接材料；二是从各种文献中获取间接材料。

从社会调查与科学实验获取材料的途径是指研究者根据研究课题的需

要，设计科学实验，分析实验数据，得出结论；或者通过调查研究，获取第一手资料，如通过观察法、调查法等途径搜集相关材料。这条途径所获取的材料具有客观性、真实性的特点，有利于大学生在论文写作时全面了解认识研究对象的真实面貌，分析事物的本质属性。直接材料为论文提供了真实可信的论据，使论文观点有了强有力的事实依据与支撑，增强了可信度。

文献材料搜集法则要求写作者利用图书馆、档案馆、网络等查找研究问题相关的资料。首先是目录索引。目录索引有助于大学生了解相关选题已有研究的情况。通过目录索引，大学生可以了解这个选题已经解决了什么问题，还需要解决什么问题，有哪些典型性著作、代表性学者，有哪些主要观点。其次是期刊。搜集到选题相关的期刊，就是在建立一个选题研究的文献资料库。最后还要注意年鉴、档案等材料的搜集。年鉴、档案可以提供研究对象必要的数据，如相关事件的发展概况，以及重要的案例，帮助大学生在论文中展开高质量的讨论与分析。即使在互联网时代，我们也要将年鉴、档案这样的古老方法与现代科技手段相结合，做到文献资料的全面搜集与利用。

（二）材料阅读

1. 泛读

大学生在选材阶段，面对的是浩如烟海的学术文献材料。要想在短期内快速阅读大量文献，掌握选题研究的概况，基本了解选题所涉及的理论、观点、研究动态，泛读是有效的方法。

怎么进行泛读，哪些文献材料适合泛读呢？在文献阅读前期阶段，不妨通过阅读文献标题、摘要、目录的方法，把所有文献浏览一遍。这么阅读，可以在短时间内初步了解选题研究的基本情况，节省不少时间。同时有目标地选定一些阅读文献，为继续阅读的展开打下基础。其次是综述类文献资料。通过对综述类文献资料的泛读，可以帮助你快速了解选题研究的基本情况，比如这个选题已经做了哪些方面的研究，主要研究方法是什么、哪些人在做、主要观点是什么，等等，从而实现对选题的全面认识。再次是与选题研究没有直接关系，但是可以起到补充、完善、提高作用的文献材料可以泛读。这种材料的泛读有利于大学生从众多的文献资料中摸索出选题研究的突破口。选题确定与创新需要建立在全面、深入的阅读基础上。最后是与选题相关，但是内容涉及专业领域以外，或者跨学科的文献资料可以泛读。阅读的文献越广泛全面，积累的知识越深厚丰富，选题研究的范围越有广度与深度。泛读文献材料可以为大学生进行选题研究打下坚实的基础。

2. 精读

精读文献材料是不可或缺的。精读也就是细读，不但要仔细阅读，还要做笔记、提问题，甚至进行比较与验证。

与选题密切相关的文献材料都需要精读，尤其与选题研究直接相关的典型性文献资料，或者是学界公认的重要学者所做的研究，或者是选题相关的重要观点的文献资料，都值得精读。一些非重要文献资料的重点部分也要精读。重点部分与选题研究方向有关。比如进行案例研究，那么选题相关的案例，无论重要不重要，都是精读内容。比如寻找选题研究的空白，那么文献资料的结论、展望、不足，这几个部分就需要精读。比如进行对比研究，那么就要进行与选题相关的不同领域文献对比、新旧文献对比、中英文文献对比等资料精读。

泛读与精读应当互相结合，相辅相成。一般的作品可以泛读，典型文献就需要精读。与选题关系较远的文献可以泛读，关系密切的文献就必须精读。泛读其实是为精读服务的，所有的泛读材料，获得的知识、数据都可以成为相关选题的基础，在进行选题材料精读时发挥作用。

3. 批判性阅读

批判性阅读是指通过阅读，指出文章的观点、论述存在什么问题，并且提供证明错误的证据。批判性阅读是大学生在阅读过程中为了更好地理解、吸收文章的精华，不断质疑并且挖掘答案的过程。

大学生在阅读时要有问题意识，要带着问题去阅读。文献资料浩如烟海，漫无目的地阅读，可能会让人感到无所适从，收获甚微。带着问题去阅读，可以迅速发现、理解、吸收对你有用的、能解释你的问题的材料。尤其是要提出有价值的问题。要跟文献资料保持一定的距离，不能完全跟着作者的思路走。要有怀疑精神，对文献的材料、研究方法、结论有所怀疑，这样才能进行推敲、甚至验证。疑人之所疑，更要疑人之所不疑，才能有新的收获。

要实现批判性的阅读，不仅要提出问题，还应广泛阅读相关的材料。了解相关选题目前的研究状况，各家观点。从不同的观点入手，针对研究材料、研究方法、研究理论进行对比分析，才能进一步确定对材料的质疑是不是有充分的理由。有些怀疑只要一看其他文献资料，就可以得到明确的答复。如果所怀疑的问题经过阅读以后，增加了值得怀疑的资料，这样的怀疑就是有价值的，具有形成新选题的基础。

（三）材料整理

1. 读书笔记

俗话说，好记性不如烂笔头。读书笔记是大学生整理文献材料的一个基本方法，也是进行知识积累，形成研究思路的重要途径。有的著名学术著作就是读书笔记汇辑而成的，如洪迈的《容斋随笔》、顾炎武的《日知录》。

钱锺书先生博览群书，所做的读书札记可以说是汗牛充栋，这些成果最后形成了鸿篇巨著《管锥编》。

读书笔记内容可以有三个部分，一是摘抄原文，二是自己的阅读体会，三是与选题相关的其他文献材料内容。摘抄是为了把那些文献材料中最核心、精要的内容记录下来，以免遗忘。阅读体会包括两个方面的内容：一是用自己的语言把文献材料的内容进行简要地提炼；二是记录自己经过文献材料阅读所产生的感悟、评价，以及问题和疑点。这是“学”与“思”相结合的过程。读书笔记的第三部分内容则是在文献材料内容的基础上，围绕自己的兴趣点、疑问点，同时参考其他文献的研究，进一步地探索与思考，这样就形成了一篇学术小文章。

2. 汇总文献信息

文献材料越丰富，越需要进行汇总、整理、归纳，文献材料的系统化、条理化，有利于作者理清选题研究思路，形成新的观点。因此文献材料的汇总、整理和归纳是很有必要的。

首先要对文献材料进行科学分类，分类要有一定的标准，比如按照学科领域、研究方向、研究方法、作者观点，等等。随后根据分类可以制作文献材料索引，在索引中标注出关键词，也可以用简要的语言记录文献要点，然后再注明出处。分类与索引要求语言精练、中心突出、排列有序，便于在后续的阅读与研究中进行查找。

但是文献索引存在过于简单的局限性，如果希望记录更详细、丰富、具体的文献材料内容，那么最好制作文献信息汇总表，如表 9－1 所示。

表 9－1　文献信息汇总表

文献信息汇总									
序号	题目	作者	出处	观点	研究方法	价值	存在不足	问题	其他
1									
2									
3									
4									
5									
6									

大学生可以根据自己阅读、研究的需要，删减或丰富表格列项，如定义与内涵、研究对象、研究范围、研究特点、理论基础，等等，对文献材料的研究做更有针对性的记录和整理。

3. 构建思维导图

思维导图是一种高效的文献材料阅读、分类、归纳的可视化工具，通过构建思维导图，大学生可以把快速阅读得到的知识按照一定的逻辑进行梳理，总结文献材料的观点、研究内容、研究方法等，从而实现对选题研究现状的整体把握。思维导图可用于单篇文章的观点内容整理，也可用于与选题相关的各类文献材料整理。

利用思维导图对选题相关的各类文献材料进行梳理时，文献的分类标准是关键。比如要将作者观点设为文献材料的分类标准，在阅读过程中，就应该把同类观点的文献规整在一起，以此类推，总结出文献材料的几个观点，有几种观点，就需要构建思维导图的几个一级分枝。思维导图的一级分枝可以根据自己的研究需要进行特定设置。

三、理论及其应用

（一）理论的重要性

做研究、写文章，其实都是在他人研究基础上的进一步探索。大学生写论文、写研究报告需要以已有理论为基础，建立自己的理论框架。一篇文章，如果缺少深入系统的理论探索，只是在现象、概念上绕圈子，很难触及问题的本质，也就很难提供有效的解决方案，无法解决现实问题。

对于大学生的论文写作来说，理论的重要意义在于提供正确的研究方法和思路，提供现象、事实背后的理论机制，指导大学生进行学术研究与探索，进而从中找到行之有效的途径，进一步发展学科理论。通过对理论知识的应用与探索，文章的思路与表达更清晰，更有条理，论证更有依据与说服力。从长远来看，理论应用与探索有利于培养大学生理论研究的素养，奠定他们学科研究的理论基础。

大学生初涉学术研究领域时，会在理论学习与应用方面感到有一定难度。正因如此，我们更有必要在研究的时候尝试采用学科理论视角，将学科理论嵌入文章的结构框架，采用科学的研究方法，进行学术研究。

（二）形成理论视角

理论是成熟的、得到学科共同认可的一种思想体系，是帮助我们进行研究的“利器”。理论可以为论文提供研究视角。大学生开始写论文的时候，往往困惑于“我要写什么”“应该怎么写”之类的问题,这些问题的实质是采用什么研究视角与研究方法,将一个或几个学科理论设置为文章研究的背景与论文分析的结构框架,以解决研究视角的问题。

一篇规范的学术文章,一定是建立在某种研究视角下的,学科理论是应用得最多的研究视角。每一门学科都有其学科理论,应用不同的理论,从不同的视角进行阐述,得出的研究结论可能不一样,甚至是相左的。因此撰写论文时,采用哪一种或哪几种理论应该经过深思熟虑,所用理论应当具有以下几种性质: ① 关联性。这是指要考虑理论与研究对象之间的关联性,即理论与所研究的社会事实、现象是否存在比较密切的关系,或者学科理论是不是适用于这种问题的研究。② 经典性。经典的学科理论具有更广泛的解释力,可以对问题研究起到更有效的指导作用。理论越经典,解释力越强,结论的可信度就越高。③ 先进性。在新旧理论之间,应该选择新理论。新的学科理论可以提供更先进的研究思路与研究方法,有利于形成一个新的观点,实现文章的创新性。④ 主次性。如果我们不止选择一个理论作为研究基础,那么就要考虑主次性问题。即主要基于什么理论,或者什么视角,将其他理论作为辅助的次要理论。一般情况下,应该选择关联性最强、最适用的理论作为主要理论。

(三) 建立理论框架

文章的理论框架是指基于学科理论,运用特定的研究思路与方法,对社会事实进行解释分析的逻辑结构。一个强有力的理论框架不仅能为研究提供方向,而且可以令人信服地解释、说明和概括研究结果。

理论框架包括概念、论据、论证结构,以及特定的研究理论。理论框架必须体现出研究理论与概念、论据、论证结构之间的关系,显示出理论与观点之间的逻辑推理关系。各部分之间从属清楚,详略得当,要明确各个部分的地位和作用,使之符合推理,论证周密。

1. 概念

理论框架需要明确关键概念的定义,清晰各定义之间的关系。

所谓明确概念,指的是明确哪些概念对象,这些对象具有什么本质属性。在一定的条件下或同一思维过程中,概念的内涵与外延应该是明确的。只有明确概念的定义,才能正确地使用概念,进行合乎逻辑的推理。概念要用准确的语言表达,以免产生歧义、游移或指代不清。对于内涵接近、或者可比较的几个相关概念,在文章中有必要进行解释与分析,厘清概念之间的关系,建立相关的概念框架。概念框架由概念和概念互相联合组成,这种联合有很多种关系,如因果关系、相似关系、相反关系、平衡关系,等等。概念框架的建立有利于更有效、更便利地进行问题的讨论、分析和研究。

概念如同理论的细胞,是文章构建理论框架的基础。一篇论文如果概念界定不清,概念与概念之间缺乏联系与区分,就说明研究者对基本概念缺乏把握,思路模糊,逻辑不清,这样的论文注定是失败的。

2. 论据

所谓论据,是指论证论点的理由和根据,是保证论点成立的必要材料。论据包括两种:理论论据和事实论据。理论论据是指已经证实正确的理论、论断、规则、法律、名言、警句以及自然科学中的原理、定律、公式等。理论论据已然经过实践的检验,具备无可辩驳的真理性,写论文时运用理论论据作为推理论证的基础,可以提高论点的可信度。事实论据包括现实案例、历史史料以及统计数字等。事实论据是客观存在的,具有真实性、客观性,事实胜于雄辩,让事实说话,用不容置疑的论据来证明论点的正确性或批驳错误,会使论证更有说服力。

关于论据的选择与运用,要注意几点:① 真实性。即引用论据要有出处,要检查核对,保证其准确可靠。事实论据必须是客观存在的事件,切忌张冠李戴,甚至主观臆造。② 典型性。典型的、有代表性的论据才能有说服力。③ 关联性。论据必须与观点具有内容上、实质上的紧密联系,缺乏关联性或关联性微弱的论据无法为论点提供强有力的支撑。④ 充足性。论据必须能对观点提供足够的支持。要保证通过论据能够推导出论文的观点,论证方法对选题研究是适用的、合理的。总而言之,论据既应具有客观真实性,又应与观点之间具有关联性,还应该为论证提供全面、典型、充分的理论依据或事实材料。

3. 论证结构

如果说概念、论据是一篇学术论文的枝叶与花果,那么论证结构就如同学术论文的树干。选题研究通过论证结构提出论点,阐述概念,描述现象,同时概念与论据依傍着论证结构,证明观点的正确性。

一般来说,论证结构有两大模式:一是“理论驱动”模式,即从理论到理论;二是“问题驱动”模式,即从问题到理论。大学生尚处于学术积累的初步阶段,缺乏对学科理论的整体把握和评价能力,采用“理论驱动”模式相对而言难度较大,应该更多地采用“问题驱动”模式。“问题驱动”模式包括几种类型:① 理论—问题型。即运用原有理论,观察、描述、分析、研究问题,从而揭示问题背后的深层次原因,概括归纳问题的发展规律。② 问题—理论型。通过对问题的研究,在解决问题的基础上,完善原有理论或提出新的理论,从而推动理论相关发展。③ 理论—问题—理论型。首先从原有理论中发现问题或不足，提出新的研究假设。其次在问题研究的过程中寻找新的材料、运用新的研究方法对假设进行验证。最后根据实践验证的结果确认原有理论中正确的部分，修正错误的部分，从而达到丰富、深化或完善原有理论的目的。

在规划论证思路、构建理论框架时，不妨通过以下几个步骤加以落实：

（1）基于事实、现象，构建论点。

（2）运用研究理论，建立理论与研究问题之间的关系。

（3）厘清概念。

（4）整合论据。

（5）创建理论、概念、论据之间的关系，构建论证模式。

（6）通过论证，验证论点。

（7）从问题出发，修正完善理论。

四、研究方法

学术研究要有一定的方法。由于认识问题的角度、研究对象的复杂性等因素，研究方法很难做一个统一的分类。比较常见的分类是按照研究的性质和手段，将研究方法分为定性研究和定量研究。定性研究是基于描述性的研究，本质上是从事物的内在规定性来研究事物的一种方法或角度。定性研究从事物的矛盾性出发，通过对事物的含义、特征、隐喻、象征等方面的描述对事物进行研究。定量研究主要是指搜集用数量表示的资料或信息，并对数据进行量化处理、检验和分析，从而获得结论的研究过程。

不管采用哪一种研究方法，都要做好前期准备工作，在文献阅读的基础上，确定研究目的，制订研究计划，组织并实施研究方案。做好前期准备工作，项目研究才能取得预期的效果。

制订的研究计划一般包括以下几方面内容：

（1）研究的目的。

（2）研究的项目与重点。

（3）研究方法

（4）研究方法执行的范围、对象、数量。

（5）研究方法执行步骤与进度安排。

（6）研究方法的组织与分工。

下面我们来介绍几种常用的研究方法。

（一）文献归纳法

文献归纳法是指搜集、阅读、整理文献材料，并通过对文献材料的研究与分析，描述事实与现象，得出一般规律的研究方法。文献归纳法是一种传统而又富有生命力的研究方法，也是最基本的研究方法，适用于多种学科、学科研究的各个阶段。文献归纳法可以分为简单归纳法、完全归纳法和科学归纳法。

1. 简单归纳法

简单归纳法是指从文献材料中得出某个结论，如果没有观察到相反的事例，就可以认为这个结论是正确的。一般来说，所采用的文献材料数量越多，结论的可靠性越强。因此使用简单归纳法时，要尽可能地多例举文献材料，材料务求全面，如果资料不齐全，就可能导致结论不够正确。针对简单归纳法的局限性，可以使用完全归纳法。

2. 完全归纳法

完全归纳法是指依据所有的文献材料，可以证明某个结论是正确的。使用完全归纳法所推导出来的结论比简单归纳法更全面可靠，但是需要穷尽所有证据，随着科学技术的发展，即使是面对一些量大面广的问题，完全归纳法也有可能实现。

3. 科学归纳法

科学归纳法是指针对文献材料与结论之间内在的联系进行推理，并验证结论的正确性。科学研究强调凭材料说话。搜集材料后，要想得出科学的结论，就需要运用科学归纳法。

（二）实证研究法

实证研究法是指通过观察、调查、实验等研究手段，获取研究对象相关的大量客观数据与材料，从而得出科学结论的一种研究方法。实证研究法产生于西方的经验哲学和自然科学研究，进入 19 世纪以后，法国哲学家孔德宣告实证主义研究范式正式确立，此后，实证研究法迅速应用于社会学、经济学、政治学、教育学等学科。相比规范研究法，实证研究法主要应用于定量分析，依据数据说话，这使得对社会问题的研究更精确、更科学。实证研究法包括观察法、问卷调查法、访谈法等几种方法。

1. 观察法

观察法是指在自然情景中对研究对象进行有目的、有计划的系统观察和记录的研究方法。观察法能通过观察直接获得材料，比较真实、客观、生动，能够反映事物的真实面貌和本质特征。这种方法还能搜集到文字记录以外的信息和材料，因此可以弥补文献研究材料的不足之处。但是观察法有时间局限性，只适用于一定时间段内操作性、程序性较强的研究对象，如课堂教学、经营模式、市场销售、体育训练，等等。

使用观察法，应注意以下原则：① 准备要充分。在准备阶段，对观察对象、项目、方法、步骤进行周密的考虑，制订详尽的观察计划，力求从多方面、多角度、不同层次进行观察并搜集资料。② 观察要细致，记录要准确。观察法具有较强的及时性，在观察过程中进行准确记录是实现充分观察的必要条件。为了及时、准确、全面地记录观察内容，在允许的情况下，可以采用录音、录像的方法。如果在现场观察，则有必要事先设计观察记录表，把要观察记录的各个项目一一列出，进行合理的编排，方便随时进行快速、准确的记录。③ 案例要全面。在观察过程中，不能人为地排除偶然现象、例外现象、甚至反面案例。这些现象可以提供新的思路、新的方法，使研究更全面、细致、深入、生动。④ 要与其他研究方法相结合。观察法应与问卷调查法、访谈法、文献归纳法等其他研究方法相结合，观察法所获得的现场资料是其他研究方法无法涉及的研究内容。观察法得到的结果可能可以利用其他研究方法互相验证，也可与其他方法得出的结论互补。

2. 问卷调查法

问卷调查法是使用得比较普遍的研究方法之一，包括电话调查、线上调查、现场发放调查等几种形式。通过问卷调查法获得的数据、资料比较可靠，得出结论的概括性程度也相对较高，有利于客观准确地分析研究现象。

电话调查是指通过拨打电话进行询问，并由调查人员填写问卷。线上调查是现在应用比较广泛的问卷调查方法。现场发放是指在调查现场进行问卷发放与回收。目前国内已有多个可以提供线上问卷调查的平台，如“答题吧”“问卷星”等。线上调查方便、高效，能节省大量的人力成本，而且可以大幅提高后期数据整理与分析的处理效率，是目前使用频率较高的方法。

里克特量表是问卷调查的一种类型，由美国社会心理学家里克特(Likert)于 1932 年改进而成。里克特量表由一组陈述组成，每一个陈述对应“非常同意”“同意”“不一定”“不同意”“非常不同意”五种回答，分别计为 5、4、3、2、1 分。每个被调查者的态度总分就是他对各道题的回答所得分数之和，总分可说明他的态度强弱或他在这一量表上的不同状态。与其他调查法相比，里克特量表的应用场景更为广泛。首先是因为里克特量表易于设计，被调查者也更方便回答。其次是由于里克特量表能够用来测量一些其他调查表无法涉及的比较复杂的态度问题，使用范围更广。最后是里克特表采用平均值差数法进行计分，数据比较客观、真实、标准，研究结论相比其他调查表有更高的信度。

问卷调查法一般包括以下几个步骤：① 问卷设计。调查法能否实现研究目的，前期的问卷设计是关键。问卷设计要有问题意识、问题导向，要立足于对相关理论、社会事实进行深思熟虑后产生的思路与想法。围绕不同的研究主题设计出来的问卷千差万别,结论也大相径庭。因此你想研究什么,解决什么问题,是问卷设计中最重要的,最先要求落实的内容。没有主题的问卷,对研究的帮助微乎其微。② 进行调查。按照计划,选择合适的调查方式进行问卷调查。为了得到客观、科学的调查数据,对样本的数量有一定要求。样本数量因问卷的调查范围、调查对象、题项数量的不同而有所不同,但是一般要求是题项的 5~10 倍,如果是非量表的调查问卷,要求样本数量是几百到几千不等。③ 数据分析。样本回收以后,应及时收集样本数据,并根据数据资料进行变量变化的描述与分析。④ 补充调研。在全面分析研究调查数据与资料的基础上,重新整理研究思路。经过整理归纳,如果发现调查材料中存在超出预期的调查资料,如例外现象、反面观点,那么就有必要进行补充调研,对例外的情况做进一步的验证。如果调查材料不能全面覆盖预期的研究内容,实现研究目的,也需要做进一步的补充调研,对调查数据与资料进行完善与修正。

3. 访谈法

访谈法按照标准化程度可以分为两种:结构型访谈和非结构型访谈。结构型访谈又称为标准化访谈,是一种高度控制访谈过程的访谈。通常需要事先设计统一的问卷,按照标准化模式选择访谈对象进行问题的访谈与记录。非结构型访谈则是没有标准化程序,在访谈者与被访谈者之间进行的自由访谈。

访谈法一般包括以下几个步骤:

(1) 前期准备。访谈前要做好充分的文献准备,通过文献阅读,对选题有基本的认识后,才能制定比较有针对性的访谈提纲,准备好质量比较高的访谈问题。对访谈对象也要有一定的了解,设计好交流方法与语言表达,这样容易获得访谈对象的认可,有利于沟通。在准备问题时要注意几点:一是问题要简短明确,让访谈对象很清楚地知道要回答什么。二是问题要专业精准。避免产生不一致的回答。三是问题要避免对回答作出诱导。一旦作出诱导,访谈对象往往就会偏离客观。四是问题与问题之间要存在一定的逻辑关系,顺着前一个问题可以提出下一个问题,谈话要有一定的组织结构。

(2) 实施访谈。在征得访谈对象同意的情况下,要用录音、录像的方法将访谈内容记录下来,以备后期整理与分析。访谈的时候,首先要按照访谈计划进行交流,不能无边无际地进行访谈。其次要给予被访谈者充分的尊重,语言朴实亲切,问题通俗易懂,注意与被访谈者的眼神沟通,不能全面否定被访谈者的回答,应作出有建设性的回复。再次,在访谈过程中,可以根据访谈内容对访谈计划进行灵活调整,根据访谈信息增加或删减问题,重新组织对话结构。最后，访谈尽量不要涉及个人隐私。

（3）后期整理。访谈法有一定的灵活性，但这种灵活性同时也增加了调查过程的随意性。不同的被访者给出的多种多样的、没有统一的答案，造成了访谈资料内容多样，结构凌乱，因此后期整理和分析相对比较复杂。首先要将访谈语音材料转化为文字材料，目前国内也有多个应用程序支持线上访谈，而且可以实现语音、文字的转换，如腾讯会议、钉钉等。文字形式更便于进行资料的整理、分类、归纳。在文字基础上可以利用图表对访谈材料进行归类、总结和提炼，重点突出分析结果，使其看起来简洁明了，一目了然。如针对多人访谈，可以用表格进行观点的提炼与总结，如表9－2所示。

表9－2　多人访谈记录表

访谈主题					
被访者A		被访者B		被访者C	
观点1	观点2	观点1	观点2	观点1	观点2
论据1 论据2	论据1 论据2	论据1 论据2	论据1 论据2	论据1 论据2	论据1 论据2

针对单人访谈，也可以利用表格从不同侧面，如动机、态度、意愿等对访谈内容进行总结。如表9－3所示。

表9－3　单人访谈记录表

被访者A					
动机		态度		意愿	
动机1	动机2	态度1	态度2	意愿1	意愿2
论据1 论据2	论据1 论据2	论据1 论据2	论据1 论据2	论据1 论据2	论据1 论据2

在研究过程中，访谈法与问卷调查法相辅相成，互相补充。问卷调查法属于定量研究，具有标准化、数据化的科学性质。访谈法则是定性研究，具备情境化、灵活化的人文属性。访谈法与问卷调查法相结合是定性研究与定量研究结合的有效途径。首先，访谈是问卷调查的基础。只有在深度访谈的基础上设计问卷，设计才能不流于表面。问卷调查的结果也有利于缩小访谈对象的范围，确定对哪些对象进行访谈，围绕哪些问题进行访谈。其

次，访谈的样本比较小，难免具有一定的片面性，问卷调查可以在足够大的范围内实施，可以弥补访谈样本较小的缺陷。第三，通过问卷调查以及数据统计分析，研究者可以把握被调查者的基本态度，但无法了解被试深层次的主观感受、心理状况，深度访谈可以促使我们更深入、具体、直观地了解研究内容，弥补问卷调查结果的不足。可见，访谈法与问卷调查法两种研究方法结合使用，能使调查数据更全面、丰富，更有层次性。

（三）比较研究法

比较研究法又称对比研究法，是一种通过逻辑比较法对社会现象进行研究的方法。比较研究在 19 世纪广泛应用于教育学领域。如美国著名的比较教育学家乔治·贝雷迪（George Bereday，1920—1983）批判性地创建了四阶段比较研究法，将比较研究与假设验证联系在一起，寻求教育发展的普遍规律。比较教育法引进了量化的数据分析，更有客观性、准确性和普遍性，极大地推动了教育研究理论的发展。进入 20 世纪之后，跨学科研究逐步从自然学科转向社会学科，比较法逐渐应用于教育领域以外的其他社科领域，如语言学、文学、哲学、历史学、社会学等。比较法通过定性定量资料、采用更精密、更精确的方法深入分析社会现象，找出它们的异同，研究发生异同的原因，探讨它们之间的相互影响和作用，通过量化的研究方法提高了研究的准确性和科学性。

比较研究包括横向比较，纵向比较和横向、纵向结合研究。横向比较注重“共时性”，是指对同一时期的不同研究对象的异同点进行比较研究。纵向比较注重“历时性”，侧重点在对研究对象在不同历史时期的形态比较。纵横结合比较法，是将纵向比较和横向比较结合起来的方法。通过纵横比较，既可以了解参加比较的事物在历史发展中的相似与相异，又可以了解它们横断面上的相同与不同，进而获得更加全面的认识。

怎么进行比较研究？首先要确定比较对象，比较对象要有同一性，可比性。同一性要求比较研究的对象必须是同一范畴、同一标准下的同一类事物，否则就不可以比较。而可比性是指两者之间的比较是有意义的，也就是说用于比较研究的对象，应该具有大致相同、大致对等的可供比较的条件。其次要搜集材料。尽可能多地搜集可供比较研究的材料。通过观察、调查、访谈、文献等途径搜集相关的材料，务求多角度、多层次地全面搜集材料。最后进行比较分析，从研究对象的相同点出发，寻求它们的不同之处，或者分析描述研究对象的差异，探索形成差异的原因。同中求异，异中求同，这是使用比较研究法的关键所在。在鉴别类同与差异的基础之上，进一步分析类同与差异产生的原因，从而揭示事物发展的普遍规律。

（四）田野调查法

田野调查又叫实地调查或现场研究，属于人类学范畴的研究方法。田野调查法是由英国功能学派的代表人物马林诺夫斯基（Bronislaw Kasper Malinowski，又译马林诺斯基）奠定的。中国著名社会学家费孝通先生曾采用田野调查法撰写《江村经济》一书，获得了社会广泛的赞誉。

田野调查主要的研究手段是参与观察，要求调查者要与被调查对象共同生活一段时间，在此期间观察、了解和认识他们的社会与文化。它既不是按照预先拟定的理论框架去收集资料，也不是根据调查材料归纳出一般的结论。田野调查的重点在于直面社会本身，力图通过记录一个个鲜活的人、事、物来反映调查对象的本质。与文献记录的信息材料相比，田野调查案例大都活生生地存在于社会生活中，所获得的第一手资料更新鲜、更真实、更客观。田野调查所获得的信息与数据不但可以补充文献资料的不足，而且可为学术研究提供新的论据，产生创新性的观点。

田野调查可分为四个阶段：准备阶段、调查阶段、撰写调查研究报告阶段、补充调查阶段。其中比较重要的是前期的两个阶段：准备阶段和调查阶段。田野调查必须做好文献资料与理论知识的准备。只有在全面深入阅读与掌握选题已有研究的基础上，才能确定好调查对象与调查点，展开的调查才能相对更加全面，更有针对性，也有一定的现实意义。调查阶段要注意调查材料的收集，边调查，边收集，边核实，边整理。如果发现哪些方面调查不足，可以随时补充。撰写调查研究报告与补充调查这两个阶段的重点在于对田野调查材料进行总结和补充。

在田野调查法的实施过程中，要注意以下事项：① 田野调查研究者应注意储备一定的理论知识与实践经验。不管是费孝通先生的《江村经济》还是阎云翔教授的著作《私人生活的变革：一个中国村庄里的爱情、家庭与亲密关系（1949—1999）》，它们之所以能取得成功，都与作者本人的基本学术素养密切相关。② 调查对象的选择要有代表性、典型性。选择调查对象对于能否成功地进行调查具有关键性的作用。③ 研究者自始至终要尽量保持中立、客观的态度。在调查过程中，研究者要时刻提醒自己，避免用自己的立场态度、知识经验、价值观念去影响调查对象。同样，在整理、分析调查材料以及撰写调查报告时，也要抱着谨慎虚心的态度，才能保证调查结果不受或少受研究者的主观影响，具有一定的客观性、真实性。④ 田野调查法应综合运用多种研究方法。在开展田野调查的同时，也应注意运用其他研究方法，如观察法、问卷调查法等，以获得更加全面、真实、有效的研究资料。

五、语言表达

学术论文一般用来阐述某一领域的专业知识,应采用规范的书面用语进行表达。与相对比较随意的网络语言、口语表达相比,学术论文的语言表达要求规范、准确、客观、精练,表达清晰,才能不产生歧义。

(一)语言表达要规范

一篇成功的学术论文,应该体现出格式、内容与语言的规范。专业术语要规范统一。专业术语是各门学科的专门用语,也是学术研究的共同语言。在撰写论文时,应尽量避免随意改造或自己创造专业术语。同时在行文中应该保持专业术语的前后统一,以免产生表达上的歧义而造成误解。如果是初次撰写学术论文,建议事先准备一份与论文选题相关的专业术语列表,以备不时之需。在撰写过程中,要反复检查确认这些术语有否统一地贯穿整篇论文。

除了专业术语规范以外,学术论文的题目、符号、缩略语、数字等都有明确的规范要求。如国家语言文字工作委员会、国家出版局(今国家新闻出版署)、国家标准局等部门在1995年联合颁布的《出版物数字用法的规定》,对阿拉伯数字、汉字数字的规范使用作出了明确的规定。同时,专用名词、术语的缩略语也应根据国际、国家有关标准,选择使用规范的表达方法。如《地球物理研究杂志》,其标准的英文缩写应为 *J Geophys Res*,有的论文缩写成 *JGR*,就不符合刊名缩写的标准。

(二)语言表达要准确

学术论文要准确、清晰地表达思想与观点,语言表述就必须准确。准确是指确切地表达内容,使读者能够正确无误地理解其含义。清晰是指文字通顺,叙述清楚,便于读者阅读和理解其内容。

语言表达要准确,首先是指语法准确。在学术论文中,出现一般性的语法问题并不少见,如语法结构混乱,缺少某个必要的句子成分,句子成分搭配不当,语序错误,等等。有的语法错误更容易在学术论文的语言表达中出现,比如无主语句的使用。学术论文中使用无主语的句子比较常见,甚至是必要的,尤其在摘要中。这样的无主语句不是没有主语,而是默认主语是本文或本文作者。但是如果在涉及具体问题时也使用无主语句,有可能导致句子成分残缺,意思表达不清楚,导致读者在阅读时产生误解。在语言表达中,每一个句子所有的成分并不都是必须齐备的,省略某个已知信息的句子成分在所难免,但是不能因此产生歧义。这就要求作者在行文过程中,应仔细阅读、检查、推敲自己的语言表达，确保每一句话都准确清晰地表达了完整的意思。

学术论文的用词须准确。学术论文写作要注意词义、词类以及上下文用词搭配。例如有篇文章写了这样一句话，“2022 年 9 月，××成功举办 2022 届新生开学典礼”，作者显然混淆了“届”与“级”的词义。“2022 级”指 2022 年入学的新生，一般搭配新生或者在读学生；而“2022 届”指 2022 年毕业的学生，在习惯上搭配毕业学生。既然是“新生开学典礼”，就应该是“2022 级新生开学典礼”。这样的用词错误，不仅会影响读者理解、获取正确的信息，而且会降低文章的质量与水平，让读者对作者的写作能力、甚至研究能力产生怀疑。

（三）语言表达要客观

学术论文的语言表达要客观务实，要用真实合理、清晰透明的语言描述问题。

为了体现学术论文语言的客观性，作者在行文中应尽量避免采用带有主观色彩的语言表达。例如论文写作中避免使用人称代词“我”和“我们”，这已成为国内外学术论文的不成文法则。

评论的语言也要客观，不论是对自己的研究成果，还是别人的观点进行评论，都应该就事论事，切忌使用带有情绪化的语言表达。比如与其在评论时用“极其”“巨大”“绝对”“特别”等语言词汇，不如摆事实讲道理，用事实说话，用数据说话，这样显得更有说服力。评论别人时，有的文章写“他用粗鄙、卑劣的分析说明了……”，在学术论文表达中出现“粗鄙”“卑劣”这样的词汇是不合适的。又如“人本主义心理学家马斯洛一针见血地指出……”中的“一针见血”，“托尔斯泰是举世公认的文学泰斗和思想巨人”中的“举世公认”，诸如此类的表达都不建议在学术论文中使用。评论语言要庄重，尽量少用不确切的形容词，以及口语化的渲染性语言。对自己的研究成果进行总结时，尤其不能把自己抬得太高。有的文章写“本文提出的理论是对某个理论的延伸和发展，是对传统研究的突破，具有重要的理论价值和现实意义”，这样的评论应该由读者、专家来说，而不是自己说。

（四）语言表达要精练

语言要达到精练，就必须选用简洁朴素的语言，简明扼要的表达方法。

学术论文语言的精练首先体现在论文的标题、摘要和结论三个部分。这三个部分的语言表达要标准、确切，不冗长、不重复，过多的表达反而会使文章观点模糊、表述不清。

学术论文语言的精练也体现在整篇文章的语言风格中，为避免过于冗长、晦涩的表达方法，要检查句子的每个成分和用词，多余的成分，尤其是多余的修饰语要尽量删除。如果要传递的信息比较多，也要避免使用语法上比较复杂的表达方法，尽量用短句，或者分成几个句子来表达内容。首句表达主要信息，次要信息或其他信息在后续的句子中进行补充说明。如下面这个句子“新型阅读课程教学方案能否为学校成功采纳取决于各所小学实施的教学理念以及任课教师以此为基础所进行的教学实践。”这个句子太长了，我们不妨简化成“新型阅读课程教学方案能否为学校成功采纳取决于教学理念和教学实践”，至于学校的“教学理念”和“教学实践”究竟怎样，在下文中补充说明即可。

学术论文语言的精练性与文章篇幅的长短是两个概念。语言的精练性指的是语言表达风格，而论文篇幅长短指的是论文结构与研究内容。有的学术论文，字数在万言以上，但是言之有物，语言精确，论证严密，层次清晰。论文篇幅长并不妨碍它语言表达的精练性。

综上所述，学术论文的写作不可能一蹴而就，必须经过长期的准备、思考和写作训练。从选题确定开始，到搜集、阅读文献，运用理论，实施研究，撰写论文，经过一系列的磨炼，才能逐步完成。借助于写作过程，学习者的研究思路能够变得更成熟清晰，语言表达更标准精确，研究方法更熟练自然，进而将论文写作各项技能内化为自身实质的学术研究范式。这个过程是长期的，也可能是痛苦的，需要付出时间和精力，多阅读、多思考、多实践，才能有所进步。

首先要多阅读。根据 Krashen（1985）的“输入假设”理论，在习得过程中输入是最基本和最重要的先决条件，习得效果将取决于输入的量与质。在写作实践中，阅读是输入方式，写作是输出方式。学术写作是个精细的工作，涉及如何陈述观点、展开材料、设置研究思路，以及语言表达、格式规范、引用文献等各个方面，不一而足。阅读是其中最基础的，也是必不可少的一步。写作天才毕竟只是少数，大部分人的写作是从模仿开始的。在开始写作实践以前，看看别人写了什么，怎么写的，正如“熟读唐诗三百首，不会作诗也会吟”，长期受到熏陶，自然而然也就知道怎么写了。

其次要多思考。孔子说“学而不思则罔”，是说一味读书而不思考，就会陷入迷茫。学习要和思考结合起来，才能真正地理解学习内容。学生还应付诸实践，利用所学的知识解决实际问题，甚至产生自己的思想，形成新的观点。牛顿看到掉下来的苹果而受到启发，发现了万有引力定律。华人数学家张益唐在朋友家后院等着小鹿经过，小鹿没有来，却促发了那篇轰动世界的《素数间的有界距离》的问世。这是瞬间的灵感，但是灵感是怎么产生的呢？灵感不是偶然产生的，不是上天垂怜，而是需要在一个问题上长时间的思考、摸索、积累，不断碰壁，最后水到渠成的。

最后要多实践。看得多了，思考得也很成熟了，就应该进入写作实践。只有真正开始写，你才会知道论点与论据之间怎么产生联系，才会发现你搜集的材料并不都是有用的，才能理解如何运用理论到实践中。写作过程也是你整理思路的过程，通过这个过程，论点会变得更清晰透彻，材料显得更全面丰富，思路也就更严谨合理。构思只是空中楼阁，思而不作是远远不够的，只有通过写作，你的观点才能真正落地。也只有通过一次又一次的写作训练，论述方式才能变得老练娴熟，文笔日趋精准优美，写作综合能力的培养需要时间的滋养，在"摸爬滚打"中实现量变到质变的飞跃。

复习思考题

1. 选择一篇学术论文，简要介绍这篇论文的选题、取材、结构以及写作方法。再谈谈这篇论文对自己的启示。

2. 下面是一篇课程论文的大纲，请指出这篇大纲中存在的问题，并提出修改建议。

论文题目：日本小学国语教科书的中国传统文化考察与研究

一、绪论

（一）研究背景

（二）研究意义

二、日本小学国语教科书中的中国传统文化

（一）中国传统思想

（二）中国古诗

（三）中国语言文字

三、中国传统文化在日本小学国语教育中的地位和价值

四、针对日本小学国语教科书的一些建议

3. 请以小组为单位讨论并设计一个选题，草拟一份研究报告。

第十讲 读书报告写作

吕妍醒

一、读书报告概述

（一）读书报告的概念

所谓读书报告，就是阅读者在读完书后系统地收集、整理、研读与创作主题相关的各种材料，经过分析、归纳、提炼等思维活动，提出个人见解和观点的文字作品。读书报告写作是大学期间一种非常行之有效的写作训练。学生就教师所指定的读物进行研读，经过充分理解吸收，然后用自己的语言重新综合组织，归纳提要，予以申述评论。读书报告可能是老师要求撰写的，以检验学生是否阅读了指定书目以及是否理解了书中内容；也可能是学生自我养成的良好习惯，以不断训练自己的阅读理解能力和分析评价能力。

读书报告涉及几个环节：收集材料、阅读、分析归纳、提出个人观点。

（二）读书报告的类型、特点以及与其他相近文体的比较

1. 读书报告的类型

读书报告的类型包括三种：摘要式，简评式和书评式。

（1）摘要式。摘要式读书报告就是只把原作的故事情节或论述要点简要复述一遍，不掺杂自己的看法，不能随心所欲地发挥，而是必须自己审题、构思、布局，按原文顺序，运用自己的话语将原著简述出来。摘引书中或文献中若干具有代表性的内容、观点，夹叙夹议，用来表现读书报告的主要观点。

（2）简评式。简评式读书报告不仅要求把一本书的情节、要点复述一遍，而且要在简述原作的主要内容之外表达自己对该书和作者的看法，即从自己的观点来写。简评式读书报告必须包括虚实两个方面。实的方面是记录原作的内容，虚的方面是表达自己的见解。全面概述书或文献的大意，并发表个人观点，进行总结。

(3) 书评式。书评式读书报告是一种专门体裁，常见于各类学术期刊。它篇幅较长，是针对最近出版的文艺作品、学术专著、科学著作、词典等而写的。书评式读书报告评价书或文献所涉及的学科之渊源流变，然后具体评析作品在学术范围内的价值、贡献以及地位影响。

三种类型的读书报告对于阅读和思考的要求不一，但都需借助评判性阅读方法。

2. 读书报告的特点以及与其他相近文体的比较

(1) 读书报告。读书报告的格式是有一定的规范的，要遵循固定的结构模式，具有偏向学术文章的写作范式。

读书报告的内容是客观描述与主观评论相结合的。客观描述的重点在于：书籍或文献信息，包括书名、出处、出版时间。作者信息，包括作者、时代背景、主要成就。书籍或文献内容，即主题、观点、研究范围与研究方法、主要内容。主观评论的重点则在于个人感思，表达对主题的看法或认识，对其中观点的认同或反对，并表达自己的创造性见解。可以纵向进行历史性回顾，对前人所做的相关课题的研究进行褒贬。也可以横向进行回顾，比较同类研究，并论述个人生活经验启发。读书报告的语言是书面的，也是简约的，尽量不要使用第一人称和抒发个人情感的修饰语。

(2) 读书笔记。读书笔记是阅读过程中所有需要记录的信息集合，可以包括书籍信息、背景资料、书籍纲要、文中的精彩重点、自己的评注、疑问、分析、感悟、心得、总结，等等，形式不限，可以是原创的感想，也可以是摘抄，或整理出来的笔记。读书笔记不能算作成型的文章，仅仅算作一种阅读训练方法。

(3) 读后感。读后感是建立在读书笔记基础上，侧重对一本书、一篇文章的具体感受或得到的启示。读后感倾向于读者通过自己的亲身经历和体验，联系书本内容抒发自己的感想，着重描述自己的感受。

读后感需要掌握文章内容主次，领会原文精神所在，结合历史的经验、当前的形势和个人的实际发表体会，在行文格式上没有固定的风格，格式随意，自由随性，内容偏主观感性。

(4) 书评。书评是学术论文的一种形式，选材一般取自某一个专业或者学术方向的最新学术著作。书评需根据内容、风格和价值等方面来分析和评价该学术著作，从而引起该学术领域对该书或观点的关注和讨论。一篇书评需要包含描述、分析和评估几个部分，它应当对图书的每个章节进行介绍，并从学术的角度提出观点，进行评价。书评要求写作者对特定研究领域有一定的了解，在行文格式上也要遵循学术写作的规范，格式固定，内容要客观，有一定的学术见解。

二、读书报告的作用和意义

阅读可以帮我们睁开眼睛看到更大的世界，而读书报告则是帮我们更深入理解书中世界的工具。这就是大学写作课程把读书报告设为重要教学内容的意义。

著名语言学家王力先生曾经说过："好的读书报告简直就是一篇好的学术论文。"他认为赵振铎的《读〈广雅疏证〉》就是一篇好的读书报告。《广雅疏证》没有凡例，赵振铎给它定了凡例，"疏证"是怎么写的，有什么优点，在这篇报告中都讲到了。读书报告的作用体现在以下几方面：

（一）帮助记录收获

写读书报告是为了帮助我们记忆新知识。我们利用前人保存下来的书面材料，认知我们个人经验之外的社会，理解事物发展的规律，了解世界，但是如果不通过读书报告记录下我们的所看所想，很多内容很快就会被忘记，就没有办法沉淀下来。因此，读书报告的首要功能就是帮助人们记住我们曾经获得的认知和经验。通过重新整理阅读内容，我们能够记录、复习学过的知识，促进知识积累，拓展自己的知识领域，并将这些学问化为己有，留下深刻印象。

（二）相互交流思想

读书报告帮助我们彼此交流。在阅读同一本书时，每个人产生的感悟和体会会因为不同的背景和阅历而产生差异。通过读书报告，我们能与他人分享自己的观点，与他人交换思想，也能利用读书报告理顺自己和他人的观点。读书报告是读书笔记的沉淀，比读书笔记更加深刻，更加经得住检验，读书报告除了需要介绍作品的基本信息以外，为了表达清楚所想所感，写作者还必须深思熟虑，必须客观、认真地梳理观点。因此，写作读书报告的过程更能帮助我们理清自己的观点，并与他人的观点进行比较，最终达成共识或形成争议。

（三）培养思维能力

读书报告有助于我们形成更高的思维认知。写作的最高级形式是将信息提炼升华为知识体系。为了更好地将事实呈现出来，写作者需要检视自己对某一问题的认识，并对有关写作对象的信息进行深度加工，进行必要的归纳、提炼，在描述事实的基础之上，进行深度阐释，这个阐释的过程会促使写作者更好地形成观点。而写作者通过对所读内容及相关材料的整理，理清自己的思维和逻辑，解读书籍或文章的行为也是在不断提高写作者概括能力、综合能力、分析能力和评判能力的过程。读书报告将读书、思考及写作相结合，对于培养学生的信息搜索能力、文献综述能力、问题分析能力意义重大。

总而言之，读书报告是大学各种课程教学与学习的基本要求。阅读是必要的输入渠道，读书报告是最基础的输出方式。通过撰写读书报告可以实现阅读—提炼—固化知识的教学与学习目的。在这一过程中，学生的各方面能力都能得到锻炼。可以说，读书报告可以帮助我们获取知识，记录复习学过的知识；还可以帮助我们整理思维，提高我们的概括能力、综合能力、分析能力和评判能力；记录收获，将学问化为己有，留下深刻印象；开阔视野，拓展知识领域，厚植学术根基。

三、撰写读书报告的准备工作

撰写读书报告的准备工作可以分为以下四步。

（一）选择阅读材料

读书报告的首要准备工作是选择一本好书来阅读。要选择有意义的，有可取之处的，最好是经典的作品进行阅读，因为经典作品往往能启迪思想，发人深省，对某些问题有深入的探讨，引领人们走出困境，向前发展。

当把什么样的书才称得上是一本好书的问题抛给图书奖的评委时，有人说："它一定要有问题意识：作者能够一直提出问题，又经常去反省提问的方式，能够去给自己找出一个又一个需要去解答的东西。"也有人认为："当他读一本书时，如果能感受到和这本书的作者正在进行某种观念上的搏斗，那么他读到的就是一本好书。"

如果你对人类学、社会学感兴趣，那读费孝通的《乡土中国》、本尼迪克特的《菊与刀》一定会让你获益匪浅；如果你对语言文化感兴趣，那么罗常培的《语言与文化》、周有光的《朝闻道集》就是经典书目；如果对哲学感兴趣，罗素的《西方哲学简史》、冯友兰的《中国哲学简史》就一定是必读书目；如果你对心理学感兴趣，勒庞的《乌合之众》、杜威的《我们如何思维》都很受推崇；如果你对自然科学感兴趣，薛定谔的《生命是什么》、霍金的《时间简史》是入门书籍。选择经典作品的一方面原因是经典作品是历久弥新的、经过多年的沉淀所筛选出来的，另一方面是因为它的内容是普罗大众通俗易懂的。

除了经典著作以外，我们当然也可以选择某一个领域所出的最新最前沿的书籍进行阅读，根据自己对该领域的了解撰写读书报告，既是向大众推介好书，也加深对学科前沿的认识。

(二)阅读并记录

将各个部分阅览一遍,然后分章节将要点记下。对其中有些内容或观点如果有批评或心得应随时记下。记录时要保证客观公正,实事求是,仔细精读。

不管是课程学习,还是学术研究,阅读都是入门的基本方法。历史上很多名人都十分重视阅读和提炼。比如钱锺书先生博览群书,深思慎取。他阅读书籍所写的札记,可以用汗牛充栋来形容,在他撰写学术巨著《管锥编》时,所记下来的内容足有几麻袋。李敖谈到读书时,曾经这样说,“若能眼到,手到,在书本上勾勾画画,写写眉批,作些简单笔记,必有助于记忆。”可以说,读书是学术研究的起点,是知识累积的必要手段。

在我们下笔进行读书报告写作之前,最重要的就是认真阅读,充分了解书籍内容。在开始阅读主体内容之前,我们需要先注意文章或书籍的背景信息,包括几个要素:作者、标题、文体、出版信息和前言、简介、目录等。

在阅读正文之前要考虑下面的问题:

(1)作者。作品的作者是谁?你有没有读过他的其他作品?作者还有哪些著名作品?该作者写作的主要风格是什么?

(2)文体。作品的文体是小说、散文还是传记?哪类读者会习惯看这类作品?你是否看过这类作品?你喜欢这类作品吗?

(3)标题。标题给你的感觉是什么?它是否引起了你的兴趣?它是否与作品的内容相符?标题如何在内容中被引出,又是如何在内容中得到表现的?它给整部作品带来了什么,是否提炼出了内容的中心思想?

(4)出版信息。书籍封面上是怎么评价这部作品的?是否准确?你是否被这些话激起了兴趣?出版社是哪个?是否权威?出版时间是什么时候?这本书有多少页?

(5)前言、简介、目录。作者在前言和简介中透露出了什么重要内容?是否有其他嘉宾来替作者作序?作者或嘉宾在前言中对这个作品发表了怎样的见解?这个作品是怎么组织起来的?这些信息有助于我们在阅读书籍的正文前做好预设,对阅读有引导的作用。

阅读的过程要借助我们在前文中提到过的读书笔记,“好记性不如烂笔头”。如果只是泛泛地通篇读下来,那很难抓住正文的重要内容,只能有个大概的印象,也就无法写出有深度的读书报告。所以要养成一边读一边记笔记的习惯。重点记下有感触的部分。做笔记的另一个好处是可以用来检验自己当前的阅读效率。

在写读书笔记的时候,有两类情况可以做摘抄。一类是在读到原文中比较有感触,比较欣赏认同的语句或段落时,可以摘抄下来;另一类是在读的过程中不论有什么感想、疑问和见解,都应随即把它们写下来。书看完了,把摘抄下来的内容和自己写下来的感受再浏览一次,就会发现重要的可以发挥的部分。把这些重点列出来,如果有时间精力,甚至可以把书有选择地再看一遍,针对想论述的重点,再去找寻更多的资料或例证。有需要时,还可以再找其他有关的书籍来补充自己的论点,这样,阅读收获会丰富得多,读书报告也会有分量得多。

(三)综览并整理

重新综览笔记,然后进行归纳整理,突出重点,形成文献内容的大意介绍。分析整理要在通读全书后进行,这是读书报告写作的依据。

为了写好读书报告,当然要对所读书目有比较透彻的了解,但又不能仅仅局限于所读的书目,如果这样很容易把读书报告写成读后感,仅仅抒发对书中内容的主观感受或者评价。读书报告要做到客观理性,必然要借助其他的相关材料,首先要对作者其人,其所处的时代,所读书目的写作背景有所了解,有条件的话,最好能同时找到其他有关的书籍来阅读,包括作者的传记、作者的其他作品,别人对这本书的研究,其他作者所著与本书相近或者相关的著作,如阅读和语言与文化有关系的著作时也应读读季羡林的著作。查阅这些材料有助于了解学者、社会对这本书的研究与评价,这对于把握文章整体有很大的益处。通过资料也可以从中发现自己感兴趣的学术理论。了解背景信息和借助他人观点更可以开拓自己对这本书评价维度的新思路,对于选取精确巧妙的切入点也十分有效。如果能整合好所收集的相关信息,写出来的读书报告一定会很扎实丰厚。

值得注意的是,看相关文献和材料的时候也要注意做读书笔记,特别是把重点句标注出来,重点句指的是自己可能会引用的句子,以及可以引发自己灵感和想法的内容。

(四)拟定提纲

当对所读书籍逐渐熟悉,有了全面的把握,并将相关材料也整理好后,就应该构思读书报告的提纲了。读书报告一般采用论文的写作格式,一定要划分段落。开头一般对书目进行简单介绍,点明主题,说明文章切入点,告诉读者这篇文章想要探讨的话题;中间几部分是支持段落,对原文进行梳理与评价,结合文本内容举例讨论,论证自己的观点;最后进行总结并加以展望。进行写作时,每一部分可以考虑如下问题:

（1）读书报告的开头要对作品进行简单介绍：介绍要怎样写才会引起读者的兴趣？本文介绍能否保证在使读者明白作品内容的同时体现作品的价值？

（2）正文的部分应该对书籍的核心观点和重点内容进行展开讨论并加以评价：作者写作的角度是什么？作者是如何体现主题的？哪些观点是你认同和不认同的？你如何阐释原因？你认为哪些内容是重要的？这部作品与同作者的其他作品或者同类型的其他作品如何比较？作品的价值和意义是如何体现的？

（3）结尾部分要总结前文的内容，并对书目中所涉及的问题进行展望：书目中所谈到的内容是否有局限？还可以从哪些其他领域的视角看待书目中所谈到的问题？

要注意读书报告的用意不是对作品作简单的介绍和总结，而是应该对作品做出评价。所以要控制介绍作品和评价作品的比例。

四、读书报告的写作

（一）读书报告撰写的原则

好的读书报告是把握书中要点，再用自己的话句重加组织所整理出来的文章。要写出好的读书报告，需要遵循以下几个原则。

首先要有阅读。阅读是基础，没有阅读，不成文章。要读原文。要读文献、书目的基本讯息。还要读作者简介，他人对文献、书目的评论。对文献，书目的评论应结合历史渊源、时代背景、生活经历，以事说理，以理服人。

其次要有心得。心得是感想，赞同，批评，意见整理，还有创见。读书报告是读完一本或相关的几本书、相关的文献资料以后，经过整理思考而写下的感想。

再次要有重点，不要泛泛而谈，不如抓住你最有感受、最有心得的几点来谈。谈得集中、深入，读书报告的质量就高。

最后，读书报告的语言要平实，客观，不能带很多感情色彩，对文献、书目的评论以展现作者的认识、分析、逻辑、归纳、引申为主，少一些“情感”，多一些“理性”。

另外，读书报告要注意语言表达，语言是否通顺，逻辑合理，篇幅是否能详略得当。还有格式是否符合写作规范，引用是否符合标准。

（二）读书报告的格式

读书报告的篇章结构主要包括五个部分：

1. 提要

读书报告的摘要要介绍所写文章的大意，值得注意的是，摘要不是对所读书籍的介绍，而是对自己所写的读书报告全文内容的总体概括。摘要要做到简洁扼要，用三五句话对读书报告进行概括，包括所读书目的简单背景，书目的核心思想，写作目的，主要评价观点。摘要后面要附上关键词3—5个，让读者对读书报告的主题一目了然。

2. 引言

引言主要说明文献或书目的信息和作者信息。文献或书目的信息包括书名、篇名、出处与出版年份。作者信息包括作者名字、国籍、主要成就、时代背景。引言部分应该着重介绍作者的社会贡献和价值。对作者背景的叙述应该包括对其生平的简介，也应该说明所撰书籍的历史与社会背景，要想在写作中把握好这些内容，写作者就应该阅读一些参考资料，如作者的传记或关于成书时期的历史。如果有必要，可以在引言的部分简述作品的价值。

3. 正文：客观描述与主观评论

这部分是读书报告重点撰写的部分。首先要总结文献或者书籍的主要内容，主要内容的概括应该是自己理解归纳的，要条理清晰，通俗易懂，这部分要做到客观。可以围绕主题，归纳本书解决了哪些问题，强调了哪些主题。

读书报告要尤其突出个人的评论。评论是读书报告中最重要的部分，写作者要在这部分表达自己对所读文献或书籍的观点，说明其优劣之处，评论该读物和当下的联系以及影响。对书籍的评论可以独立于客观描述的书籍内容，也可以采用夹叙夹议的形式，但是要区分哪些是原文，哪些是自己的想法。评论应该围绕文献或书籍的中心内容进行，对主要观点进行评价；如果有必要，也可以对作者的写作风格、写作方法进行点评。

4. 结论

结论部分一方面要对所写的读书述评做一个总结，另一方面也要提出新的问题，对相关课题研究的未来发展做展望。

5. 参考文献

读书报告的参考文献可以是网络上查到的背景知识，相关的评论文章，可以是有人写过的研究所读书目的相关著作或者期刊论文，也可以是报纸时评，要按照规定格式列举。

（三）读书报告的开头

读书报告正文部分的开头要先做好介绍，文章的第一段即引言部分一般要简单介绍所读书目或者文章的基本信息，要说明作者、作品的主要内容。

写作者可以在内容介绍后面加入撰写此篇读书报告的写作目的与分析

角度，告诉读者本文想分析什么问题，从哪个角度入手分析它，在写作者看来该书经典在什么地方，新在什么地方，让读者进入到文章的思路里。

开头的引言部分不需要太长，读书报告的读者可能并没有看过写作者所读的作品，所以好的介绍一定是思路清晰，对作品的主要任务、主要内容和中心思想概括简洁明了的，这样才能抓住读者的注意力，使他们一目了然。重要的是，写作者要明确所写的这篇读书报告主要目的是什么：是情节概述、角色评论、主题分析还是其他观点？非小说类书籍，其主要内容的介绍部分可以阐明图书的论点，并描述支持该论点的论据。小说类书籍，介绍部分可以包括图书主题、角色描述、背景设定以及故事内容。如果所读书籍是系列图书中的一本，可以在简介中提及这一点，并将这本书放在系列丛书中进行介绍。

例文一

2001年复旦大学出版社出版的《当代中国公共政策》一书，是由著名学者刘伯龙、竺乾威于1999年编写的。这本书可以说是公共政策教材中具有典型指导意义的著作，其内容主要是对政府政策演变的梳理和描述，具体政策包括工业、农业、财税、环境保护、教育、住房及社会保障方面。从本书整体社会评判价值来看，一是基于中国政府的政策在实施的过程中得失不少情况进行审视和重新定位，在历史发展的角度来讲是科学合理的决策方法在国家治理方面颇具社会和经济价值；二是中国政策的历史性分析有助于我们对政策的整个过程加以了解且有助于进一步的政策分析研究。

（选自祁志伟、雷霆：《生态危机的源头究竟在何处？——〈当代中国公共政策读书报告〉》）

例文一的第一句话就点明了出版时间、出版社、题目、作者等重要信息，随后，介绍书目的主要内容，对书目的社会贡献和价值加以肯定。

例文二

斯塔夫里阿诺斯，是美国加州大学的历史学教授，享誉世界的历史学家，曾获得古根海姆奖、福特杰出教师奖和洛克菲勒基金奖等一系列学术荣誉。斯塔夫里阿诺斯的这部潜心力作分为上下两册，自1970年初版问世以来，赞誉如潮，被译成多种语言流传于世，是经典之中的经典。作者从史前史一直写到21世纪，以其独特的全球史观向我们展现了人类的起源、帝国的更迭、宗教的扩散等。《光明日报》将其列为20世纪影响世界的十本书之一。作为历史教科书，《全球通史》为什么能做到这一点值得思考。

第一,历史与现实相联系。在阅读过程中,读者不仅了解了历史的发展,还能时不时地联想、比较当今社会的发展,每篇结尾处的“历史对今天的启示”尤其深受启发。第二,它是“全球史观”的代表性,突破了西方学术界根深蒂固的“欧洲中心论”的限制,公正地评价各个时代和一切民族的建树。第三,作者在书中对中国文明和其他文明的比较给笔者留下了深刻印象。中西方的对比使笔者更清楚地了解历史的发展,对于理解我国的历史具有启发和借鉴意义。

(选自赵阳:《技术是福音还是诅咒?——〈全球通史〉读书报告》)

例文二开头先对书目作者的背景加以说明,作者的身份、职位、社会贡献足以体现该书的权威性,第二段条分缕析,不仅对该书的经典价值大加赞赏,同时也列出了该书的主要内容。

例文三

《想象的共同体——民族主义的起源与散布》作于20世纪末,当时,“民族与民族主义”的问题构成了支配20世纪两个重要思潮——马克思主义与自由主义——的理论的共同缺陷,作者本尼迪克特·安德森认为,想要解答这一难以琢磨的“民族之谜”,必须要扬弃旧的“晚期托勒密式”教条,以“哥白尼精神”寻找突破口。不同于以往政治经济学角度的考量,安德森从文化与情感的角度出发,探讨了民族主义在历史上兴起的条件和变化过程,整本书围绕着民族的概念和本质的界定、民族意识的起源、民族主义的变迁过程、民族主义会有情感正当性的原因以及民族主义如何被建构等几个递进的问题逐步展开,给人们一种理解民族主义的全新视野。

(选自郝琳杰:《〈想象的共同体〉读书报告》)

例文三对书目主要内容和核心观点的介绍值得学习。在寥寥几句中,该书的创作背景、作者的写作目的,主要内容,对问题的研究方法毫发毕现,并突出了该书的创新价值。

(四)评价

评价是读书报告的重头戏,这部分内容是最能看出写作者是否对所读书目认真思考,是否从中获益的。要形成有创新性的读书报告,就要求写作者经过批判性思维的训练,利用写作者已有的知识结构,结合自身阅历把所读书目中的内容进行科学思维加工和再造,产生新的观点、思想和成果。一篇好的读书报告应该是原文内容、辅助材料和个人观点的结合。评价的维度可以很多元,我们在读书的时候可以从如下几个方面去思考:全书整体令自己有何启发及反思,书中一些观点引起的联想,书中内容引起的疑问,本书所引起自己思想上的转变,本书所引发的新期望,等等。

1. 选择精妙的评价切入点

想要写好读书报告,首先需要注意的,就是书籍分析的切入点是否得当。一旦确立了精妙且具体的切入点,这样的读书报告就能够更快速地抓住读者眼球。有了好的切入点,再围绕基本观点进行阐述,开展深入探讨,就能利用现实和论据证明自己观点的正确性,增强评价的说服力。

(1) 整体层面的主题分析。

撰写读书报告时,如果想要得到好的切入点,就需要写作者对所读的书籍内容充分了解。

首先要对书籍的整体有全面的把握,可以思考书目探讨的主要问题是什么?理论是什么?方法是什么?支撑材料是什么?得出什么结论?分析主题思想是一种非常好的读书报告形式,有时候一本书不止一个主题,可以选择一个你感兴趣或关心的主题来写,这会让写作变得更容易。写作者需要在文章中详细解释写作者分析的主题是什么,然后引用书中与主题相关的文字或例子来证明主题的重要性。可以在后面加入作为读者的一些想法和感觉,并以此对主题进行分析和解读,进而展现这个主题的感染力。

例文四

在将全球化作为研究论题的文献当中,可以说瓦尔曼的《玉米与资本主义》开创性地用农作物将世界全球化的历史进行了梳理。瓦尔曼是墨西哥的人类学家,在著述该书时,他却采用了社会学的视角,将玉米的社会和经济意义作为了其论述的重点,再结合其人类学的研究方法和社会史及政治经济的研究思路,将“植物学的私生子”——玉米是如何在世界范围内流动并在世界的不同地区中扮演者不一样的角色:在中国和美国,玉米是辽阔土地的征服者;在南欧,是农业季节性耕作的改革者;在非洲,是组织和劳动强度的化身;除此之外,玉米还是员工的生机,是解决饥饿的良药,但同时又是穷困和落后的象征。

(选自侯波:《植物的社会史?世界史?——〈玉米与资本主义〉读书报告》)

例文四从研究论题入手,点明所读书目的主题,采用的视角、方法,并对主要内容进行了解读,作者所评价的“开创性地用农作物将世界全球化历史进行梳理”表明了作者对著作的高度肯定。

(2)微观层面的兴趣点。

切入点也可以从自我兴趣点出发,选择书中分散的观点进行评价。评价中最重要的是自己的收获感受,因此可以结合自己的学习研究。在写作前进行阅读时的读书笔记可以发挥重要的作用,在阅读时有感触的句子,在旁边做过札记的心得就是读书报告评论的切入点。这时候把笔记本或者书上划过线,写过字的部分拿来重新扫读一遍,就会发现可以发挥的内容,再把前后文阅读一下,就可以找到论述的重点,找到更多的材料或例证。再加上其他相关书籍或者文章作为辅助补充论点,这样,读书报告就会显得比较有分量,说明阅读收获很丰富,读书报告的质量就会有明显提升。

例文五

断流和污染也困扰着黄河第二大支流、被山西人称为母亲河的汾河。记者在山西进行了为期9天的采访,了解到如今山西省生态环境已经是极其脆弱,环境现状令人担忧。

六、笔者思想观点

(一)生态腐败与生态伦理丧失

生态环境是人类得以生存的物质外壳,为地球上的生物提供了生息繁衍的场所和条件,然而生态环境的破坏则会引发危机的产生,更值得人类思考的应该是生态危机产生的源头是什么?(略)

(二)政治与环境相互作用的结果

美国学者戴维·伊斯顿在《政治生活的系统分析》一书中提出了政治系统模型,该模型认为政治系统受到外在环境压力时所做出的一种反应便是政治系统的产出。(略)

(三)利益相关者对政策的影响

识别社会、经济和政府群体并且能够解释其何如影响公共政策是一项关键工作。(略)

(选自祁志伟、雷霆:《生态危机的源头究竟在何处?——〈当代中国公共政策〉读书报告》)

例文五作者所提出的三方面内容一定是最能触动作者,引发作者思考的,作者将生态腐败、生态伦理的生态学视角嵌入所读书目的核心观点,评价的结果就有作者的独到之处,评价思考条理清晰,充类至尽。

(3)贡献、局限、启示。

写作者也可以跳出原作主题思想来撰写一本书的读书报告,例如分析图书内容或主题与时代背景的关系,分析作者的写作风格和语言,或者分析作者的流派对图书内容的影响，也可以把这本书与同一作者或同一主题的其他作品进行比较，再或者写一写与图书主题和内容相关的个人经历和想法。

例文六

三、对我国的启示和借鉴

布鲁贝克的高等教育哲学不仅是世界高等教育哲学史上的经典力作，在很长时间内也为我国的高等教育哲学填补了空白。但是西方的背景毕竟和国内还是有很大差别的，在借鉴吸收的同时要立足本国国情。

首先，现代高等教育要允许两种哲学观并存，并使之形成张力。在我国大多是“政治论”占主导地位，但在二十世纪三四十年代，我国大学的发展在其特殊的历史环境下，出现了“认识论”与“政治论”哲学观并存的局面，大学也在二者之间张力的平衡下得到发展，使我国高等教育在很短时间内达到了较高水平，吸取了世界高等教育的精华[11]。事实证明：只有在两种哲学观协调作用的影响下才能促使高等教育健康发展。

另外，高等教育哲学在强调学术目的和社会目的的同时，要注重高等教育本体对人的关注。尽管认识论和政治论教育哲学观在对高等教育的认识上大相径庭，但有一个共同特点——忽视高等教育对人的全面发展的培养作用，远离教育最根本的对象——人，尤其是人的精神价值和道德领域[12]。高等教育的学术目的社会目的无可厚非，在调节这二者关系的同时不可忽视高等教育本体对人的作用，没有人的发展，高等教育的学术目的和社会目的就无从谈起，所以高等教育应注重全面发展的人的教育。

（选自周璐：《〈高等教育哲学〉读书报告》）

例文六立足国情，针对当下我国高等教育的现状，提出所读书籍中提到的观点和理论对我国的适用性，有分析有比较，凸显个人的思考。

例文七

但是，瓦尔曼的开创新研究也存在着些许不可忽略的问题。瓦尔曼自称《玉米与资本主义》是玉米的社会史。但是，在叙述玉米的全球化时，每个区域的材料大多来自二手的史料，摆脱不掉文献综述的嫌疑，尤其是在研究玉米在中国的问题时，基本是将前人研究的成果进行了整理，关于中国社会环境的文献大多出自一家之言，不够全面和严谨。或许是由于瓦尔曼在需要保持全球的宏观视野的同时，想要深入到某一个区域做深刻的社会性研究就很难做到。这也是瓦尔曼的人类学视角和全球视角的冲突之处。

瓦尔曼对全球化的态度和立场无疑是批判的。但是,与席瓦的《失窃的收成》相比较,瓦尔曼对全球化的本质的揭露又有所欠缺。作者在这方面只是尝试为读者展示了全球化的图景,并对全球化带来的影响进行了初步的分析。但是并没有更多地透过玉米这一线索,更深层次地揭露出全球化中间存在的不平等的本质所在。也正是因为缺少对全球化本质的揭露,瓦尔曼对未来的前景依旧抱有些许幻想,也就是他所说的乌托邦和太平盛世的信仰。这一点也是瓦尔曼该项研究落脚点的失败之处。

(选自侯波:《植物的社会史?世界史?——〈玉米与资本主义〉读书报告》)

例文七将其他讨论全球化问题的作品拿来比较,说明所读书籍在一定方面的局限性,对所读作品既有褒扬又有批判,是客观的读书报告。

2. 引用他人的评论

很多时候,如果我们对所读书目的熟悉程度并不那么高,就会出现无从下笔的情况。为了开拓自己对所读书目评价维度的新思路,也为了让自己的读书报告更翔实可靠,就需要额外知识。我们可以了解学者、社会对这本书的研究与评价,查阅自己感兴趣内容的学术理论和详细资料,多看看别人写的读书报告或者别人关于本书的观点和讨论,一方面在别人的文章中找到与自己有共鸣的文章,再结合自己的理解,对自己的批判性思维以及自己的支撑论点都会有很大的帮助。另一方面,借助相关的评论作为辅助材料支持自己的主张,但是为了保证它们能有说服力,"材料"的来源应该尽量权威,而且也要谨慎,要保证引文与自己的观点能很好地融合在一起。

找寻其他观点,也是间接表现自己的看法,要了解他们能够给我们的观点提供什么样的可能,利用这些观点支撑我们自己的论述,不仅要看和自己观点相一致的材料,也要留意那些与自己看法相悖的材料。

例文八

物理学家沃纳·汉森伯格的话值得我们反思:"在历史的进程中,地球上的人类第一次只面对自己;他们发现不再有任何其他的伙伴或敌人。"在消除所有可能的竞争对手之后,人类不再面对任何竞争对手,我们面对的只有我们自己,我们需要与我们自己对抗,而这不仅要求获得更多的知识和技术,还需要伦理为导向。17世纪,当科技革命出现时,英国哲学家弗朗西斯·培根已经提醒人们注意认清它的本质。提醒我们,我们只是"为了生命的利益和价值"。技术,让全球交往成为可能;技术,可以是福音抑或是诅咒。它们之间的差别只是看我们怎么利用。但是为了人类长远发展,在对技术的改造中要发挥它的正功能,而不是负功能。

(选自赵阳:《技术是福音还是诅咒?——〈全球通史〉读书报告》)

例文八借用科学家关于科技与人类发展的观点佐证自己人类发展需要科技和伦理的观点,充分保证了引文的权威性,证明自己看问题的角度是科学合理的。

例文九

二、简评

(一)一个基点:高深学问

随着高等教育的发展,问题越来越复杂,如何解决这些问题呢?我们不应面对各自问题寻找各自方法,而应从总体上对问题进行分析和概括。布鲁贝克认为"需要的是一种普遍性的解决办法,它要求用共同背景中的各种方法探讨所有的问题"[6]。那么如何使用共同背景中的方法探讨问题呢?布鲁贝克的观点是:高等教育哲学研究,"关键的哲学问题并不是寻求各种答案的共同基点,而是寻求各种问题的共同基点"[7]。高等教育的共同基点是什么呢?布鲁贝克认为是高深知识,他指出《高等教育哲学》就是围绕"E"调深奥的探求展开论述的。正是由于高深知识、高等学问是解决纷繁复杂的实践难题的共同基点,因此成为布鲁贝克的高等教育哲学体系的理论原点和《高等教育哲学》的逻辑起点及贯穿全书的主线。

布鲁贝克以高深学问作为高等教育的逻辑起点,但对此观点也有质疑之声,特别是张楚廷先生的《高等教育哲学》提出高等教育的主要论述对象是人,认为高深学问是高等教育的外部特征,人才是关键所在,应该把人的发展作为高等教育哲学的研究基点。教育起源于人这种特殊生命的活动,教育的本体是人,人才是教育的原点。教育的直接目的就是满足人自身生存和发展的需要,它应当把人作为社会的主体培养;而促进人的自由、全面发展则是教育的最终目的[8]。因此,张楚廷先生的观点是高等教育是以人为最终出发点,最终目的是培养全面发展的人。布鲁贝克和张楚廷先生是各自从高等教育的不同侧面论述高等教育的逻辑起点,都有其合理之处。

(选自周璐:《〈高等教育哲学〉读书报告》)

例文九从与原作相对立的质疑声中选择了权威学者的论断，给读者提供了新的思考角度。评论承认两种观点都有合理之处，让读书报告显得包罗甚广。

3. 夹叙夹议，述评结合

既然是写读书报告，在文章的评论段中就应当插入一些书本原文的句子。一来可以让读者知道作者是否是真的读过这本书，二来也能使读书报告有理有据。摘录并不意味着将书中原文整段整句地复制过来，有时可以是一个表达作者观念或者带有隐喻意味的词语、短语，但要记住标明在原文中的位置，这样一来文章就显得非常考究、严谨，也方便读者验证。从书中的引用可以证明论据不是自己凭空捏造出来的，而应从作者的表述中推断出来，使之更加切合读书报告的主题。

例文十

第一，工作时间的延长。作者在书中说："每次技术革命都提高了人类的生产力，但自相矛盾的是，它们也延长了工作日的时间。"[①]人类科学家普遍认为，食物采集的旧石器时代的我们的祖先比我们现在拥有更多的休闲时间，这为处理社会关系留下了大量的时间。但随着工业革命的到来，工人每天工作10~16小时，"过劳死"一词应运而生。虽然技术在不断进步，但没有带给我们应有的享受，却比我们的祖先更忙于生计。虽然机器人的发明代替了部分劳动力，但引发了失业问题。

（选自赵阳：《技术是福音还是诅咒？——〈全球通史〉读书报告》）

例文十先引用书中原句，再对技术改变人们生计、生活和生命的现象加以讨论，观点部分内容充分，摘录与评价的比例安排很得当。

例文十一

在第一部分中，康定斯基对于"金字塔"的理论揭示了他所理想的史诗性的艺术。音乐和绘画的紧密联系必会使绘画在抽象性上发展，最终达到绘画构成的境界。在"形式和色彩语言"中，有种种神秘的质感，那种说不清道不明又蛊惑着抽象艺术蠢蠢欲动的情愫围绕着心理学和形而上构成了"纯粹结构形式"最终提出了"数是各类艺术最终的抽象表现"理论。"凡是由内在需要产生并来源于灵魂的东西就是美的。"艺术家要具有的三大责任：1）他必须发挥出自己的天才；2）他的行为、情感和思想与常人一样，但他却必须用他们创造出一个精神境界，这精神境界要么情节纯净，要么掺进了杂质；3）他的行为和思想是创作的素材，他们将会对他创造的精神境界发生影响。从这种互动式的纲领下，似乎隐含了康定斯基对于现代艺术的理解。在最后的"结论”中，康定斯基表明了他的观点：“我们正在迅速临近一个更富有理性、更有意识的构成的时代，在这个时代中，画家们将自豪地宣布他们的作品是‘构成的’——这是与他们根本解释不了的印象主义者的主张相对而言的，宣布他们的艺术来自灵感。我们面临的是一个有意识的创造的时代，绘画中的这种崭新的精神正与思维携手并进，正在迈向一个伟大精神的纪元。”不得不说，这是构成主义的宣言，抽象艺术的先锋理论之作。

（选自沈宇飞：《〈论艺术的精神〉读书报告》）

例文十一借用原作中的一些专业术语和关键理论，重述原作，将讨论和原作融合在一起，体现出作者对原作的领会和理解较为深刻。

例文十二

对此，笔者认为，单就“民族”这一概念而言，先秦之前的历史文献中是没有“民族”这一词汇的，先秦时代所谓的“族”，多指的是以血缘关系为纽带的氏族、部族、宗族，如《左传》“非我族类，其心必异。楚虽大，非吾族也”中的“族”就是指宗族、部族。先秦之后、晚清之前的历史文献中，这一词也极少出现，即便偶有例外，也与近代“民族”概念毫无联系，如《永乐大典鬼谷分定经》中说“贵人皆仰，民族皆欢”，也还是取宗族之意。所以真正意义上的“民族”一词，确实是近代以来，尤其是1900年以后才开始在中国出现，并且是从日本学者那里直接舶来的。也正是此后，“民族”一词的使用才开始有了“井喷之势”——这主要由于梁启超等人兴起“史界革命”的结果，其目的就是要把传统中国打造成西方式的“民族主义中国”。

（选自郝琳杰：《〈想象的共同体〉读书报告》）

例文十二对原作中所提的核心概念进行追根溯源，引经据典，以此论证自己在读后得到的思考认识。

最后提醒大家，读书报告归根结底还是要回归到书籍中去，寻找自己与作者有共识或有异议的地方，再加以研究分析，对比参考文献，最终得出结论。这才是一篇读书报告的写作精髓。

（五）总结

总结能力的训练在读书报告写作中是最能得到体现的，在读书报告的前半部分，写作者要对所读书籍的主要内容进行概括；在结尾的结语部分，写作者要对读书报告的中自己所发表的观点进行总结。

在读书报告结语部分，写作者需要用一句话或几句话对读书报告的分析进行总结，向读者阐明对所读书目的总体看法、归纳发表的主要意见、对本书的整体评价，是否从中获益以及认为未来关于这一问题将有何走向，可以提出问题也可以表达期许。如果篇幅允许，还可以向目标读者提出一些具体的阅读建议。

例文十三

结　语

生态伦理以资本的形式消费在生态环境中形式往往会产生正负效应结果，要么是生态环境与人类生存的可持续发展，要么就是生态危机的肆虐与扩张。社会的发展和经济利益的驱动，建立在生态伦理缺失观念之上的生态腐败在整个社会蔓延，一切和人类利益和生存有关的最终都会被卷进来。那么这样的危机难道还未到来吗？固然，人类如今已经陷入社会腐败怪圈，那么接着就是生态腐败导致的生态危机。

（选自祁志伟、雷霆：《生态危机的源头究竟在何处？——〈当代中国公共政策〉读书报告》）

例文十三中，作者在原文观点的基础上用两句话做了总结论述，用设问的方式提出生态危机在未来的可能性，对生态问题的未来发展提出展望。

例文十四

三、本书对当代中国的借鉴意义

尽管本书成书到现在已有近两百年的历史，但这本书对当今的中国依然有很大的借鉴意义。在2012年末的中纪委工作会议上，王岐山向与会的各位专家学者推荐了《旧制度与大革命》这本著作。他说，“我们现在很多的学者看的是后资本主义时期的书，应该看一下前期的东西，希望大家看一下《旧制度与大革命》”。这说明，《旧制度与大革命》这本书符合当代中国的国情，符合中国在社会转型期协调处理改革、发展、稳定三者关系的内在需要。

在当今的社会转型期，中国的社会矛盾集中出现，这本书给我们提供了解决当下一系列问题的历史和哲学智慧。现在的中国处在经济社会的转型期，社会结构、经济结构都发生着前所未有的重大变化。伴随着这一变化，一些社会矛盾也集中出现。但是，与法国大革命之前的君主专制引起的社会矛盾相比，这一矛盾是非对抗性的、温和的。解决当今社会矛盾的方法，便是不断深化改革。部分国家一味渲染我国国内矛盾的严重性，妄图搞价值观的渗透，使我国一部分人产生激进主义的政治主张，从根本上动摇我国社会的和谐稳定。托克维尔已经写明了这种主张的危害性和不可持续性，但是，只要我国国内的矛盾依然存在，这种主张便还会存在。所以，通过深化改革来消除矛盾、统一思想，维护社会的和谐稳定，是社会转型期的必然选择。随着反腐工作、民生工程的不断进行，这些社会矛盾也终将得到解决。

（选自韩君实：《深化改革：社会转型期的必然选择——〈旧制度与大革命〉读书报告》）

例文十四作者先对所读书目的价值再次加以肯定，结合中国的社会现实，探讨了著作对我们的启示意义，同时也是一种阅读推荐。

例文十五

四、总结

“社会学不是任何其他学科的附庸”涂尔干通过这本《社会学方法论准则》去履行他的诺言，他另辟蹊径尝试着跟“哲学”说不，纵然许多学科都是从哲学发源的。虽然到今天为止，我们的社会学还没有真正地摆脱哲学，但是我们看到有很多社会学者继续在为之奋斗。我们的刘平院长发表的《社会科学研究过程中的特殊性和“通则”：关于社会研究的中国化》就是很好的例证。加之涂尔干在这本书中提供给我们的独特的社会学研究对象-社会事实，规定的社会学研究的观察原则，解释原则和求证原则。可以说该书是每位学习社会学的人必读书之一。但是，我们不能不看到在《社会学方法的准则》是一部“方法”方面的作品，是一部对从事社会学研究的指导原则。它介绍了“什么是社会事实？”“观察社会事实的准则”“区分常态与病态的准则”“划分社会类型的原则”“解释社会事实的准则”“关于社会学求证的准则”。但是它的局限性还是存在的。第一点，从现在的眼光看，涂尔干的某些观点有些片面，过分强调社会事实的客观性和强制性，绝对地相信小胳膊拧不过大腿，而忽略了主观性。第二点，既然《社会学方法的准则》是一部“方法”方面的作品，是一部对从事社会学研究的指导原则，它介绍了“什么是社会事实？”“观察社会事实的准则”“区分常态与病态的准则”“划分社会类型的原则”“解释社会事实的准则”“关于社会学求证的准则”。但是他没有列举出实际例子来应用这些方法，读者很难把这些方法理解通透。当然除非去接着看涂尔干的《自杀论》，再回来理解这些准则，这势必会花费很多时间。所以，在对待这本社会学的经典著作之一，我们也必须保持价值中立的态度，不仅要学习到涂尔干的方法论，还要努力吸收对我们有用的养分来繁荣我们这个时代的正在茁壮成长的“社会学”学科。

（选自李晓林：《涂尔干的实证主义社会学方法论——读〈社会学方法论准则〉的读书报告》）

例文十五的总结比较全面，首先肯定原作者通过本书对社会学研究所做的贡献，然后论述此书给我们的启示，再次归纳了书中的几个重要观点，最后对本书的局限性加以说明，理性客观地提出我们阅读时应该持有的客观态度，指引读者去粗取精，取长补短。

五、撰写读书报告的注意事项

（一）避免泛泛而谈

读书报告如果围绕全书全面论述，那结果必然流于表面，只能是泛泛之论，所以除了开头引言中对整体进行内容简介，倒不如抓住最有感受、最有心得的几点来谈。集中深化地有的放矢才能给读者留下深刻印象，达到交流思想的目的。

（二）多一些理性少一些情感

读书报告对所读书籍的赞扬与批判都要客观，要避免使用公式化的评论，读书报告不需要抒发个人的赞美之情，即使是有不同观点，也要能找到论据来证明自己是能让人信服的。

书籍的价值和贡献必然是有目共睹的，但是最好也能有自己的创新视角，局限和不足当然比赞扬更难被提出，因为经典作品的读书报告的作者往往没有原作者权威，但是如果能结合自己的背景知识发现他人未见的角度，能言之有理，自圆其说，就不失为一篇优秀的读书报告。

（三）避免述多评少

读书报告的重点是评价部分，原文的摘取一定要删繁就简，不能大段大段地叙述所读书目中的详细内容，而是要选取与感想有直接关系的部分，略去与感想无关的东西。引述他人的看法也要适可而止，不能连篇累牍地借鉴别人的观点。如果读书报告中原文和借鉴的比例超过作者本人对作品的评价和分析，那就成为人云亦云的读书文摘了。

（四）注意引用规范

读书报告在正文中有时候要引用别人的观点或者书中原文，就必须要注明来源，让读者清楚地区分哪些文字是原创的，如果没有遵循已有的引用规范，就会有学术剽窃的嫌疑。参考文献著录格式应遵循国家标准 GB/T 7714—2015。

六、写后检查

总体来说，一篇读书报告的写作要遵循如下的步骤：① 归纳书籍简介；② 整理文章逻辑，书写文章摘要；③ 找出每个部分的核心关键词；④ 围绕关键词对书本内容进行阐释与评价；⑤ 整理段落逻辑和语言通顺；⑥ 规范文章格式并最后阅读检查。

初稿完成之后，务必记得从格式、结构、内容、语言表达等几个方面再检查一遍全文，看看自己的读书报告是否符合规范。评价标准如下：

（1）格式。文章是否包含标题，摘要，关键词，正文，脚注或尾注，参考文献是否符合国家标准。

（2）内容。

① 摘要与关键词：摘要是否反映所阅读文献的基本情况及读书报告的基本主旨；关键词是否与摘要匹配，是否突出文章主要内容。

② 正文主体：正文是否包括引言，正文和结语三个部分，正文是否概括了文献基本情况并进行合理的评述；正文结构是否合理完整。

③ 观点主旨：观点是否鲜明，主体是否清晰，行文是否逻辑严谨，突出观点。篇幅是否详略得当。

（3）语言。语言是否流畅通顺，表达是否准确规范。

复习思考题

1. 选择一篇你认为比较好的读书报告，从它的类型、格式、结构、内容等几方面对它进行分析，再谈谈自己学习这篇读书报告的体会。

2. 阅读胡适的《为什么要读书》，结合本章所学的知识对该文章进行评价。

3. 请以小组为单位，围绕《为什么要读书》一文讨论并设计该文读书报告的提纲。

第十一讲　读书报告案例分析

吕妍醒

读书报告写作是以理解和评判为导向，对所阅读的书籍或文章内核进行的兼具创造性和专业性的写作实践活动。阅读是学习、消化、吸收、运用的过程，写读书报告的目的是帮助我们记录并复习学过的内容，培养锻炼概括能力、分析能力、评判能力、研究能力等综合素养。读书报告有一定的格式规范，结构框架要遵循完整的系统要求，评价分析的论证要纲举目张、条分缕析，文本内容既要概括提炼所读书籍的观点，也要适当提出自己的评价。通篇都应该做到层次分明，有理有据。本讲依托实际写作案例，进行写作分析，以期更好地帮助学生做到学以致用。

一、标题

读书报告的标题形式可以自己发挥，最简便的方式就是把“书名/文章名+读书报告”作主标题，也可以标新立异，选取读书报告中的核心观点，拟定一个主标题，把“书名/文章名+读书报告”作为副标题。以以下几组标题为例。

例一

画随时迁——《宋元山水画的三种意境》读书报告

乡土中国的“陌生人”——《文字下乡》读书报告

例二

作画人的历史画卷　　科技进步与人文发展并不矛盾

例三

《宋元山水画的三种意境》书评　　读《宋元山水画的三种意境》有感

例四

《双语言与双文化》读书报告　　《中国神话研究 ABC》读书报告

读书报告不同于可以自由发挥的创意写作，在拟定标题时应该遵循规范，在题目中就让读者知道是一篇读书报告，例一拟定的标题最值得赞赏，既体现作者思考的亮点，又明确所写的内容。例二和例三的标题不建议大家学习，例二并不能让读者从标题中得到这篇文章是一篇读书报告的信息，例三题目中的“书评”“有感”都不准确，不能算作严格的读书报告，我们在第十讲中特意对读书报告、书评和读后感进行了区分，在标题中我们更应该加以注意。例四是最保守的标题拟定方式，对于多数人来说，如果难以做到在标题上吸人眼球，按照这种方式拟定标题至少是合乎规范的。

二、摘要和关键词

（一）摘要内容要完整

摘要应该是文章内容不加注释和评论的简短陈述，作用是让读者还未开始阅读全文就能获得必要的信息。读书报告的摘要应该包含：原文的背景和意义，原文的主要内容，自己的评价和见解，结论和展望。摘要的文字必须简练，是对原文的概括而不是断章取义，篇幅大小一般不超过全文的5%，也就是说一篇5 000字的读书报告，摘要一般为200～300字。

例文一

摘要：很多乡土社会中的人因为不识字是所谓文盲被视作“愚”，费孝通先生在这两篇文章中以不同的视角来分析了这个问题，并为乡土社会中的人发声，认为乡村人的“愚”是知识问题而绝非智力问题，不能以“愚”一词概括。

例文二

摘要：《文字下乡》《再论文字下乡》是费孝通所写的关于文字下乡运动在乡村受阻原因探究的两篇文章。文章从空间阻隔和时间阻隔两个方面剖析了乡土文明的特点，也解释了文字在乡村不甚重要的原因。笔者在总结文章内容的基础上，深入探究了两文的主题，希望能够给读者一些启发。

例文三

摘要：本文中我介绍了费孝通先生对于“文字下乡”之所以困难的原因，并提出一些我认为费孝通先生思索不完善之处。

例文一的摘要仅仅是对原文的概括，不仅没有说明其来自原文，还只选取了书中的一个观点简要概述，这容易造成读者误解，也没有体现出作者自己的贡献。好的摘要应该对整篇读书报告所包括的内容进行简要说明，要交代原文的主要内容及本报告对原文进行了怎样的解读。

例文二的摘要介绍了文章背景，有对原文的概括、自己的评价以及写作的目的。是比较可取的读书报告摘要。

学术文章的写作要以客观的视角进行，一般使用第三人称，例文三中的作者以第一人称写作，并且仅仅对自己的写作目的进行说明，篇幅过短，缺少对原文的引入，作为摘要也是不完整的。

（二）关键词选取要切题

关键词应该是对文章主体内容的高度概括，读者要能通过关键词了解作者文章的核心内容。

例文四

罗常培《语言与文化》读书报告

关键词：语言与文化；内容；贡献；小结

例文五

费孝通《文字下乡》读书报告

关键词：乡土社会；文字的意义；“特殊语言”；文盲和愚的关系

例文六

《双语言与双文化》读书报告

关键词：语言与文化；语言与社会；变化；中国语言学

例文四是一篇关于罗常培《语言与文化》部分章节的读书报告，以“内容”“贡献”“小结”等作为关键词，显然与文章主体内容偏离，不是正确的示范。例文五以“文盲和愚的关系”这种较长的词语作为关键词，不够精练。例文六以“中国语言学”“变化”等作为关键词，则过于宽泛。应使用语言凝练、直指重点的词语。

例文七

《全球化时代文学研究还会继续存在吗》读书报告

摘　要：J·希利斯·米勒于2000年撰写的《全球化时代文学研究

还会继续存在吗》一文多维而深刻地探讨了新型电信技术逐渐普及的当下,文学研究是否仍然具备存在的可能性与必要性,并最终得出了争议性的结论。本文侧重于解读米勒"文学终结论"引发的争议、并基于二十余年后的现实及可能的未来重新审视该论。

关键词:J·希利斯·米勒;文学终结论;文学研究

一、围绕"文学终结论"的讨论

(一)原语境中的"文学终结论"

文艺界一般认为,"文学终结论"一词颇凝练地概括了米勒的观点,而事实上米勒在著作中并未明确提出该词,并且在笔者看来,米勒对所谓"文学终结论"的态度亦非完全肯定。

该作原文中关于"文学终结论"的内涵大抵有三:1. 自我裂变为多元自我;2. 原本界限分明的对立变得模糊,如主客体间、仿像与现实间的对立;3. 新型电信技术将创造缺乏独立思考的施为语境。由此,米勒在文章的后半部分与前述德里达"在特定的电信技术王国中,整个的所谓的文学的时代将不复存在"的观点遥相呼应,宣告了更具体系的"文学终结论"的诞生。

但在文章结尾,米勒却又意味深长地引用了黑格尔的一句话,"艺术属于,并且永远属于过去",否定艺术的"正当时"性,即肯定未来的人类仍将对"现在"进行文学研究。这位毕生执着于文学研究的翩翩老者,仍在最后怀抱希望地提出"文学——信息高速路上的坑坑洼洼、因特网之星系上的黑洞——作为幸存者,仍然急需我们去'研究',就是在这里,现在"。米勒对所谓文学终结亦并非持完全相信的态度可见一斑。

(二)"文学终结论"引发的争议

米勒"文学终结论"一经提出,文艺界迅速分裂为"支持"和"反对"的对立阵营。

反对者们大多认为文学作为人类情感的表现形式,取决于人类的情感生活,不会因为媒体的存在消失。此外,"文学边缘化"并不等于"文学消亡",文学的存在形式是可变的。

支持者们则对"文学终结论"做了进一步修饰以保证自圆其说,为此,他们提出了诸如"文学部分终结论"(部分以距离为存在形式的文学将消逝)、"文学新生论"(传统的精英式文学消失,取而代之的是更大众化、社会化的新文学)以及"文学研究转向论"(文学研究将逐渐转向到文化研究)等新理论。

与此同时，亦有学者提出，双方的辩论形成了错位，“国内的学仁们用其一贯的本质主义的文学概念去硬套米勒的后结构主义意义上的文学”，结果形成了严重误读，并以此瓦解了双方辩论的必要。

就笔者看来，双方辩论并不构成对立关系，反对者对该论的理解失之偏颇，支持者亦认可文学存在的一贯性，“文学终结论”经过适当的修饰完全能够自洽。

二、二十余年后再看“文学终结论”

在米勒预言文学终结的二十余年后，文学显而易见仍然存在，但并不意味着预言的破灭。相反，在大数据的加持下，个体被迅速地标签化；移动设备的普及，使碎片化阅读大行其道，经典文学没落；信息接受的图像转向更凸显了“文化返祖”的倾向……

在被现代视听设备环绕的时代，米勒的“文学终结论”既是对传统文学消逝的客观表述，更是一种长鸣的警示。这位老者携着他的理论，从一而终地告诫着现代人，不要迷失在现代新型媒体的“鬼魅”中，不要舍弃人类经过漫长进化具备的全息认知，不要舍弃文学的抽象化、艺术化。有幸的是，现状也正如米勒所希望的，文学研究就在现在，文学讨论从未止息。

展望未来，上述的趋势只会加速。或许在将来，大众将再度抛弃本已大众化的文学，转向更具优势的表达方式，文学本身则重回精英化时代；或者，文学完成彻底大众化，并被大众接纳，在社会占据一隅。可以说，文学最终的终结与新生，更多地取决于普罗大众的接受度与认可度。而笔者始终坚信，无论未来文学的兴衰，它都必然长存于一部分人的心中，一部分清醒的、热爱文学、献身文学的人的心中。

三、结语

《全球化时代文学研究还会继续存在吗》这一著作中“文化终结论”的提出无疑是深刻而具有历史意义的，它敏锐地洞察了未来电信技术普及、文学式微的趋势，并成功地吸引了文艺界对此的注意，引发各界对文学的未来的反思。其实，无论是米勒自身的“文学终结论”，还是争论阵营心目中的“文学终结论”，都或多或少地寄寓了文艺界对文学未来的走向的或忧虑、或妥协、或热衷的心理。笔者认为，对“文学终结论”的讨论不会止于当下，只要社会没有进入下一阶段，“文学终结”的过程就不会停止。只有社会的进一步发展，才能使诸如文学是否仍需存在、将以什么形式存在等问题的答案变得更加清晰。

例文七的关键词很好地反映了所读原文、原文的主要内容和本文所讨论的问题，用词规范，范围大小合适，是在文章中出现频率高，具有代表性，起到核心作用的专业术语。

三、引言

引言部分主要是对所读作品及作者的背景介绍，是进入正文的过渡，需要控制篇幅，着重介绍与原文联系紧密的部分即可。作者生平、写作背景的资料来源也需要写明出处，做到有证可循。

例文八

一、简介

作者茅盾（1896—1981），原名沈德鸿，笔名茅盾、郎损、玄珠、方璧、止敬等，字雁冰，浙江省嘉兴市桐乡市人。中国现代作家、文学评论家、文化活动家以及社会活动家，中国神话学的开创者之一。

茅盾出生在一个思想观念颇为新颖的家庭里，从小接受新式的教育。后考入北京大学预科，毕业后入商务印书馆工作，从此走上了改革中国文艺的道路，他是新文化运动的先驱者、中国革命文艺的奠基人之一。

茅盾在神话学方面的著述主要有《中国神话研究ABC》（1929）、《神话杂论》（1929）、《北欧神话ABC》（1930）。1981年出版的《神话研究》是上述部分专著与神话论文的结集。

例文九

一、简介

袁珂，学名袁圣时，笔名丙生、高标。生于四川新繁县（今新都区）。神话学家。1940年考入华西大学中文系，师从许寿裳。1946年随许先生到中国台湾任编辑管编辑，编审委员会编审。生前为四川省社会科学院研究员。袁珂数十年从事中国神话整理、校勘、编撰、注释和研究工作，著作颇丰。

1983年3月，我国当代研究神话的著名学者袁柯先生在当年的《民间文学论坛》第二期上发表了题为《从狭义的神话到广义神话》一文，第一次提出了“广义神话论”，产生了很大的反响。1984年5月，他又在当年的《民间文学论坛》第三期上发表了《再论广义神话》一文，补充、完善了广义神话论的论点。

例文十

写作背景：《乡土中国》来源于作者20世纪40年代后期在西南联大和云南大学所讲的“乡村社会学”一课的内容，当时作者应《世纪评论》之约分期连载14篇文章，《乡土中国》由这些内容、文章辑录而成。

从晚清起，中国的文字下乡运动与扫文盲活动就从未停歇，像是民国时期的围绕《“识字运动”宣传计划大纲》开展的识字运动，但总是无疾而终。历史学者大都如萧公权《中国乡村：论19世纪的帝国控制》一般，把传统中国乡民识字率低当作基本事实，认为乡土社会处于无文字状态：帝制中国的乡村居民，基本上都不识字。到了1955年，全国农村15岁至45岁的青壮年约有2亿2 600万人，其中文盲、半文盲约占80%。这不禁让人反思，文字下乡运动所受阻力为何如此之大。在《乡土中国》一书中，费老给出了答案。

读书报告的第一小节可以简单介绍原文作者，但没有必要全面介绍作者的生平，例文八和例文九都用了过多的篇幅介绍所读文章的作者，而且大多照搬一些材料中的作者简介。例文十的写作背景又有些以偏概全，把扫盲运动的背景放在文章中，既显冗余，又和文章结合不紧密。以上三个例文在对作者生平和文章背景进行陈述时，大部分只是就背景说背景，没有结合背景与文章进行分析，这样一来背景介绍也就失去了意义，属于无效信息。

例文十一

作者简介：费孝通(1910/11/2~2005/4/24)江苏吴江人，是一位著名的社会学家、人类学家，1936年写出《江村经济》一书，为国际人类学的经典著作，1948年出版的《乡土中国》再为中国社会学研究打下基础。

例文十二

自1933年归国后，费孝通开始分析中国的社会结构，在理论上总结并开展实地研究，发展中国的社会学，《乡土中国》是他研究工作的第二本著作。在《文字下乡》和《再论文字下乡》两章中，费孝通表达了对推行文字下乡工作的一些看法，揭示其背后在社会学和语言学上的规律。

例文十一和十二对作者的身份介绍比较精简，成书背景也很清晰简洁，提炼了所读原文的核心，是值得学习的案例。

此外，作者简介和引言部分的简介可能会被混淆。作者简介其实是期刊文献发表时，该文献作者自己的简介，而非所阅读文章作者的简介，读书报告中没有对作者简介的要求。

四、正文

（一）谋篇布局合理，结构框架清晰

1. 谋篇布局合理

在第十讲我们论述过读书报告和读后感等文章的区别，强调读书报告作为学术写作的一种，格式规范非常重要。然而写作时难免发生混淆的情况，如例文十三全篇看似一气呵成，实则将梳理原文和作者自己的观点杂糅于一处，让读者难以区分。

例文十三

在当代，影视技术可以说发展得飞快。几十年前，人们还只能够尝试如何拍出一个好的影像、好的照片；而如今，我们不仅可以对照片本身进行编辑，而且可以通过后期技术对影像进行处理，这些进步对于我们的视觉而言是大大的满足。但是，在技术发展如此快速的现在，为什么反而很难出现好的影视作品了呢？这是因为人文精神的缺失。而杨光祖专门对于这一种现象进行了研究。

杨光祖首先指出了“生活逐渐变得碎片化、娱乐化、平庸化。”人们在追求娱乐，乃至娱乐至死，对周围的事物抱持“图一乐”的态度，而不再关注其中的精神内核，也未曾真正去体会有精神内核的作品，于读者于作者都是不利的事情；现在的人们追求效率，追求速成，更是使得人们的内心变得浮躁，难以沉静下来去体会一个优秀的作品的所传达出来的思想；再者便是平庸化，人们从追求精神上的娱乐逐渐向追求肉体的愉悦转变，为了肉体的狂欢而忽视精神。这是一个大的社会背景，也许也是我们时代发展到如今的必然性和局限性。不过，我认为，还是有解决办法的。不可否认，传统的影视传播媒介确实受到以上限制，但是我们的影视作品亦不能原地踏步，现如今出现了很多微视频，也有创作者创作了微电影，以较短时长，较幽默风趣的方法，更加贴近大众的画风传达出自己的思想。

其次，杨光祖提出，现在，每个人的知识是多了，但是文化素养却更低了。这是因为人们过分地去追去功利，而忽视了精神。同时，他提出一个于我耳目一新的观点：新中国成立后，我们曾经经历对自己传统文化的否认，对西方文化一知半解的阶段，在文化传承时存在一定问题。

现在，因为义务教育，因为人们知道知识在社会有很大的作用，所以纷纷功利性地去追求一个文凭，去追求技术上的知识，而忽视了对自己文化的重视。身为中华民族的一分子，浩荡精深的文化一直在我们身旁。曾经对于传统文化的否定，在如今我们强调文化自信的情况下，已经得到了较大的改善，在我看来，优质影视作品缺失主要的原因仍然是现代人们对功利的追求。我认为追求功利并不是什么羞耻的事情；问题在于，太过于追求功利，以至于忽视了我们自己的思想与精神，只一味地去追求技术而不增长自己的文化素养。这才是症结所在。

最后杨光祖认为，影视和文学有极其重要的联系，但是二者又是完全不同的东西。对此，我十分认同杨光祖的看法，影视中的很多灵感可以借鉴于好的文学，但是由于影视表达形式和文学完全不同，在文学中好的东西放在影视中不一定适用，因此，影视如果完全照搬好的文学作品，也很难成为好的影视作品；同时，即便是二三流的文学作品，在其中有优秀的部分，被导演挑中，并进行改编，依然能够成为一部好的影视作品。所以，文学作品的好坏与影视作品的好坏并没有直接关系。但是文学作品中所反映出来的精神内核、人文精神却是可以相互借鉴的。

例文十三近似于读后感，第一段并没有关于原文背景的引入，而是作文式的铺垫，在首段结尾处的设问是一种议论文的常见写作技巧，但未必适用于读书报告的写作，作者从第二段开始截取部分原文中的内容，穿插一些个人感受与看法，客观性不足，读书报告需要的是针对原文思想内容结合实际的客观评论，应该搜集和影视作品与人文精神相关的材料进行评价。

还有的读书报告框架结构只有简介、主要内容、结语三个部分，缺少读书报告必须包含的“报告”部分，没有体现出作者在读后的思考，没有作者自己的论述和观点。

例文十四

《中国的语言》读书报告

一、背景介绍

辜鸿铭，号称“清末怪杰”，是清代精通西洋科学、语言及东方华学的中国第一人，他一生致力于向西方宣传东方文明，对中国文化在西方的传播产生了深刻影响。

晚清时期，中国的形象不断被歪曲污化，学贯中西的辜鸿铭为中国文化正名，于1915年用英文写成《中国人的精神》，阐述中国文化的永恒价值，在西方影响深远，德国甚至因此掀起数十年的辜鸿铭热。

二、主要内容

作为《中国人的精神》的第三章，《中国的语言》围绕口语、书面语两种汉语基本类别与欧洲语言进行对比分析，介绍了汉语口语、书面语的基本特征和独特价值。辜先生认为汉语（无论口语或是书面语）都是“既难又不难”的：口语特殊在语言结构的无规则性，书面语特殊在简单语言下的含义丰富性，从而阐述了欧洲人学习中文“难”的原因，充分证明了“中文是一种心灵的语言，一种诗的语言”。

三、语言视域下的启发

（一）语言学习与语言习得

汉语向来被视为难学之语言，辜老认为中文学习“难也不难”，并在文中进行分析：口语难在它是完全未受教育之人的语言；书面语难在它是真正受教育之人的语言，而欧洲教育模式下多半受教育之人，中文学习因此“难”。

对此，辜老提出：“必须使你自己像一个小孩，那时你不仅能进入天国，而且也能够学会中文。”

诚哉斯言！正所谓“孩童的语言习得和成人的语言学习是截然不同的”，未受教育之孩童往往不受语法、发音体系的干扰，语言习得因此更为轻松。推及外语学习，沉浸式语言习得似乎能为外语学习打开奥秘之门。尽管大部分人缺乏孩童时期便浸染外语习得环境的条件，但这一研究结论提示我们不妨尝试构建沉浸式语言“习得语境”而非结构化语言“学习体系”，借此营造更好的语言生态，以期获得孩童视角下的语言习得方式。

（二）文言文之魅力

文言文，即辜文中的高级古典汉语。几乎没有人对高级古典汉语“是一种文明瑰宝，能够‘使原始自然的人发生变化，变得文雅高尚起来’”这一观点提出异议，但不可否认，更多现代人认为其佶屈聱牙、晦涩难懂而不愿深入了解。然而辜老用三首诗的中英版本向我们明证：这种中国文学“可以将深沉的思想和真挚的感情融汇在极其简单的语言中”，“是一种心灵的语言，一种诗的语言”。

诚然，文言文中不乏因各种倒装、省略、生难字词而令人一头雾水的“钩章棘句”，但少部分的艰涩不应成为现代人对文言文贴“落后迂腐”标签的凭证，也不应是现代人炫耀文明“高贵”的资本。我们可以触摸到“可怜无定河边骨，犹是春闺梦里人”动情的残忍，我们也能欣赏到“如切如磋，如琢如磨”的明快雅致。体会文言之魅力，不是自喜于繁复词汇的习得，而是在简单朴素的语句中品味情感的深刻真挚，醉心千年文明下永恒的真情。

四、时代与立场局限

首先，辜老认为中文“没有规则和语法”，笔者以为此说法欠妥。从语言学角度来说，“凡是语言，都有语法，如果一个符号系统不具备与自然语言相近的规则，那么它就不能算是语言。”从日常学习角度来说，语文学习中修改病句题型的出现便已证明中文有规则和语法。事实上，“中文无语法”只是中文母语者思维中将语法以直觉性判断而非系统性条文展现所导致的错觉。正如我们或许无法分析“希特勒死过”的语法错误点，但我们直觉性明白“死过”应改为“死了”。于非汉语为母语者而言，此类错误则必然依据语法分析拆解方能勘破；抑或换言之，将其转化为英文模式下的“has been died”和“died”，非语言学研究领域的汉语母语者才更清楚地明白语法错误在何处。

其次，笔者以为辜老对英语代表的欧洲文明带有些许偏见。“民族精神个性的不同决定了语言的差异，语言的特征又反映了各个民族的不同思维。因此，每一种语言都具有其独特的世界观。”以汉语视角观之，汉语的高贵优雅是英语无法再现的，然英语的简明规范也是汉语某种意义上无法达到的。语言实质是民族共同体的标识，平等的文化交流不能仅仅宣传自身的优势，也应客观尊重他者的特征。辜老的文化保守主义在当今时代也许应当经受一番革新。

五、小结

虽然《中国的语言》以语言为内容，但语言背后是文明，它在20世纪初这一西方文明强势的背景下为中国文明的正名与宣传发挥了极大作用。在语言方面，辜老的观点为外语学习、文言学习打开了“心灵”学习法之大门，更增强了中国语言的文化自信，为探寻清末民初时期语言交往、研究当今汉语发展提供了宝贵资料。

然而正如笔者提到的局限，无论从科学严谨性还是个人立场性而言，辜老的观点在时代检验下显得略失偏颇，我们应当以此为鉴。在现代化研究视域下，对语言的理论分析应结合当今语言学新研究（如汉语语法分析），并应该秉持互相尊重、平等交流的文化态度。新研究领域的接轨与现代化研究视角的切入必将为当代语言研究提供更为客观全面的思考平台。

例文十四的框架结构完整清晰,符合读书报告的结构编排顺序,标题的拟定长短合适,清晰明了,是相应段落内容的精要提炼,是值得学习的案例。

2. 结构框架清晰

例文十五

一、背景介绍

二、“中文真的很难吗?”

三、《中国的语言》思想主旨及写作目的

(一) 思想主旨

1. 西方人难学的并不是中国的语言,而是中国的精神。

2. 半受教育的人是民族的危害。

(二) 目的:揭示中国文明的价值并且说服西方人应该从中国文化中找到社会救赎的良药。

四、不足与缺陷

例文十六

一、提出问题:乡下人不认字是“愚”吗?

二、论证:乡土社会多有文盲不是因为愚,而是乡土社会的本质决定的

(一) 空间上

(二) 时间上

三、结论

例文十七

篇名

摘要

关键词

一、背景介绍

二、理论基础

(一) 神话与传说

(二) 神话与仙话

(三) 上古神话与后世神话

三、小结

例文十八

篇名

摘要

关键词

一、背景介绍

二、主要内容

三、贡献

（一）重新定义神话

（二）完善研究神话的维度

（三）预判未来神话发展

1. 经济基础与神话发展不平衡

2. 神话的范围扩大，后世新神话的产生

3. 与宗教的密切联系

四、缺陷

五、总结

参考文献

小节标题的作用是指出该小节的核心内容，一般以词或短语的形式呈现，有些人直接将文章中的标题放到读书报告中，导致首尾不协调，段落的分布不合理，例文十五将思想主旨和写作目的作为主要的结构组成部分进行讨论是不合适的，读书报告主要应该对原文作者的思想和观点进行梳理和评价，而不是做阅读理解。例文十六中将长句作为一级标题也是不合适的，而且“提出问题、论证”不是读书报告应有的框架结构，二级标题“时间上、空间上”不是完整的表达，是不能作为标题的。

在分节时，要仔细斟酌两个小节之间的关系，要思考“是否需要分节，分节的目的是什么”，例文十六中二级标题“时间上”“空间上”不是重点，并不应该出现在标题中。例文十七中背景介绍、理论基础和小结三者逻辑关系并不紧密，“神话与传说、神话与仙话、上古神话与后世神话”三个下级标题不能用理论基础囊括，“上古神话与后世神话”与另两个标题也不是平级关系。此外，同级标题之间要有联系，上下级标题的设置和衔接上需更加有逻辑，要区分属于和相异关系，避免因章节之间的联系不紧密造成整篇文章行文逻辑的脱节。

如果难以把握结构之间的关系，建议还是使用普遍概括词，如主要内容、贡献、局限、结语等作为小节标题。例文十八是比较完整的结构框架，上下级标题条理清晰,纲举目张,是值得我们借鉴参考的谋篇布局格式。

(二)篇幅详略得当

例文十九

一、主要内容

(一)如何评判一个人是否愚笨?“愚笨”是一个智力问题,还是一个知识问题。

如果说乡下人知识不够丰富,显得“愚笨”,那么很可能是因为没有机会接触这些知识。不能因为一个人没有涉足某些领域,而判断他是“愚笨”的。如果乡下人涉足对于他们比较陌生的领域,也许表现并不会差。

(二)说乡下人知识浅薄也是不够准确的,乡下人缺乏的只是一部分与他们关系不大的知识。

一般而言,乡下人掌握牲口的知识,要超过城里人掌握宠物的知识。我们只能说乡下人在城市生活所需的知识上不及城里人多,反过来,城里人在乡村生活所需的知识上不及乡村人多。为什么很少提及城里人知识浅薄呢?还是因为城市化是现今大势,大量人口由农村涌入城市,而不是城市人口进入农村。

例文二十

1. 语言的产生与功能

语言,是为了交流而产生的,城乡的语言固有差异,但都起到了交流的作用。城乡的语言差异很大,但是人们却能在各自的群体中没有沟通障碍。语言是一种社会现象,是群体交流的工具。正如费孝通在文中所写的那样,城市和乡村好比两个群体,在时间的推演下渐渐形成了两个小型社会。

2. 语言的差异

费老在文中写到,有人说乡下人不懂规矩是因为不识字,是文盲,但他认为乡下人并不愚。我认同他的观点。首先单凭这一点这不能作为愚的评判标准。依我拙见,我认为乡下人的语言只是和城里人不同,城里人交流往往以文字的形式进行,所以对乡下人造成了障碍。乡下人在轰鸣的汽车声中不知所措,城市人面对狗大呼小叫;乡下人不识字,教授的儿子不会捉蟋蟀。这些都是语言差异的具体表现。我认为,城市和乡村语言的差异,源于社会实践。在乡村,人们打招呼都不用直呼名字，只需说一个“我”。这是因为乡村的语言，是一种更注重实践的语言，而城市却不注重这一点。正是因为这种无形的语言壁垒才凸显了文字下乡的重要性。

3. 语言的影响（文字下乡的作用）

文字下乡，能让城市和乡村拥有一个统一的交流工具，让人们对于一个特定的象征事物有相同或相似的理解，从而减少交流的障碍。

有些文章的分段过于随意，如例文十九和例文二十仅用一两句话独立成段，立意不明，论述过于简单，也不能与小节标题相呼应。段落之间的逻辑应该前后衔接，可以呈现为递进或并列关系，如果可以合并则不需要分为两段。

此外，小节的主旨内容一定是围绕小节标题的，如果小节论述的内容与该小节标题脱离，也会造成混乱。

（三）避免重读书轻报告

写读书报告常出现的问题是引用多，报告少，内容平铺直叙缺乏个人观点。有问题的读书报告在论述内容方面仅仅是对书的主要内容进行概括，没有分析作者写这些内容用意何在。

例文二十一

一、中国神话

（一）中国神话的组成

中国神话可分为北中南三部分，而现存的中国神话只是这三部分的断片的混合。茅盾在书中，通过引用《楚辞》《列子》《离骚》《淮南子》《述异记》等古籍，经过严密的逻辑推理，得出了结论，即中国神话本有北中南三个各自独立的部分，三者本都有过辉煌美丽的时代，但都因各种原因歇灭，仅存断片，并组合为了现存的中国神话。

（二）中国神话的过早销歇

中国无疑曾存在过美丽伟大的神话，但是却过早消歇，甚至未能完整保留，对于这点，许多名家都有自己的看法。鲁迅认为有三点原因：一是中原的地理环境养成了中国人重实际轻玄想的民族性格，在这种民族精神之下，零碎落后的神话难以发展成为完整而发达的神话。二是由于儒家的崇尚实际，不务玄虚，所以古代流传下来的神话，不但没得到发展，反而日渐散失。三是由于中国人的观念中，天神、地神和人鬼混淆不清，致使人死为鬼的传说天天产生，也就排挤了神话的地位，使神话日渐沦落，不能发展。胡适在《白话文学史》里说：“古代的中国民族是一种朴实而不富于想象力的民族,他们生在温带与寒带之间,天然的供给远没有南方民族的丰厚,他们需要实实对天然奋斗,不能像热带民族那样懒洋洋地睡在棕榈树下白日见鬼,白昼做梦。所以《三百篇》里竟没有神话的遗迹。所有的一点点神话如《生民》《玄鸟》的'感生'故事,其中人物不过是祖宗与上帝而已。"把中国神话的不发达归结为环境养成的民族气质的重实际而不富于幻想。而茅盾则认为并非因为中国"颇乏天惠"或儒家"实用为教"之故。其原因一是神话的历史化,二是当时社会上没有激动全民族心灵的大事件以诱引"神话诗人"的产生。

二、留待问题

茅盾在最后一章结论中提出了三个留待将来的问题:能否将一部分古代史还原为神话,如何搜采中华民族发展过程中后来融入的新分子的神话与传说,以及原始信仰与神话之间的关系。他认为解决以上三个问题是建立系统的中国神话的先决条件,但因篇幅原因无法完成讨论。

例文二十一通篇在梳理原文内容,虽然提取了文章的主要内容,但也只对原文进行重新介绍,缺乏生动的论据,作者没有结合自身体验举一反三,缺乏对原文观点的深入理解。例如如何理解神话?神话在中国的文学地位是什么样的?对中国人的精神世界有什么样的影响?如何体现人文精神?这些问题是在读完原文后值得我们思考的,读者需要看到的是作者结合自身的经历对神话进行体悟,而不是对原文的整理概括。

例文二十二

二、主要观点

乡土社会不需要文字。乡下多文盲,并不是因为"智力不及人",而是"知识不及人";而此知识并不是乡土生活所需要的,鲜有人知也不足为奇。推行文字下乡的目的是"明智",但乡下人不愚,又谈何明智?祛除贫病的根本不在此。只有基础的乡土性发生变化了,文字下乡才会变得有必要。下文将从两个方面论证乡土社会不需要文字。

(一)空间、语言与文字

在社会中,人们通过语言来交流。为了破除交流受到的空间或时间上的阻碍,人们创造了文字。无论是语言还是文字都是人们传情达意的工具。由于农耕文明的不流动性和独立性,乡土社会是一个熟人社会,每一个村落都会有独特的"特殊语言",人和人之间的交流并无太大的空间障碍，甚至可以直接会意，跳过文字甚至语言。

（二）时间、文化和文字

人类具有区别动物的学习的能力，学习前辈通过时间累积而成的"社会经验"，也就是文化。文化想要突破时间的阻碍，需要载体，那就是语言。学习文化需要词，却不一定需要文字——这主要取决于需求。由于农耕文明的稳定性，乡土社会中人的生活几乎是不变的。代代如此，口口相传，文字也不是必要的了。

三、论证方法

费孝通在他的论证中使用了类比、对比、举例、引用等方法，通俗易懂地阐述了自己的观点，如拿城里人对乡下之事的无知来类比乡下人对文字的无知，举敲门的例子来描述熟人社会等，说服力强而不失诙谐有趣。同时，他通过阐述文字、语言和文化之间的关系打好理论基础，再从时间和空间两个方面说明乡土社会不需要文字，可谓有条有理。

四、深入探讨

乡土社会由于其小农经济的性质，有"鸡犬相闻，老死不相往来"的景象，"在同一个村子里可以有一打以上的'王大哥'，绝不会因之认错了人"。这样封闭、单调的熟人社会，产生了会意的语言，连文字都省略掉了，可见语言根本上由社会决定，"是一种社会现象"。

文中又提到"人们靠在象征体系中最重要的'词'完成社会经验的累积"，这里的语言就有了思维上的作用。语言是思维的工具，思维是语言存在的意义。一旦口头语言能完成交流和思考，那么文字也是不需要的了。文化需要语言来记录、传承，语言也是文化的一部分（制度文化），两者相互影响。

乡土社会不需要文字，是因为没有文字的语言适应了乡土社会的需要。当文字真正下乡了，那么意味着乡土社会也已开始了现代化。那么，由此可见，社会发展是语言发展变化的首要原因。若将语言作为改变社会的工具，本末倒置，推行文字下乡便成了显而易见的笑话。

例文二十二清晰地列出原文的结构脉络，简洁明了地从空间和时间两个维度提炼文章的主要观点。第四段体现了作者论证的意识，注意到论证方法，在深入探讨的部分呈现自己的立场态度，同时思考语言、社会和文化的关系，充分体现自己的理解，是一份质量较好的读书报告。

（四）评价应客观理性

读书报告和读后感的一个区别在于，读书报告的评价要有凭有据。因此，好的读书报告应表达作者对原文的理解与思考，表达个人的感悟，应该避免表达较为主观，绝对化、偏激化的观点。特别是在分析局限性时，缺少事例、理论等论据支撑，就难以具备说服力。

例文二十三

三、从文章理解辜鸿铭其人

作为一名在西方世界高举中华传统文化旗帜的旗手，这篇文章淋漓尽致地展现了辜鸿铭的观点和立场。他极力地推崇古人，对近代西方文明则是不遗余力地进行批判，用词甚至可以称得上刻薄。比如称西方的科学教育是“重数量而不重质量”，认为受到此种教育的人只是“半受教育的人”。而与之相对的接受传统精英教育，接受古籍熏陶的知识分子才是“受教育的人”。他旗帜鲜明地将如自己一般的受过良好教育的人与未接受教育或者只接受了科学教育而未接受文化教育的人割裂开，这也体现出了辜鸿铭的局限性。他的视角是古典主义精英知识分子的视角，因此他的理念缺乏普世性。他在作品中描述的温良的中国社会也并不完全符合现实。不过这个形象受到了饱受一战折磨的欧洲社会特别是德国人的追捧，因此从弘扬中华文化的角度来看，辜鸿铭的确做出了不可磨灭的贡献。而辜鸿铭平生求异，崇古也许也是这一特质的外化之一。

例文二十三在评价辜鸿铭局限性时提出了其理念缺乏普世性，其作品中描述的中国社会不符合现实的观点，但是作者并没有对自己的观点进行充分的论证，辜鸿铭生性崇古的特质是需要借助其生平事迹和他人的相关研究佐证的，不能自成一言。

例文二十四

三、评价

（一）贡献

“广义神话”概念的提出，突破了先前我国神话研究的狭隘性和局限性，大大拓展了中国神话研究的时空领域，丰富了中国神话的题材。特别是身体力行搜集了大量的后世“广义神话”，更是在神话学界造成巨大影响。

（二）局限性

袁珂在提出广义神话论时受到一些情感与政治方面因素的影响。

如他对中华民族历史悠久而产生的自豪感使他作出了一些不合理的因果判断。又如袁珂曾说“后来学习毛泽东同志《矛盾论》里论神话的一段话，才给了我一些启示……”袁珂仅仅因此就将神话视野从狭义扩大到广义也是缺乏个人理性的思考的。

例文二十四对袁珂提出“广义神话”的价值进行了肯定，但是内容较为空泛。文章应该就“广义神话”在具体神话研究中所体现的作用进行性深入分析，其对局限性的阐述不仅前后矛盾，而且缺乏充足的资料，无法验证袁珂提出的理论是受情感与政治因素的影响，对神话研究的专家在提出理论时缺乏个人理性思考的评价缺乏依据。

如果写作者对所读书籍探讨的专业领域不熟悉，也可以借鉴其他文献资料中别人的观点，注明出处即可，可以通过对他人观点表示同意或反对的方式，来进一步阐述自己的思考。如果搜集和阅读的文献资料过少，是无法形成客观理性、有深度有内涵的报告的，也不利于对所读书籍形成全面的理解。

（五）引用文献应规范

在陈述观点时，引用他人的观点和材料时应该加以说明。如果仅仅是对观点进行罗列，把原文的、来源自文献资料的和自己的观点混为一谈，难以区分哪些是原创的，哪些是辅助自己论证的论据，这样就会造成混乱，甚至会有抄袭的嫌疑。

例文二十五

一、当代技术与电影文化的发展

我们正在经历着第四次工业革命，在信息爆炸的同时，不断出现的新技术给传统文化造成了巨大的冲击，人们开始更多地崇拜科学技术，把更多的注意力放在了电脑、手机、游戏上，中国传统文化与人文精神正在逐渐被人们所忽略。由于技术的进步和社会的发展，我们的生活节奏越来越快，许多人不再能够静下心来读一本书，而是利用碎片化时间读网络小说，或是观看综艺节目，“娱乐至死”已经成为了一个普遍的理念。电影行业也难免收科技发展的巨大影响，科幻片在世界上越来越流行，更多中国人乐于去电影院欣赏一部美国科幻大片，却很少有人愿意去看一些年代较早却内涵更深刻、更富有文化气息的电影。因此市场需求决定了当今的导演更愿意注重电影的视觉观赏性，而不是电影背后传递给人们的东西。大多数人看完电影只是感觉到视觉上的享受，过了一段时间也许就淡忘了，但真正有内涵的影片能深刻地改变人们的内心。

二、追求更有人文精神的电影

事实证明，一味地追求电影的娱乐化、技术化，并不能让电影取得成功。2021 年春节上映的《唐人街探案 3》和《你好，李焕英》就是最好的例子，“唐探三”在一开始上映时票房远远超过《你好，李焕英》，甚至破了首日上映的票房纪录，但其中过度的大场面拍摄和一些为了喜剧效果而刻意制造的情节让许多人对此评价很低，而《你好，李焕英》作为一部讲述简单故事的电影，由于其中蕴含的真挚而简单的感情，让无数人为之感动，使得越来越多的人去电影院观看。同样，徐峥导演的《我不是药神》并没有投入很多资金来拍摄一些视觉效果很好的、震撼人心的大场面，整部电影讲述的故事看似平凡，却令人感动，最后的结尾更是点睛之笔，很好地将电影与现实联系起来。不过，这也并不是否认科技在电影中的应用，如《流浪地球》作为一部国产科幻片，在给观众呈现了一场视觉盛宴的同时，更传递了一种流淌在中华儿女血脉中的家国情怀与团结精神，完美地结合了科技与传统文化，向全世界展现了中国精神。作为一个拥有 14 亿人民的大国，中国应当有一些具有格局和视野的导演来向全世界展示中华民族优秀的人文精神，我们需要能够代表国家形象的杰出影视作品，而不能让美国大片在中国越来越成为主流。我们每个人都应当改变自己对于科技与文化的看法，更加注重人文精神，才能让我们国家的文化软实力更强大。

例文二十五从科技进步引发人们娱乐生活的改变，过渡到对电影精神和内容的影响，思路清晰顺畅，但是整篇文章未见到任何引用标注，所举的具体电影案例分析是原创观点还是借鉴难以区分，作为非专业人士未免有抄袭之嫌。因此，在借鉴他人观点和材料时一定按照学术规范做好标注，指明来源。

（六）语言表述客观

有些读书报告在发表观点时用词没有很好地斟酌，语气比较生硬，带有个人情感，有比较鲜明的个性化色彩。实际上读书报告是一种学术写作，要理性地发表观点，不是彰显个性的创作。

例文二十六

辜老先生的一些思想是封建而偏激的，在他的行文当中，我看得到他对于中华文化的自豪，但却少了些反思和自省，这样一味的鼓吹和自信在那个年代确乎显得有些不合时宜，并且有些极端。也正如《文化的边缘》一书的观点：双方要在一种对等均衡的条件下，才存在对话交融

> 的可能。否则的话,要么东风压倒西风,要么西风压倒东风,无论什么结果,都是一种畸形的文化,随时有坍塌的可能。我认为不同的文化需要交融和相互学习,中华文化也需要吸收西方文化中使其进步发展的部分来完善自己,而不是以一种居高临下的视角去批判其他文明。

例文二十六对辜鸿铭先生在当时背景下提出的思想进行批判无可厚非,也搜集了相关材料辅助论证,但是行文应该注意语气委婉,反对的观点应该客观,“封建而偏激”“一味鼓吹”“极端”等表述比较主观。结合当时的时代背景,辜鸿铭先生发表的见解有一定的时代意义,文章应站在当代的视角下审视过去的观点,否则就会显得主观性过强,缺乏说服力。

有些读书报告中会出现一些口语化表述,也需要注意。例如用“使我”“让我”这样的文字(如例文二十六),容易让人产生读后感的感觉,写作时可以转换表述方式,站在更客观的角度,使用如“作者通过……警示人们……”等,则可以避免出现读后感式的评价。另外,学术论文中一般极少出现“我”,更多的是以“笔者”代替。

例文二十七

> 比方说我如果和我妈说了某一句由某一游戏视频引申而来的“行话”,我妈一定会一脸疑惑,就算我努力地向她解释清楚了这一句“行话”的由来,甚至于拉着她看完那个视频,她也不能理解为什么会出现这样的话,因为她没有和我一样的经历,或者说,对这一事件的认可。
>
> 我认为相同的经历仅仅是一个小的条件,更重要的是对于这一相同的经历的认可。认可从何而来?由日常所接触的东西而来,所有的事情,一定是自己亲身经历过才会有所感悟。

例文二十七使用的“比方说”“我认为”就是非常不可取的口语化表达,使用在生活中和父母之间发生的事件,也不是进行观点论证时应该使用的论据。

有些文章概括得过于精练,缺少主语、衔接词,使得表述过于生硬,文章缺乏流畅性甚至出现了语病。例文二十八中“作者大量采用举例子的方法加以说明,这里不再赘述”明显背离了读书报告的基本要求,不把原文内容呈现出来,就无法体现对原文内容的解读。读书报告虽然称作“报告”,但还是要以文章形式呈现的,要注意行文流畅、前后衔接。说明母语表达的标准化和规范化训练仍需加强。

例文二十八

一种语言接触外来文化后，可以使本地的语音、语义和语法发生变化。为证实这一条结论，作者大量采用举例子的方法加以说明，这里不再赘述。

五、结语

结语应该包括总结全文、提出问题和未来展望三部分。有些读书报告用了较大篇幅写三者中的一个部分，或者只总结原文，或者断章取义，寥寥几句仓促结尾，这都是不可取的。

例文二十九

三、小结

周有光先生的《双文化和双语言》这篇文章清晰地表达了当今世界文化交融的现状，它不仅仅是对双文化这一现状的分析，更是在为我们的发展指引方向。那么在这个瞬息万变的时代，我们应该立足于怎样的角度，来实现中华民族伟大复兴呢？周有光先生在文中指出：从双语言的水平，可以测知国家的现代化的程度。所以如果想要发展，就一定要重视双文化的培养，保留自身文化，同时与国际接轨，既不失自身的特点，也不囿于传统。

例文二十九的结语是对原文的总结和归纳，整个段落都没有体现出作者从原文中引申出来的思考。

例文三十

四、结语

作者在本文中有意无意指出了语言和文字的区别，这很重要，在交流方面，根据作者表述，语言的优先级高于文字，"文字是一种间接的说话"，而显然语言是说话的主要形式。

作者在本文中的观点是鲜明的——不反对文字下乡，但是建议相关人员先清楚文字和语言到底对乡下人会产生什么影响之后再去制定具体的文字下乡的措施。

生活在新时代，我们也应该思考：现在我国的文化、知识普及。就说明中国脱离乡土化了吗？庙堂和乡土是完全对立的吗？

例文三十结语中的前两段仍然是对原文的评价，第三段对乡土语言文化发展的未来展望仅仅提出了两个反问，并没有发表自己的见解，说明作者对乡土社会语言文字发展问题思考尚未深入。

例文三十一

三、结语

费老在《乡土中国》的《文字下乡》一章中深刻探析了乡土社会和语言。我们如果既要不忘费老青年初心，又要拾补其晚年缺憾，就须有意识地在其未尽之处做些历史功课，从而延伸和拓展经典的魅力。

例文三十一作为结语过于简单潦草，只说两篇文章做了什么，没有介绍原文主旨大意，结尾处“就需有意识地在其未尽之处做些历史功课，从而延伸和拓展经典魅力”这种表达比较空洞，没有落实到具体问题，文字下乡在当今时代的必要性是什么？能解决什么问题？对未来的展望才是引发文章读者思考的出发点。

例文三十二

三、结语

《全球化时代文学研究还会继续存在吗》这一著作中“文化终结论”的提出无疑是深刻而具有历史意义的，它敏锐地洞察了未来电信技术普及、文学式微的趋势，并成功地吸引了文艺界对此的注意，引发各界对文学的未来的反思。其实，无论是米勒自身的“文学终结论”，还是争论阵营心目中的“文学终结论”，都或多或少地寄寓了文艺界对文学未来的走向的或忧虑、或妥协、或热衷的心理。笔者认为，对“文学终结论”的讨论不会止于当下，只要社会没有进入下一阶段，“文学终结”的过程就不会停止。只有社会的进一步发展，才能使诸如文学是否仍需存在、将以什么形式存在等问题的答案变得更加清晰。

例文三十二第一层突出了原文的主要内容，第二层肯定“文学终结论”在文艺界的存在价值，第三层对“文学终结”的可能存在形式和未来发展做出自己的判断。层层递进，逻辑清晰。

六、参考文献

一篇读书报告的参考文献过少，乃至没有写参考文献是不可取的。参考文献过少可能造成自己观点的片面，或者与他人观点的重合，后者可能造成抄袭，因此广泛阅读相关文献非常重要。参考文献著录格式应遵照国家标准 GB/T 7714—2015，期刊、专著、网络资源等内容的引用都有不同的格式。

复习思考题

1. 阅读辜鸿铭《中国的语言》并概括文章的主要内容。

2. 请指出以下读书报告中存在的问题,提出修改建议并将其修改完整。

《中国的语言》读书报告

摘　要: 本文对辜鸿铭在《中国的语言》这一文章中所表达的与汉语口语和汉语书面有关的观点进行进一步思考,并以此发表自身对他的观点的看法。

关键词: 《中国的语言》　语言　中西差异

一、简介

作者辜鸿铭(1857 年 7 月 18 日—1928 年 4 月 30 日),中国学者、翻译家,是晚晴精通西洋科学、语言兼及东方华学的中国第一人。主要著作有《中国的牛津运动》《中国人的精神》等。

二、中国的语言

文中,作者将汉语分为两个部分——口语和书面语,并分别对两者难学的原因进行阐释。

(一) 口语

在该部分中,作者以自身掌握的多种语言为参照,首先驳斥了“中文的难学恰恰是因为它简单,恰恰是因为它没有规则和语法”这一观点。随后,作者提出了“口头的或通俗的中文是完全没有受过教育的人们的语言”的观点,并提出了“必须使你自己像一个小孩,那时你不仅能进入天国,而且也能够学会中文”建议。然而,作者在此处戛然而止。何谓“像一个小孩”? 由前文来看,似乎是指“完全没有受过教育”。可怎么才能让一个受过教育的人如一个未受教育的人那样呢? 而从另一角度,难道其他语言便没有所谓的“完全没有受过教育”的使用者? 将中文口语难以学习归结到中文是“完全没有受过教育”者的语言,我认为是站不住脚的。

(二) 书面语

第二部分,作者着重讲解了书面汉语中的“华美优雅的书面汉语”或称“高级古典汉语”,从后文来看,这应当指的是文言文与古典诗歌。

作者认为，高级古典汉语之所以难学，是因为其通过使用简单的字词与概念（而不是生僻字或是堆砌辞藻）描绘生动的画面或传达深邃的思想。同时，作者通过同一首古诗的逐字翻译与意译之间的对比，强调了简单字词与高深含义之间的反差。

而对于“高级古典汉语”为何难学这一话题，我们或许可以更加深入地进行探讨。在中国古典诗歌与古文中，某些特定的事物是可以代表特殊的情感的，如“月亮”代表“思乡”“团圆”、“大雁”代表“游子”等，但在其他语言中它们便没有这样的对应关系。这些传统意象部分来源于传统故事，部分来源于经典作品，来自于几千年中华文化的积淀，是逐渐出现在汉语中的。身为母语者，我们在耳濡目染中将这些物体与这些情感建立了联系，并自然地在我们的语言中加以运用。古典诗歌中，之所以简单事物可以刻画复杂场景，传达复杂思想，便得益于意象的帮助。而对于学习者而言，把握这些意象是困难的，尤其在古典诗歌中，不止要正确地运用，更要加以类推与想象。故而“华美优雅的书面汉语”是困难的。

本讲附录

从方言入诗角度看文字下乡

——费孝通《乡土中国》读书报告

摘　要：费孝通先生基于乡村建设运动的文字下乡，从“文盲”角度切入，主要谈及乡村识字率和文化水平低下的问题，从实用性角度探讨了文字在乡下普及度低的重要原因，即乡土社会对文字的现实需求不大。另外，笔者认为从方言的地域性角度可看到文字在传情达意过程中不如语言有效。因而，利用地方特色，如方言入诗，推动文字从阳春白雪走向下里巴人或是一种有效途径。

关键词：文字下乡；方言地域性；俗语入诗

《乡土中国》最初是费孝通先生在20世纪40年代后期根据在西南联大和云南大学所讲的“乡村社会学”内容而分期连载的14篇文章，主要探究中国乡村社会的特点。其中文字下乡部分提到乡下人文化程度低的原因，但未详细讲述解决措施。本文主要就地方性方言俗语在文字下乡中的作用试做分析。

一、文字的竞争力

事实上，文字在乡下的竞争力远不如语言。无论是农村物质条件、现实情况，还是各地风格迥异的方言俗语，都能反映出语言所占的优势地位。以下从需求层次、语言的瑕疵和文化经验角度试做分析。

（一）口头交流有效

费孝通认为，乡土社会是一个差序格局中的“熟人社会”，中国传统社会很稳固，长久以来未发生巨变。而乡土生活则是富于地方性的，即活动范围有地域上的限制，由之形成了生于斯死于斯的社会。常态化的生活是终老是乡，假如在一个村子里的人都是这样的话，在人与人的关系上也就有了一种特色，即每个孩子都是在人家眼中看着长大的，在孩子眼里周围的人也是从小就看惯的（费孝通，1947）。因而我们对身边的人很了解，仅口头交流配上适当的手势比画就能解决沟通表达的问题。归有光在《项脊轩志》中讲到的“久之，能以足音辨人”就是很典型的一例。甚至于有时候在亲人之间，一个眼神或是一个特定的手势就能使对方会意。在这种熟人环境里，文字上的交流被替代了。

（二）文字的误解缺陷

书面文字容易引起误解和歧义，很多汉语词语还会出现一词多义现象。

此外还需考虑修辞（如象征、用典、双关）等表现手法，若大量使用书面语言，会给乡下朴素的农耕生活造成一定的不便。在《乡土中国》中举到的青年男女谈恋爱传信因为字句理解上的歧义酿成悲剧的实例就很有说服力。此外，不同于在城市中做工，传统农事活动需要的科学知识不多，农民们没有阅读大量书籍来获取知识的现实要求。当然，更加没有这样优越的家庭条件。

（三）经验主义下的顺从“老人言”

由于乡土社会发展缓慢，大多数生产生活上的经验可以由老一辈口耳相传给年轻一辈。因为年轻一代所面临的问题老一辈也大都经历过，不同年龄段最终拥有的经历很相似。譬如“不听老人言，吃亏在眼前”的俗语就反映了老一辈言论具有的指导意义。正因如此，乡土社会并不太依赖于文字，人们更需可亲自实践的经验，而不是抽象的知识原理。而众所周知，经验的传承往往依靠口耳相传。

二、方言的地理分野

从中国各地区方言分异现象可以看出乡土社会口语使用的广泛性。中国是多民族国家，各民族都有其独特的语言和文字。赵元任在《语言问题》第七讲《方言跟标准语》中谈道：“平常说方言，是同一族的语言，在地理上渐变出来的分支。在中国，全国方言都是同源的语言的分支，虽然有时候分歧很厉害，我们认为是一个语言的不同的方言。”

由民族多元化此带来的不同地域的语言多样性，在地理上也是分层次的，一般可以分为四级：区、片、小片、点。《当代吴语研究》就对吴方言区作了更细层面的划分。这些地域相近、血脉相亲而又略显差异的方言是乡村文化的一种证据，有些语言的词块甚至被运用于诗词中。

三、方言俗语入诗带来的文字下乡新机遇

如上文所说，某些精彩的方言俗语在古诗词中得到体现。事实上，在古代很多方言词语在诗词中都有运用。如方言“日头”指“太阳”，在杨万里《山村》中“歇处何妨更歇些，宿头未到日头斜”中就有记载。越地方言“旧年”对应“去年”在《次北固山下》中“海日生残夜，江春入旧年”也能对照。与此类似，俗语和口音也会影响一时一地的诗句。那么，若充分利用诗词中的方言，如乡政府设置文化长廊，举办方言欣赏大会等，使之作为独具特色的农村文化在当地传承，能使人们在品读诗词的过程中加深对方言的理解，从而带动文字顺利下乡。

四、小结

借助方言在古诗词中的使用来促进文字在乡土社会的普及是可行的。

通过对地方古籍的保护和史料资源挖掘，让人们，尤其是年轻一代，体会到平常耳熟能详的话组合成优美的诗句的魅力，从而拉近文字纸张与他们的距离，可能更有利于文字在乡下的普及。相信在中国政府“乡村振兴”战略的指引下，乡村精神文化水平能逐渐提升。

参考文献

[1] 费孝通.乡土中国[M].北京：作家出版社，2019.

[2] 梁敏，周勇.再从功能论的视角看费孝通“文字下乡”[J].读书文摘，2016(4)：255.

【分析】

该文摘要第一句提炼原文核心内容，后面两句归纳笔者提出的主要观点，简洁明了地概述了此篇读书报告的主要内容。关键词的选取范围大小合适，抓住了文章的重点。

第一段以文章的写作背景引入所读文章，在引言中阐述了本文“地方性方言俗语在文字下乡中的作用”的独特视角。第一部分提出的三方面内容旨在梳理全文，夹叙夹议，提取文中最能表现原文作者思想观点的内容进行呈现，也加入了自己的理解。第二部分将关于方言的背景知识的内容作为作者发表自己观点的过渡，篇幅大小适中。第三部分即作者个人思考，如何利用诗词中的方言带动文字下乡，方言本来自乡土社会，让其反哺乡土社会是一举两利的事情。最后小结部分对全文进行了总结，提出未来展望，美中不足是未提及所读文章的内容，但也瑕不掩瑜。

总体来说，这篇读书报告格式规范，文章结构非常清晰，特别是在段落、小节间注意使用了衔接句，使得文章更加流畅。内容全面，详略得当，对于方言带动文字下乡系统阐述了自己的思考，有理有据。

第十二讲　文献综述写作

过文英

一、文献综述的概念

文献综述是文献综合评述的简称,也称研究综述、文献述评、既有研究、文献脉络、研究现状等。

文献综述的名称各异,定义也不统一。劳伦斯和布伦达对文献综述的定义是:“文献综述是一种书面论证。它依据对研究课题现有知识的全面理解,建立一个合理的逻辑论证;通过论证,得出一个令人信服的论点,回答研究问题。”①迈克尔认为文献综述是“列出与你的研究计划相关的历史研究,并解释你的论文是如何建构并超越过往研究的”。②

具体而言,文献综述是指在全面收集、阅读大量研究文献的基础上,经过归纳整理、分析鉴别,对某一研究领域或学术问题在一定时期内取得的研究成果、存在的问题以及新的发展趋势等进行系统、全面、客观的叙述和评论,以便预测发展、研究的趋势或寻求新的研究突破点。

文献综述是针对某一学术问题相关研究的梳理和评论,它包含了几个要素:其一,以某个问题为核心,以相关性为限定范围,进行文献的收集、阅读。其二,对文献进行系统梳理、分析,看看学界已经做了哪些研究工作,已有哪些理论基础、研究结论。此为“综”。其三,对这些文献进行评论,取得了哪些成果,存在哪些不足,未来有哪些研究空间。此为“述”。

二、文献综述的必要性

文献综述是学术论文写作的开端,也是一切研究的基础,特别是在学位

① 劳伦斯·马奇,布伦达·麦克伊沃.怎样做文献综述——六步走向成功[M].2版.上海:上海教育出版社,2020:4.

② 迈克尔·E.查普曼.人文与社会科学学术论文写作指南[M].北京:北京大学出版社,2012:14.

论文的写作中,文献综述占据着重要的地位,是论文中一个必不可少的重要组成部分。

(一)撰写文献综述是科学研究的必要过程

学术研究是天下公器,需要一代代学人前赴后继地开拓和努力才能薪火相传。纽曼在《社会研究方法:定性和定量的取向》中指出了科学研究活动的本质:"科学研究是许许多多相互分享研究成果的研究者,以共同体的力量来追求知识的集体努力。"①任何一个学术领域的知识都是许许多多研究者经过不懈努力逐渐累积起来的,并逐渐形成一个知识体系,推动科学研究的进步。在此过程中,知识体系形成了一定的内在逻辑关系和演进的规律,有人称之为学术谱系。不同时代的研究者所从事的研究都是学术谱系中不可缺少的一环,相互之间存在着密不可分的联系。前人的研究工作为后人的研究奠定了知识和方法的基础,后人对已有研究成果的学习、吸收和理解,有利于研究的进一步深化发展。

文献综述的重要价值在于它体现了科学研究的继承性。文献综述勾勒了某一问题研究的发展历程,探究研究问题的起源、发展和现状,梳理其中的学术观点和理论方法,展现了相关的研究背景,厘清了学术史的脉络,这是对学术传统的尊重、继承。撰写文献综述可以将自己的研究置于整个学术谱系之中,对自己的研究进行定位,确定自己的研究的价值,也可为后来者的研究提供文献检索的路线图,为后继研究建立进一步创新的平台。可以说,文献综述的写作,在科学研究活动中起到了学术传承的作用。

(二)避免重复性研究,提高研究价值

有学者提出,"科学工作者应把人类历史上尚未提出的或尚未解决的问题作为科研的选题。从事这种研究才是真正有意义的科学研究。"②但一般而言,完全没有任何研究基础的、"空前绝后"的课题较为少见,大部分问题都曾经被考虑过或者已被充分研究。以《红楼梦》为例,从清代至今,对《红楼梦》的研究就从未停止,其研究涉及《红楼梦》的主题、版本、作者,以及其中的衣食住行、诗词歌赋,等等,由此形成了专门的学问——"红学"。即使是新出现的问题,也可能是过去问题的变种或者亚种。事实上,根据专家的估计,我国有 40% 的科研项目其实在研究前就已经发现了相关的国内外成果。以新型冠状病毒为例,虽然这种病毒先前从未在人体中被发现,属于冠状病毒新毒株,但科研人员对新型冠状病毒的研究并非一片空白,以此前所

---

① 纽曼.社会研究方法:定性和定量的取向[M].5 版.北京:中国人民大学出版社,2007:122.

② 李达顺.社会科学方法研究[M].北京:中国国际广播出版社,1991:128.

发现的多种冠状病毒为研究对象,科研人员对冠状病毒的研究已积累了大量经验,如 SARS 冠状病毒的研究就为新冠病毒研究提供了一些研究思路。

因此,当确定一个研究课题之后,我们面临的首要问题是了解前人和今人对于该课题的研究状况,以避免对类似研究进行重复劳动。简单地重复已有研究,是对人力、物力、财力的极大浪费。文献综述的重要作用之一就在于充分占有已有的研究材料,全面了解这一课题的基本研究情况,如研究了什么,运用了哪些研究方法、研究思路,已取得了哪些研究成果及研究结论。这样就可以避免重提前人已经解决的问题,重做前人已有的研究,甚至重犯前人已经犯过的错误。只有熟悉了前人对本课题的研究情况,才能避免重复研究的无效劳动,进而在前人的基础上,从事更高层次、更有价值的研究。

(三)确定研究起点,建立创新的基础

科学研究本质上是一种创新活动,创新可视为对现有研究不足的弥补或突破。

在开展一项新的研究之前,需要全面和深入地了解前人对相关问题的研究工作及其结果,如前人已经做了什么,是如何做的,做得怎么样,今后的研究有何趋势,后续研究是否有成功的可能性,既有的理论和方法是否可以借鉴,等等。只有全面、充分和深入地把握前人业已开展的研究工作及其结果,才能准确地判断研究的必要性以及研究的价值,确定研究的起点。对前人研究的全面考察,可以获取进一步研究的基础。在这一过程中,使最初的研究兴趣或研究议题得到进一步细化,逐渐上升为研究课题。

通过撰写研究综述,对不同研究视角、方法,不同研究设计,不同观点进行分析、比较、批判与反思,可以深入了解各种研究的思路与特点,特别是了解前人研究的不足和缺陷。如研究方法、研究思路有何不足,研究结论是否准确,是否有未完成而又需要进一步开展的工作,所要研究的问题是否已经得到解决或者在何种程度上得到了解决。在掌握研究现状的基础上寻找研究的切入点和突破点。对现有研究不足的弥补或突破,可为后续研究奠定创新的基础。所谓“站在巨人的肩膀上才能比巨人看得更远”,文献综述的写作可以使我们的研究真正地“站在巨人的肩膀上”,站得更高,看得更远。

三、文献综述写作的步骤

文献综述的撰写应遵循定向选题 → 检索、收集文献 →阅读、整理、分析文献 → 拟写提纲、撰写成文的路径。

（一）定向选题

确定研究方向、选定研究课题是进行文献调研的起始阶段。一般来说，在进行文献调研时，研究者已经初步确定了研究方向，但并不一定十分清楚该研究方向的一些新近研究进展。只有掌握了该研究领域的最新研究进展之后，才能将该研究向下一步推进，否则很有可能会做一些重复性或者错误性的工作。选题时要考虑研究者自身知识结构、时间、精力等因素，还要考虑创新性和可操作性。

（二）检索、收集文献

文献的检索、查阅是撰写文献综述的基础，文献的主要来源无疑是专业的出版物，包括图书、期刊、会议论文集、学位论文、专题报告、统计资料以及档案材料，等等。随着数字出版的推广，越来越多的数字出版物也成为文献的重要来源。一般的图书馆、大学和研究机构都能提供较为全面丰富的电子资源。选择学术类文献的数据库，中国知网（CNKI）、万方数据（WANFANGDATA）、维普（CQVIP）是较有影响力的三个中文文献的数据库，而百度学术、谷歌学术、读秀也是很好的搜索引擎。

在文献检索过程中，通过“主题”或者“关键词”查找文献的方法是较为常用的，这两种方法可以检索到尽可能多的与研究领域、研究主题相关的文献资料。相比而言，使用“关键词”检索更为精准。

收集、选择文献是文献综述过程中的一个重要步骤。文献选择有以下几个标准：

1. 文献的全面性

搜集文献应尽量全面。掌握全面、大量的文献资料是写好综述的前提，因此应尽可能充分而广泛地占有与选题有关的文献，全面搜罗中文和外文文献。

2. 文献的代表性

要瞄准主流文献，如该领域的核心期刊、经典著作、专职部门的研究报告、重要人物的观点等。要关注文献的出处，尤其是一些较为知名的期刊、核心期刊、优秀硕博士论文、有代表性的学术著作等值得重点关注。

文献综述所要写的是该领域具有代表性的文献，且对该研究领域未来的发展有所展望。因此，要尽量搜集所要研究的专题中具有权威性的文献和近几年内发表的新文献（理工学科和社科类可能要求70%以上为最近三年内的文献；人文类文献对时效性的要求较为宽松），尽力将文献中具有代表性的、创新性的观点和见解加以归纳陈述，在此基础上对该专题的发展做出预见,使研究的内容更加厚重、坚实和具有前瞻性。

研究者尤其不能遗漏那些被公认为在该研究领域中具有经典地位的代表文献,这些文献将为研究工作提供必不可少的知识、理论和方法的支撑。同时要特别关注研究领域的代表性作者及其代表性文献,这些文献一般代表了该领域的主要观点和前沿,具有说服力与权威性。

3. 文献的真实性

保证文献来源真实可靠、内容可信非常有必要。应该运用一手文献,最大限度地减少使用二手文献,杜绝间接引用文献,特别是对研究问题关系密切和重要的文献(数据、事实),以免以讹传讹。对于非学术性、缺乏权威性或可信度的网站、报纸、杂志所提供的信息,要审慎对待,其中可能包含了许多未经证实的信息或者非经科学方法获得的数据。

(三)阅读、整理、分析文献

完成了资料的收集后,呈现在我们面前的可能是数十、数百篇文献,对文献的阅读、整理、分析决定了一篇文献综述是否具有较高的价值。

首先,阅读是全面掌握文献观点、研究方法等内容的过程,也是写好综述的基础。对于收集到的海量文献,一字一句地仔细阅读既不现实也无必要,可以采用“泛读+精读”相结合的方式:浏览文献标题、关键词、摘要、结论,对学术价值不高的文献进行泛读,记录摘要及结论即可。在泛读过程中选定代表性文献和重要文献,进行“批判地精读”。此类文献在综述写作中具有重要价值,能够展示研究现状及其大致的发展方向,在阅读时要认真体会、揣摩作者的观点及其提出的过程,准确理解并提炼文献的观点。提炼观点时,力求做到客观、真实、准确。

其次,围绕主题,按照一定的原则、分类标准对文献观点进行分类、整理,使之系列化、条理化。可以参考的标准有:① 按学科领域分类;② 按学术观点、学术流派分类;③ 按问题研究的历史发展阶段分类;④ 按研究方法分类等。通过上述方法,形成文献综述写作的基本素材。分类整理的过程也可以使我们的写作思路变得层次分明、逻辑清晰。

最后,对不同的观点进行合理的分析、比较和评论。在此过程中要保持思维的自主性和独立性,对文献作者所持的观点进行归纳、分类、整理,做到客观公正,既要肯定优点,又要指出存在的问题、不足,不可根据自己的喜好而随意褒贬。在归纳、概括各种观点时,要避免像记流水账一样逐一介绍,要抓住要点,表述时应简明扼要。要深层次地比较或分析各种观点,注意同类别观点之间内在的逻辑联系以及不同观点之间外在的逻辑对比,做到条理清晰,观点明确。

需要注意的是,无论采用哪种阅读方法,在阅读文献时都应记录文献的基本信息,如篇名、作者、出处、发表时间、页码等。为了提高效率,可选择使用文献管理软件,如:NoteExpress、Notefirst、Endnote、Zotero,等等。

(四) 拟写提纲、撰写成文

文献综述所涉及的材料较为丰富,因此在正式写作前应拟写一个写作提纲,根据已确定的主题安排和组织材料。也可以构建思维导图,对研究内容、研究方法等加以梳理。这样可以使文章层次分明、逻辑清晰。

拟好提纲后,在构思明确、材料齐全的基础上,可进一步组织材料,撰写成文。完稿之后,须多次修改,直到满意为止。

四、文献综述的结构

一般而言,作为一篇独立成文的文献综述,其结构主要包括:题目、摘要和关键词、前言、主体、总结和参考文献。

(一) 题目

文献综述题目一般应在 20 字以内(包括副标题),最多不要超过 25 个字。题目要求能够准确反映出文献综述的主要内容。常见的综述性题目如《深度学习研究进展》《全球化背景下国际移民社会融合研究综述与展望》《国内外政府职能转变及其理论研究综述》《国内外营运资金管理研究的回顾与展望》《文学创伤理论评述——历史、现状与反思》《中国农村留守儿童研究述评》《新型冠状病毒性肺炎研究进展述评》《明清诗文研究七十年》,等等。

(二) 摘要和关键词

摘要也就是内容提要,它建立在对全文进行总结的基础之上,用简单、明确、易懂、精辟的语言对全文内容加以概括,提取文章的主要信息、作者的观点、文章的主要内容、研究成果等。国际标准化组织(ISO)在 ISO214 - 1976 (E)中把“摘要”一词定义为:“对文献内容的准确扼要而不加注释或评论的简略陈述。”

摘要必须写出论文的核心内容、研究对象、实验方法、实验结果、主要数据和现象、问题的解决程度、主要论点、论据和结论。有些摘要还可写出该项研究成果的价值和意义。从形式上讲,摘要要求精练、完整、不加评论、第三人称等。

(1) 精练。摘要的篇幅要短,文字必须简洁、准确,即用最精练的语言概括出丰富的内容。摘要的内容必须是论文的精华所在,必须抓住重点和关键，简明准确地把论文的主要内容揭示出来。中文摘要一般不宜超过300字，约为200~300字。

（2）完整。摘要的语言要缜密、语义连贯、结构严谨、逻辑性强。摘要是一篇完整的短文，可以独立成篇。摘要反映与文献的主要信息，即使不阅读全文，也能获得必要的基本信息，以便读者了解全文内容或给科技情报人员和计算机检索提供方便。

（3）不加评论。摘要只对论文内容作忠实的介绍，不作任何褒贬评论，不作自我评价。因而不要出现“认为”“推测”等主观判断词，也不要出现书报评论式或书刊介绍式的语气，如：“本文共分四部分，第一部分论述了……”“作者首先叙述了本课题的研究史，其次论述了……”，等等。

（4）第三人称。摘要应站在第三者的立场上对文献作非人称介绍。有时可用“著者”“作者”“笔者”“本文”等，但一般不要出现“我”“我们”等字眼。

在具体写作中，摘要通常以“介绍（了）……”“叙述（了）……”“回顾（了）……”“归纳（了）……”“总结（了）……”“分析（了）……”等句式指明论文主题所涉及的各分论题及其内容范围；以“指出……”“得出……”“提出……”“认为……”“分析表明……”等句式表述论文作者创新性见解的具体内容，包括学术观点、发展方向预测以及建设性意见或建议等。

例文一

摘　要：随着电子产品和移动互联网应用的进一步普及，青少年投入网络游戏的时间也相应增加，因网络游戏导致的相关问题也日渐凸显，青少年网络游戏成瘾问题也因此受到越来越多的关注。本文从网络游戏成瘾的定义、诊断、相关环境和个体因素及干预方法等方面综述网络游戏成瘾的研究现状，总结了游戏成瘾研究发展的阶段、特点和当前焦点，提出基于强化学习理论的青少年游戏成瘾模型，并展望了青少年游戏成瘾的研究方向。

关键词：青少年；网络游戏成瘾；诊断；干预

（选自奚婉、胡玉正：《青少年网络游戏成瘾的研究现状与展望》，《应用心理学》2022年第28卷第1期。）

例文一是一篇综述的摘要，首先介绍了问题的缘由，即青少年网络游戏成瘾问题产生的原因、背景。用“从……等方面综述……”“总结……”这样的句式表明了该综述所涉及的论题；后面的“提出……”“展望……”部分则表达了作者的见解。上述摘要以精练的文字表达了丰富的信息，可视为摘要的典型范例。

为了便于检索，摘要后须给出关键词，一般将全文中最能代表研究主题的重要内容进行概括与总结，从论文的题目、论点及关键的章节选取，按照相应的逻辑顺序进行排列。一般一篇论文的关键词为3—5个，关键词之间用分号分隔。

（三）前言

前言部分，主要说明研究的目的以及研究的意义（包括实践、理论意义）、背景，介绍有关的概念、定义以及综述的范围（所涉及的问题），扼要说明有关主题的研究现状或争论焦点。前言部分不宜太长，只需引出所写综述的核心主题。

例文二

随着信息化时代和教育改革的进展，基础教育课程改革中教学方式由“教师为中心”向“学生为中心”转变，教师作为学生自主学习的指导者和支持者是实现学生自主学习的关键因素。世界各国开始探索促进教师专业发展的有效途径，如美国教育部教育研究与促进办公室1985年出资在密歇根州立大学教育学院成立的“全国教师教育研究中心”，于1991年更名为“全国教师学习研究中心”，标志着学习在教师专业发展中的作用得到了前所未有的重视；2004年9月10日，英国教育与就业大臣查尔斯·克拉克宣布开始实施推进教师专业发展的计划，使每个教师都能够在工作中不断获得学习的机会。无论从时代背景还是教育研究都表明，教师自主学习对社会、学生、教师自身的专业发展有着重要作用。为了对教师自主学习的研究历史、现状、前景有一个全面的了解，我们利用文献综述法和内容分析法对国内近5年的文献进行了阅读、筛选、分析、归纳、并从统计分析的数据以及获得的理论和实证研究成果进行述评，为以后的教师自主学习的研究提供启示。

（选自蔡迎旗、杨方娇：《国内教师自主学习研究文献综述——基于CNKI数据分析》，《教育导刊》2017年7月。）

例文二是一篇综述的前言，其内容包括教师自主学习的兴起、发展过程以及重要意义，可视为研究背景。随后阐述教师自主学习的研究历史、现状和前景，点出论文的研究主题和研究目的。最后简略说明本次综述所涉及的文献范围、研究方法等。前言部分紧扣主题，使读者对全文要叙述的问题有了初步的了解。

（四）主体

主体部分是文献综述的核心，也是文献综述信息量最大、价值最高的部分。文献综述主体部分一般先提出问题，再围绕问题进行叙述和评价，要兼顾“综”和“述”。“综”即综合，将所搜集到的文献资料进行筛选、整理、归纳及分析比较，使材料更精练明确、更有逻辑层次。作者应对文献内容、观点等进行综合叙述，而非简单罗列和介绍。“述”即评述，阐明有关主题研究的历史背景、研究现状、各学派的主要观点和依据、争论的焦点以及对这些问题的评述，反映作者自己的看法和见解。

对文献内容的叙述，要尊重原文，忠实于原文。作者要在反复研读原文、充分理解原文的基础上，将众多的观点进行整合、归类，要尽可能找出不同文献之间的内在联系，了解他们的分歧是什么，共识是什么，然后围绕自己的核心问题和行文思路，重新组织语言进行转述。作者要用自己的话概括或阐释原文的观点和思想，摘录原文中比较确切、关键的字眼，用高度概括性的语言叙述被引文献的主要论题及其内容梗概或核心要点。作者应尽可能地避免引用原文中大段的内容以及很长的句子，避免重复原作者的话。其典型的表述方式如：“……论述了……”“……采用……方法，对……进行了研究”“……指出/认为/考察/总结/聚焦/……”“……对……开展了较为深入的研究”，等等。

例文三

岁时节日作为传统文化的重要组成部分，是人在认识并适应自然时序的基础上而创造的时间文化，它服务于民众物质生产、社会生活及精神信仰，是传统社会民众实现集体文化生存的时间指南。岁时节日的文化特征是节日研究论著中主要关切的内容之一。陶立璠《民俗学》中总结岁时节日的特征有时间性、地域性和民族性、活动形式的多样性。杨景震《中国传统节日风俗的特征》一文根据节日的传承，观察节日形成的时代背景和生活方式，提出节日的特征有：礼仪性、理想性、时代性、民族性、传统性、变异性、群众性和地域性八个方面。金毅在《论民族节日文化的现代化》一文中将民族节日文化的特征归纳为：民族性、地域性、复合性、群体性、周期性、稳定性、变异性和兼容性。韩养民、郭兴文《节俗史话》一书中概述了节俗的特点：中国节日风俗既有与世界各国的节日风俗相通的共同点，又有中国节日独具的鲜明特点。

刘晓峰《论中国古代岁时节日体系的内在节奏特征》一文是研究节日特征的重要论文。作者指出，中国古代岁时节日体系的内在节奏特征，基于岁时节日分别以年、季、月以及一月之内为单位，认为岁时节日的排列不是单纯的物理时间的排列，而是有其内部理路可循的。刘晓峰并对中国古代历法中节日排列特征进行分析，指出：中国古代历法中节日排列的基础与阴阳观念有内在联系，中国古代历法的节日排列体系符合农耕生活的生产方式。从节日内在的节奏特征角度，对中国古代岁时内部结构进行整体考察，体现了作者的探索精神。户晓辉《中国传统节日与现代性的时间观》一文认为，中国传统节日主要源于对时间的分割或划界，属于中国人原初的时间体验形式和时间直觉形式，表现为异质性、周期性、具体性、可逆性，是一种存在论的时间，也是一种神圣的和神话的时间，其多半指向过去。现代性时间观的特点则是同质性、直线性、抽象性和不可逆性，它指向未来，是一种生产使用价值的社会必要时间和机械钟表时间，也是一种"霸权"时间。将传统节日与现代性的时间观进行比照，分析传统节日在过去、现在和将来的不同存在形式，并提出现代民族国家应该在这两种时间观的"冲突"中起到积极的调和甚至挽救的作用，即在民族国家的日历中以立法的形式保留中国传统节日的合理位置，从而为中国人本源的时间意识预留合法的表现空间。上述两文都为岁时节日研究提出新颖而独到的研究视角，丰富了岁时节日的研究方法。

（选自萧放、董德英：《中国近十年岁时节日研究综述》，《民俗研究》2014 年第 2 期。）

例文三是对近十年岁时节日研究的其中一个方面——节日特征研究的综述。作者围绕"节日特征"这个主题，对文献进行了一定的分类。如第一段中提到的几篇文献（著作、论文）都是"岁时节日的文化特征"，几篇文献的观点有所不同，作者一一进行了分析、对比。第二段重点评述了两篇具有代表性的、有重要影响的论文，作者简明扼要地介绍了两篇文献的主要观点，并进行了评论，认为这两篇文献的研究视角新颖而独到。如在评价刘晓峰的论文时，作者肯定了该文的研究角度和研究方法，认为该文"从节日内在的节奏特征角度，对中国古代岁时内部结构进行整体考察，体现了作者的探索精神"。例文三对文献内容的叙述与评论进行了有机的结合。

例文四

由于国内研究者对"教师自主学习"的理解和侧重点不同，对其没有形成一致性的定义。学者王蓉将教师自主学习界定为"教师倾向于在学习上自我指导并作出自我选择，这种具有自我导向性的教师学习，确立了教师在学习中的主体地位与主动的表现形式”。这强调了教师的自我导向作用，突出教师对自我的指导；同样，马亚辉认为“教师自主学习是在教师原有知识基础上，根据自己学习的特点，自觉确定学习目标，制订学习计划，选择适合自身发展要求的学习内容、学习方式、学习场所以及需要的学习材料，调控学习过程，评价学习结果，以实现自觉主动学习的学习活动和学习模式”。他也强调教师自身的主动性和自觉性；然而邵志慧认为“教师自主学习是教师在学习过程中体现在各个方面、全面的自主性学习方式”。主要是运用教师学习的各个方面来判断教师的学习是否是自主性的，比如学习动机、学习方法、学习内容等方面进行判断；也有学者认为教师自主学习是根据自身的特点制订学习计划。由上所述，研究所呈现的共同点是：教师在自主学习过程中，学习的方法和计划是由教师自身所制订的，且学习的过程是由自己监控的，学习的目的是解决教学中存在的问题而不仅仅是掌握知识。

（选自蔡迎旗、杨方娇：《国内教师自主学习研究文献综述——基于 CNKI 数据分析》，《教育导刊》2017 年 7 月。）

例文四是对教师自主学习的理论研究成果的述评，主题为“教师自主学习的定义”。作者根据文献材料，认为国内研究者对“教师自主学习”的定义没有形成一致性的意见。作者边叙述边评论，采用了叙议结合的方式。综述摘录了原文的重要观点，其中对原文的语句既有直接引用，也有间接引用，根据需要，灵活运用。述评时，既有对每一种观点的阐述，又有对研究者共识的概述。

需要注意的是，综述主体部分的写作应避免以下问题：

（1）“综”而不“述”。这主要表现在对前人的观点缺乏系统分类，也未进行归纳和提炼，仅仅将各种观点汇总陈述，罗列堆砌，导致文献内容杂乱，缺乏逻辑。难以厘清某问题研究的发展脉络、深入程度、存在的问题等。这样的综述无法反映作者的观点和见解，充其量只是资料的汇编。

（2）“述”而不“综”。即以叙述为主，对研究现状的梳理和介绍只是一笔带过，用大量的篇幅进行评述，进而提出自己的研究设想，结果将文献综述写成了评论或研究计划。

（3）“综”“述”混淆。即没有区分作者的观点与原有文献的内容，将二者混杂在一起。

（4）评论不够客观。表现为在综述过程中，曲解原文献作者的观点，把自己的观点强加给原作者，或者断章取义，篡改原有文献的内容和观点。遗漏重要研究学者或重要观点。或是为了迎合自己的观点，只着重评述一些与自己观点相近的文献，回避与自己观点相对立的文献；或是在评论时过于主观，给人以吹毛求疵之感。

（五）总结

总结性文字在文献综述主体的后面，对文献中的主要观点进行总结，并形成结论，以强化该综述的主题，给人以深刻的印象。总结部分应当简明扼要，将全文主题进行扼要总结，指出现有研究的得失、研究方法上的优缺点或研究的空白处，并提出自己的见解，提出研究问题或研究假设。总结部分要指出所研究的问题与前期相关研究的关联性，使读者既了解问题的过去和现在，又能展望未来。

例文五

综上所述，茶马古道研究在概念逐步明晰的同时，已经涉及了时空分布、商贸往来、文化交流、开发利用和保护等方面，历史文献、考古发现、田野调查等方面的资料均得到了广泛应用，而且田野调查资料的运用愈加频繁和广泛，呈现出多学科参与、多种方法综合运用的特点，取得的成果也比较丰富。但如果从茶马古道的交流与互动核心来看的话，目前的研究仍有不足之处：首先表现在商帮与地方社会的互动研究还有待进一步深入，茶马古道上物资的生产、运输、销售链条中，茶农、马帮、房东/锅庄、土司等地方首领之间的利益博弈仍未涉及。其次，大多数学者仍停留在对商品和有形线路本身的考究上，鲜有学者从更深层次上将茶叶等商品消费与其社会文化属性结合起来，探讨茶马古道沿线民族对茶叶等商品的认知，分析贸易与消费二者之间的相互制约或促进，探讨作为日常必需的茶叶在商品贸易往来中的“拉动”作用，以及由此引发的资源分配和思想文化交流。最后，今日茶马古道上前赴后继的游客与历史上的茶叶等物资之间的类同关系，尤其是游客流动引发的更广泛的文化交流和社会互动问题，在目前的研究中仍基本处于空白状态。进而，利用历史人类学的研究思路，从茶叶等物资和人员的流通入手，将物资贸易与人员的流动同西南地区内外的族群互动结合起来，深入全面地探讨茶马古道究竟如何在悄无声息中像牵牛花一样连接了西南地区的众多族群，已经成为研究中一个亟待深入，同时也是“一带一路”建设背景下更具现实意义的问题。

（选自凌文锋、罗招武、木霁弘：《茶马古道研究综述》，《云南社会科学》2018年第3期。）

例文五作为一篇综述的总结，从相关概念、研究角度、研究方法等各个层面对茶马古道当前的研究现状进行了回顾，肯定其取得的丰富成果，对全文的主要观点进行了总结。随后指出当前研究的不足，即在三个方面仍处于研究的空白状态：① 商帮与地方社会的互动研究；② 茶叶等商品消费与其社会文化属性结合的研究；③ 今日游客与历史上的茶叶等物资之间的类同关系。这三个方面的不足，提示了进一步深入研究的价值，也为后续的研究指明了方向。整篇总结既有回顾，又有展望，内容上非常完整。

（六）参考文献

参考文献类型主要有引用论文、书籍、报刊、报告等。参考文献是文献综述的重要组成部分，是撰写文献综述的重要依据。

葛剑雄在《通识写作——怎样进行学术表达》中对参考文献的重要性有一段非常精彩的陈述：

> 为什么参考文献对于学术写作来说非常重要？学术写作的目的之一是构建学术共同体，你作为学术共同体的成员来表达观点，推动对学术问题的认识和理解，推动学术知识的积累，所以你的参考文献对读者是非常重要的资源。任何一个你的同行如果更多地了解这个领域的知识，可以通过你的参考文献了解。而且参考文献是一个证明，证明了你已经读过这些人的作品，你是站在前人的基础上做的研究，这也证明你是作为一个学术共同体的重要参与者。①

可见，参考文献不仅显示了对被引用文献作者版权的尊重，而且为今后的进一步研究、为读者深入探讨有关问题提供了文献查找线索。参考文献在一定程度上反映了作者对研究领域的认知程度，体现了文献综述的深度和广度。

参考文献应以引用第一手资料为主，以创新性强、学术质量高的核心期刊文献为主，且一般要引用新文献，这些文献相对来说容易反映选题研究的最新进展和争论焦点。尽量不要采用网络等不权威的内容以及出处不明的文献材料，应尽量少使用二手文献。

参考文献的编排应条目清楚，查找方便，内容准确无误。参考文献应限于作者直接阅读过的、发表在正式出版物上的文献。参考文献与正文中所引用的文献应当一一对应，每一个正文引用的文献都可以在参考文献中找到。

参考文献有固定的格式，须包含文献的基本信息，如作者、文献题目、文

---

① 葛剑雄.通识写作——怎样进行学术表达[M].上海：上海人民出版社，2020：5.

献类型标识、文献出版地和出版时间、刊物/报纸名、起止页码，等等。具体参看国家标准 GB/T 7714—2015。

五、文献综述的写作方法

对文献进行综述的方法多样，并没有固定的原则和要求，也没有固定的格式，但因文章内容、所涉及的范围及自己的写作技巧而灵活选择结构。可从不同侧面、不同层次进行阐述，如按文献发表的时间顺序综述，或按学科进展分年代顺序综述，也可按不同的问题进行综述，还可按不同的观点进行比较综述。基本的要求是条理清晰，表达顺畅。

一般而言，综述的常见写法有如下几种：

（一）纵式写法

纵式写法指围绕某一专题，按时间顺序或研究领域发展进程，对其在各个阶段的发展动态作简要描述，对该专题的历史演变、当前状况、趋向预测作纵向描述，要按时间顺序说明这一专题的历史以及在各个阶段的发展状况，介绍各个阶段的研究水平。对该专题的研究历史和现状作出评述，如已解决哪些问题，取得了哪些成果，还存在哪些问题，今后发展趋向如何，等等。由此勾勒出该专题的来龙去脉和发展轨迹。每个时间段的内容和层次要清楚，要避免出现零散或是遗漏要点的现象。

纵式写法要注意以下几点。① 突出“创”：对具有创造性、突破性的成果作详细介绍对提供的论据及论证的逻辑、方法要适当说明。② 适当“简”：对学界熟知的问题只需提及即可。在论及陈旧的观点及已被否定的观点时从简、从略。③ 抓“焦点”：面对有争论的问题，可介绍各家观点和学说，进行比较，指出问题的焦点，预测可能的发展趋势，并提出自己的看法。

《1949～2010：中国民族教育六十余年文献综述与研究》①一文是对新中国成立 60 多年以来中国民族教育研究的综述，论文第二部分采用的是纵式写法，以民族教育研究的历史发展为纵轴，围绕这一主题归纳出不同发展阶段：新中国成立初期、“大跃进”和“文革”时期、改革开放后的快速发展时期、20 世纪 90 年代后的急剧变革发展时期、21 世纪等五个历史时期，重点阐述了各个时期的研究内容以及相应的研究特点，并进行相关的分析、归纳与评价，特别是综述了各个历史时期有代表性的文献和观点。文章采用纵式写法，层次井然，条理清晰，图 12－1 所示即为该文的写作结构图。

---

① 马丽娟，伍琼华.1949～2010：中国民族教育六十余年文献综述与研究[J].西北民族研究，2011(04)：91－102.

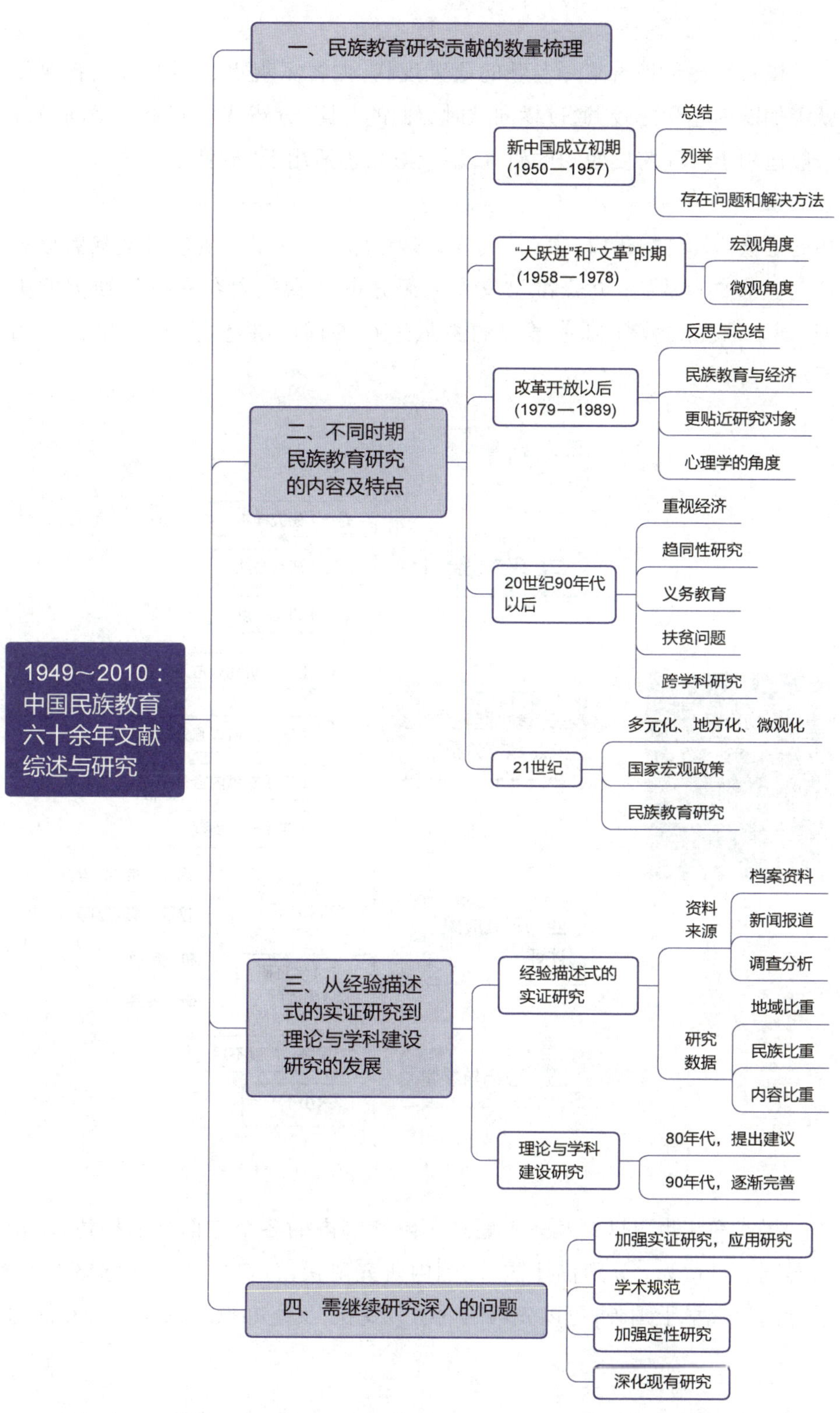

图 12－1　《1949～2010：中国民族教育六十余年文献综述与研究》写作结构图

（二）横式写法

横式写法是指对某一专题的研究现状，如各派观点、各种方法、各自成就等加以描述和比较，通过横向共时层面的对比，分辨优劣利弊。横向写法一般适用于时间跨度较短的研究现状综述，也适用于“成就性综述”。

《国内教师自主学习研究文献综述——基于CNKI数据分析》①一文采用的是横式写法（图12-2）。以该文第三部分“教师自主学习文献数据分析”为例，文章从“研究分布”“文章来源分布”“文献内容分布”“研究的类型”四个维度对教师自主学习的文献进行了横向综述，并且提出自己的看法。

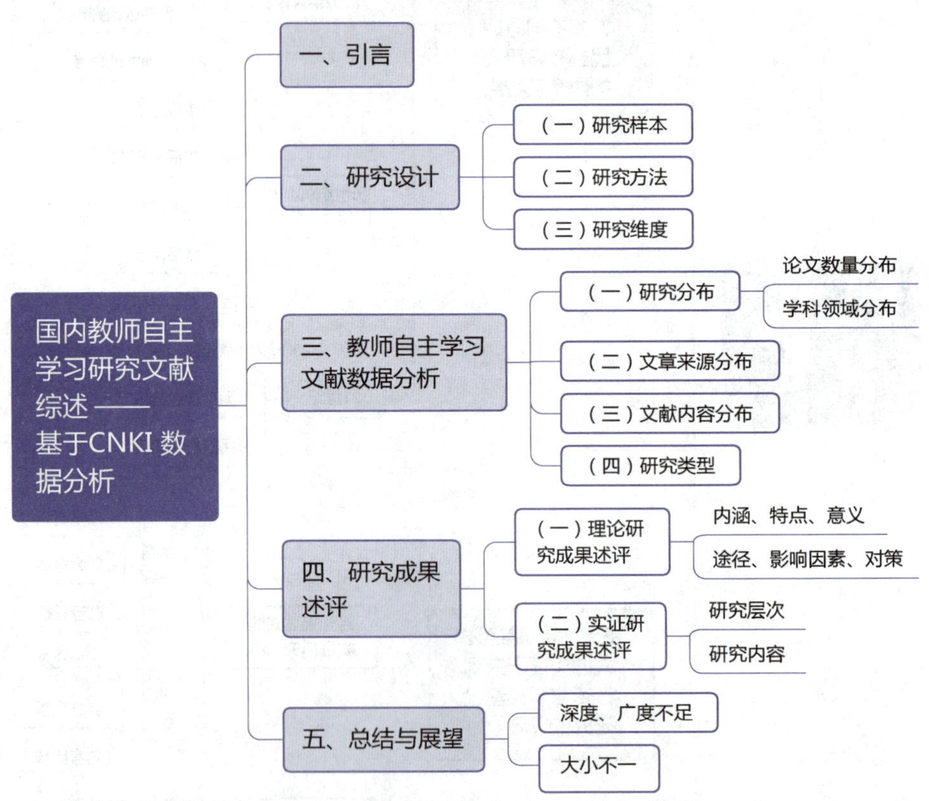

图12-2 《国内教师自主学习研究文献综述——基于CNKI数据分析》写作结构图

横式写法也可以对某一专题在国际和国内的各个方面加以描述，比较其异同。具体为：分别描述国外、国内研究现状，各自按其发展脉络书写。若国内研究早于国外，可以先写国内研究现状，反之亦然。采用这种写法的

① 蔡迎旗，杨方娇.国内教师自主学习研究文献综述——基于CNKI数据分析[J].教育导刊，2017(07)：71-75.

文献综述有王竹泉等《国内外营运资金管理研究的回顾与展望》、文琴《国内外城市公共阅读空间研究综述》等。

（三）纵横结合式写法

对于那些时间跨度较大、研究背景资料较为丰富的文献综述，大多既采用纵式又采用横式的结构方式。例如，以纵式结构反映某一专题的研究历史以及当前课题的进展，以横式结构展现某个领域多方面的研究现状。纵横交错，广泛地综合文献资料，全面系统地认识某一专题及其发展方向，做出比较可靠的趋向预测，为新的研究工作指明突破口或提供参考依据。

《浙江学者对汉语语言学研究的贡献及其特色》①采用了纵向与横向相结合的写作方法，以浙江学者的中国传统语言研究、浙江学者的现代语言学研究等相关研究的发展状况为历史纵轴，结合各分支学科的特点，从某一角度出发，分析、归纳了每一历史时期相关研究的内容、方法、观点以及代表性的学者。全面而系统地评述了浙江学者在汉语语言学方面的贡献、特色。（图 12－3）

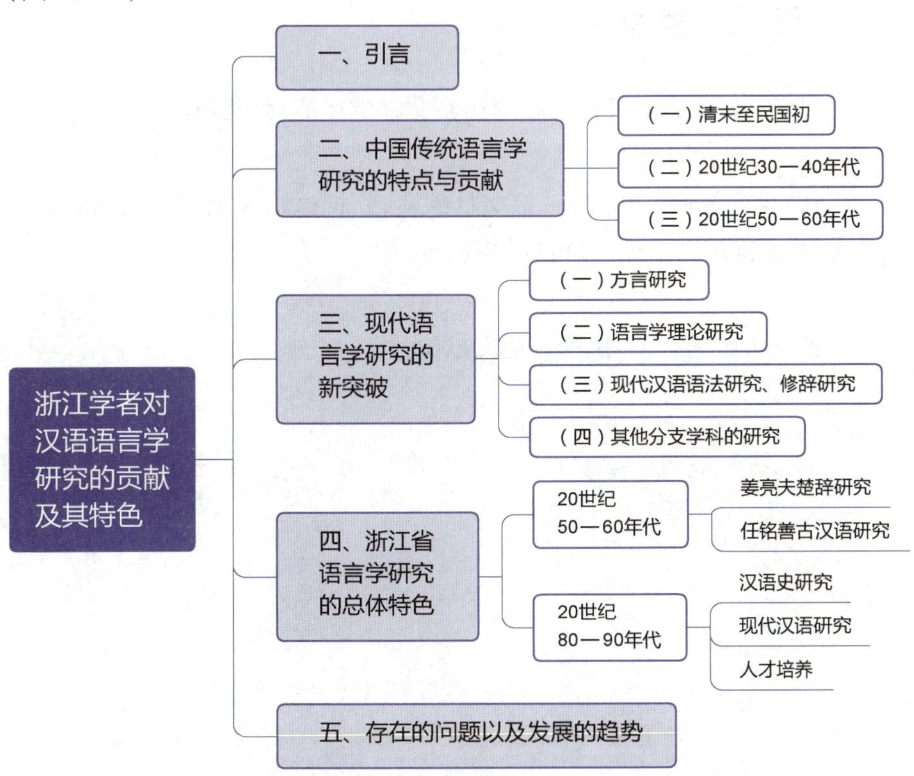

图 12－3 《浙江学者对汉语语言学研究的贡献及其特色》写作结构图

① 邵敬敏.浙江学者对汉语语言学研究的贡献及其特色[J].汉语史学报，2006(00)：267－276.

一篇综述采用纵式、横式或是纵横结合式写法，可视具体情况而定，但无论采用何种写法，首先要围绕研究主题，全面系统地搜集文献资料，对资料细致而有条理地加以整理，撰写中要客观、公正地总结、评论，要做到逻辑合理、层次分明、条理清晰、语言简洁。

文献综述是学术研究的基础，对学术传承具有重要意义，它能成为新的研究的起点，并在前人基础上创新，创造出更多有价值的研究。撰写文献综述是一个科学研究者的基本功，通过撰写文献综述，可以锻炼从事研究工作的各项能力，如搜集、阅读、归纳和整理文献的能力，逻辑思维和学术写作能力。与前人相比，如今我们身处信息爆炸的时代，获取信息已非难事，面对浩瀚的文献资料，撰写文献综述的难度也在增加。因此，我们更要下足功夫，勤加练习，通过一次次的写作实践，提高学术论文写作的综合能力，提高学术素养，为今后的进一步研究打下坚实的基础。

复习思考题

1. 思考：为什么要写作文献综述？文献综述的写作步骤是什么？

2. 从“中国知网”上选择一篇文献综述，分析这篇文献综述的结构及写作方法，谈谈这篇文献综述对自己的启示。

3. 请以小组为单位，撰写一篇文献综述。

第十三讲　文献综述案例问题分析

过文英

纸上得来终觉浅,绝知此事要躬行。撰写一篇高质量的文献综述需要经过严格的训练和大量的写作实践,在写作实践中不断总结经验,掌握文献综述的写作方法,掌握一定的格式以及规范的表达。初次进行学术写作的大学生们在撰写文献综述时出现的问题五花八门,本讲将以写作实践中大学生的真实习作为例,将其中出现的问题分门别类进行分析和评论,目的在于使读者能够更加直观地了解文献综述写作过程中出现的普遍性问题,避免以后出现类似的错误。

一、摘要和关键词的问题分析

案例一:过于简略

> 网络表情包传播的研究综述
>
> **摘　要:**在当今网络社会,表情包已经成为了不可替代的交流工具。表情包飞速传播的背后蕴含着社会文化、大众心理等一系列时代特征要素,表情包的使用同时也影响着当代人际交往模式。本文主要介绍国内目前关于网络表情包传播的研究,并综合分析部分研究提出尚值得探索的议题。
>
> **关键词:**表情包;研究

评述:

1. 摘要

文献综述的摘要是对文章内容的简要陈述,应该包含文献的主要信息,它的功能是使读者不阅读全文，就能获得必要的基本信息，迅速了解文章内容，也能为科技情报人员和计算机检索提供方便。因此，摘要的内容应包括论文的核心内容，如：研究对象、实验方法、实验结果、主要数据和现象、问题的解决程度、主要论点、论据和结论，还可写出该项研究成果的价值和意义。案例一中的摘要内容过于简略。摘要中的“本文主要介绍国内目前关于网络表情包传播的研究，并综合分析部分研究提出尚值得探索的议题”一句与其说是对全文内容的概述，不如说是对写作思路和篇章结构的介绍。案例中的摘要并没有介绍目前的研究现状，也没有对“尚值得探索的议题”作简要的说明。因此，案例中摘要所提供的信息不够具体，无法使读者借此了解全文内容。

2. 关键词

为了便于计算机检索，摘要之后需提供3—5个词语作为文献综述的关键词，一般是文献综述中出现频率最高、最有代表性，起到核心作用的词语。案例一中只有两个关键词，不利于后期计算机检索。其中“研究”一词对检索文献综述来说没有专指性，也就是说没有检索价值，因此并不能作为文献综述的关键词。

二、前言的问题分析

案例二：聚焦不准

> 外来词，又称“借词”或“外来语”，指本种语言从别种语言吸收过来的词语，它随着语言的发展而根深蒂固地融入并成为本种语言不可缺少的部分。而中国外来词发展主要有三个时期，第一个时期是汉唐时期，丝绸之路开通后东西方文化发生碰撞，各种西方文化，佛教文化传入我国，外来词就是其中之一，当时传入的外来词有葡萄，如来，塔等。第二个主要时期是晚清，我国文化遭到西方文化强烈碰撞，传入了如德先生，赛先生等外来词。第三个时期就是改革开放以后，国家之间的交流与联系愈加紧密，出现了如互联网，高尔夫，篮球等一大批外来词。为了对汉语外来词有更深入的认识，本文采用文献综述法对CNKI上的部分文献进行了阅读、筛选、分析和归纳，并从分析得到的数据进行总结。

评述：

文献综述的前言部分主要说明写作的目的，介绍主要概念、定义以及综述的范围、文献起止年月、问题的现状和争论焦点等。引出所写综述的核心主题，对全文要叙述的问题构建一个初步的轮廓。

案例二介绍了外来词发展的三个时期，各自的发展情况及特点，使读者大致了解了外来词发展的概况。但需要明确的是，文章的目的是对外来词的研究进行综述，那么，前言中需着重介绍的应该是目前外来词的研究概况。也就是说前言的重点应该聚焦于外来词的研究，而非外来词的本身。案例中作者行文过于跳跃，缺乏必要的过渡。

案例三：概念模糊

> 汉语称谓语在直观上表现了双方的人际与社会关系，同时也承载了特定语言文化的价值观念和民族心理，是观察人际语用原则、语言文化界面关系，以及语言演变模式的重要窗口，因此历来受到语言学研究的重视。本文采用文献综述法和内容分析法对相关期刊文献进行了阅读、筛选、分析与归纳，并从统计的数据中进行理论分析与评述，从而得到汉语称谓语研究的现状、意义、影响因素、不足之处。

评述：

案例三来自一篇关于汉语称谓语研究的综述，因此“汉语称谓语”是综述中一个非常重要的概念，一般而言应在前言中给出具体定义，并标注定义的来源。

案例中开篇介绍汉语称谓语的重要价值和意义，却忽视了对汉语称谓语本身概念的解释，没有给出明确定义，可能会影响读者对研究主题的理解，这将大大降低这篇综述的研究价值。

三、文献引用的问题分析

案例四：出处不明

> 中国出版研究所 2006 年完成第四次国民阅读调查统计，数据显示：我国识字人的图书阅读率为 48.7%，且有 1/4 的人读书时间在减少，而 1999 年我国国民的读书阅读率为 60.4%，2001 年为 54.2%，2003 年为51.7%，2005 年首次下降到不足 50%，比 1999 年下降了 11.7%。国民阅读率下降是国民文化素质下降的重要信号，情况令人担忧。世界

其他国家也出现了类似的情况。美国国家艺术基金会的一项调查报告显示：美国越来越多的人不喜欢阅读书本，以前被认为最喜欢读书的 18 岁至 34 岁年轻人，现在却是阅读最少的人。另外只有 47%的美国人休闲时阅读过文学作品。报告警示说，如果按照目前的下降速度持续下去，文学阅读作为一种休闲行为将在半个世纪后彻底消失。

评述：

在文献综述写作过程中，不可避免地要引用原始文献的观点和成果。有些内容无需标注，包括：学界已经公认的定理、原理、事实，家喻户晓的俗语、谚语、格言，某些已经进入公共领域的艺术作品，等等。但是如果从其他作品中直接引用原话、数字、图表、观点或其他信息时，则必须标明引用文献的来源，否则将被视为学术剽窃行为。

案例四引用了很多数据，主要来源于中国出版研究所 2006 年完成的第四次国民阅读调查以及美国国家艺术基金会的一项调查，这两项调查所得的数据来源于何处，因文中无具体标注，读者无从得知。那么这两项调查是否真实存在，数据的真实性如何就都是存疑的。

实际上，案例中提到的两次调查，资料获取较为容易，作者可以通过各种文献检索的途径查阅相关报告，搜索到原始数据，记录其出处，在文中加以标注。

案例五：二手文献过多

肖治国(2018)的数据显示："据统计，2004 年底，已经有 3 000 万外国人在学习汉语(人民网，2004)。2009 年 3 月 12 日，时任国家汉办主任的许琳在十一届人大二次会议新闻中心表明，全世界现在学习汉语的人数已经超过了 4 000 万(中国网，2009)，世界各国学习汉语的人数很多国家以 50%甚至翻番的速度增长。2014 年 3 月，全球汉语学习者超过 1 亿。(《文化建设蓝皮书 · 中国文化发展报告(2014)》，2015)。截至 2015 年 9 月，海外学习汉语的人数已过 1.2 亿，且以 50%的幅度在增长。专家预测，2020 年底，海外学习汉语的人数将达 2 亿(人民网，2017)。"由此可见，学习汉语的人数正在快速增长。

鲁光男(2018)的数据显示："2008 年数据表示：中国共接收来自

> 189个国家的来华留学生22万；2015年，共有来自202个国家和地区的397 635名各类外国留学人员来到中国，分别在31个省、自治区、直辖市的811所高等学校学习（教育部，2016）；2017年，来华留学生来自204个国家，共计48.92万人。中国已经成为亚洲最大、世界第三大留学目的地国家（教育部，2017）。从前面三个数据显示，汉语的热度已经延伸到国内，汉语不仅在国外有很多学习者，现在越来越多的外国人来到中国学习汉语，学习中国知识。”可见，来华留学人数越来越多。

评述：

案例五中，作者所要表达的观点是“学习汉语的人数正在快速增长”“来华留学人数越来越多”，为此引用了一系列数据，而这些数据又来源于他人的文献，致使作者处理的一直是“二手文献”。

为保证综述的真实性和学科性，在引用注释时要准确可靠，要尽量使用“一手文献”，少用“二手文献”。案例中引用的数据，可通过人民网、中国网等官方网站发布的信息，教育部发布的统计数据获取。此外，也可以根据已掌握的肖治国、鲁光男所写的两篇论文中标注的参考文献，以此为线索，追溯查找到原始的文献资料，确认文献的出处。这一方法被称为“引文查找法”“引文追溯法”，也是文献收集、检索的常用方法之一。

同样，文献中引用的观点也必须来源于作者亲自阅读过的文献，并且要注意引用观点的原创性，不能为了图方便，从别人的综述或是第三人的论文中间接引用。一是出于对他人学术成果的尊重，二是可以避免由于对文献理解不透或曲解而造成观点、方法上的失误，也可以避免以讹传讹。

四、“综”“述”的问题分析

案例六：整合不够

> 本文检索到以“一带一路”为研究背景的文献有李宝贵和尚笑可于2018年发表的《“一带一路”背景下汉语国际传播的新机遇、新挑战与新作为》、刘映婷于2021年发表的《“一带一路”背景下的汉语国际传播与文化推广研究——以宁德地区为例》、毕彦华于2019年发表的《“一带一路”倡议背景下汉语国际传播的新思考》、刘旭于2019年发表的《“一带一路”视阈下的汉语国际传播发展策略研究》、常琳于2019

年发表的《"一带一路"背景下汉语国际传播与复合型汉语人才培养互动关系研究》、苏延烨于2018年发表的《"一带一路"背景下的汉语国际传播》、佘清于2018年发表的《"一带一路"背景下的汉语国际传播研究》、陈涛于2017年发表的《"一带一路"倡议下汉语国际传播的契机与挑战》、杜敏于2016年发表的《"一带一路"背景下汉语国际传播及其特点》以及余江英于2016年发表的《东道国语言选择对FDI流入影响的实证研究——兼议"一带一路"倡议下的汉语国际传播》。这些文献立足于"一带一路"的时代背景,探讨了汉语国际传播的现状、传播特点、面临的机遇和挑战等等。

国家"一带一路"倡议的提出,将汉语国际传播的问题推至学术的前沿。就我国而言,学者们正经历语言传播观念的转变,即从早期的对外汉语教学,到汉语国际推广,再到当前的汉语国际传播。"一带一路"背景下沿线国家汉语国际传播呈现出良好的新态势,与"一带一路"沿线国家经贸合作的不断加深、新时代国家新政策的全力支持、孔子学院转型发展为汉语国际传播提供了新契机,但其同时也面临着人才培养尚未有效对接"五通"建设、沿线国家来华留学生的规模和结构有待扩大优化、孔子学院布局尚欠均衡等方面的挑战。对此,以上文献提出,汉语国际传播要实现新作为,应立足"五通"建设需要,优化沿线国家汉语传播资源配置方式;充分发挥多元主体作用,构建多样化、立体的汉语传播新格局;适应多样化受众需求,为"一带一路"建设提供人才智力支撑等建议。

评述:

案例六第一段中,作者回顾了以"一带一路"倡议为背景的汉语国际传播研究,作者认为这些文献研究了汉语国际传播的现状、传播特点、面临的机遇和挑战等。但实际上,由于作者只是罗列文献名,而无实际内容,读者基本上无法从中得到什么有价值的信息。汉语国际传播的现状如何,传播有何特点,面临什么样的机遇和挑战,读者一无所知。读者更无法获知研究者们在研究方法和研究角度上有何不同,是否达成共识,有无观点上的分歧等。这样的文献罗列失去了综述的价值。

案例六第二段指出,国家"一带一路"倡议的提出,将汉语国际传播的问题推至学术的前沿。看起来似乎是对前面文献的综述,或是作者对这一问题的观点,但由于缺少明确的提示,读者只能自己揣测。第二段最后,作者提出了国际汉语传播要实现新作为并给出了具体方案，作者以“对此，以上文献提出”作为提示，所论及的具体方案内容来源于第一段中提到的文献观点，但这样的表述同样存在问题，这些观点出自某一位研究者，还是研究者们的共识，作者并没有做必要的交代。

此外，文献综述需要作者对相关文献进行整合、概括、总结、归纳、评论。在案例中，作者对现有文献内容的叙述如蜻蜓点水，一掠而过，没有具体的内容，也没有抓住关键，更没有对目前研究的不足以及未来研究的空间、角度、方法等提出自己的看法。这大大降低了文献综述的学术价值。

案例七：综而不述

> 不同民族有着不同的神话，神话体现出来民族精神也不同，很多学者为了研究神话与民族精神之间关系做了深入的研究。
>
> 贺菊玲(2011)认为：“中国神话与古希腊神话在神的形象塑造上的不同，以及所体现的各自不同的伦理观念，从一个方面反映出这两个民族在文化精神和价值取向上的深刻差异。”
>
> 程茜(1998)认为：“早在人类的神话阶段，各民族在具有人类共同的神话思维特点的同时，亦明显地显示出属于本民族自己的思维特点、情感方式、价值取向和基本人生态度，即形成了本民族自己的精神结构。而且，一个民族在神话阶段初步形成的精神结构，因为它的原生性和本原性而成为民族精神结构中最稳固最恒定的部分，成为民族一脉相承的文化基因。”
>
> 闫德亮(2018)认为：“中国古代神话真实地记录了中华民族童年时代的足印，客观反映了先民们对自然、社会的认知，其中所蕴含的文化内涵铸造出了伟大的民族之魂，孕育出伟大的民族精神。这种伟大的民族精神折射出的民族心理特征、思维方式、审美情趣和价值观念，滋养并引领着民族的形成、发展、壮大、强盛。”

评述：

一般来说，就某个主题对相关文献进行综述，其目的不仅仅是对相关研究进行总结，还需要在总结的基础上对目前研究所取得的成果，存在的不足以及未来的研究方向进行探讨。在案例七中，作者没有对研究现状进行梳理，对观点没有系统分类。没有概括，没有归纳，没有分析，也没有评论，也就是说综述中并没有听到作者本人的声音。这三篇文献的观点是什么，研究角度和方法是什么，相互之间是否有分歧或共识。现有的研究是否存在不足，未来的发展前景如何，作者从文献中是否得到启示，是否有值得深入研究的问题等，作者只字未提，只是对三篇文献的观点简单陈述、罗列，案例中存在的问题是典型的“综而不述”。

撰写综述必须充分理解已有的研究观点，并用合理的逻辑（或是时间顺序或是观点的内存逻辑、相似程度等）将它们准确地表述出来。案例七在内容的安排上也缺少合理的线索，只是按作者的顺序罗列各自的观点，缺乏内在的逻辑，内容比较杂乱。

案例七对文献观点的陈述采用了直接引用的方式，即一字不差、一字不漏地引用原文。但实际上，文献综述中的直接引用不宜太多，引文要尽可能简短，应适当控制引用的字数和比例，摘取最关键的语句即可。一般而言，作者在撰写文献综述时应该在充分理解原文的基础上，用自己的话转述（概括或阐释）原文的观点和思想。转述的方式更有利于作者对原文献进行整合、归纳，以更为简洁的语言对相关内容进行概述，也更能督促作者反复研读原文，把握原文中心思想。

案例八：述而不综

基于对以上汉语惯用语研究的数据统计，可以宏观地描绘出此研究领域的基本姿态，但是从文献成果看，则可以从微观角度对汉语惯用语的研究进程进行全面而具体的呈现，从而反映国内对汉语惯用语的研究现状和未来的趋势。本文从汉语惯用语的特征，汉语惯用语的文化价值，对外的汉语惯用语教学取得的进展三个方面进行简单的论述和总结。

一、惯用语的特征

1. 形成来源的广泛性

不同时期，不同地区，不同行业的人们在社会实践中创造很多各具特色的语言样式，其中有些语言经过不断演变和发展最终约定俗成，就变为今天的惯用语。因此，从这个意义上说，惯用语的形成来源是非常丰富而广泛的。一般地说，惯用语的来源至少包括以下几个方面：来自古代文献，来自各地方言，来自各行各业，来自文艺作品，来自其他民族或国家。

2. 具备较强的口语性

整体风格浅显易懂，人们很容易就可以理解。在来源上，惯用语通

> 常始于比较通俗的小说或者是人们的日常对话,口语感强烈,人们在日常说话时引用的次数极为频繁。单从表达风格来看,惯用语不仅可以带给人强烈的口语色彩,还具有诙谐性,具有主观色彩。
>
> 3. 语义生成的变异性
>
> 所谓语义生成的变异性是指,惯用语的整体含义往往不是其组成成分字面意义的简单相加,两者之间差异较大,是不等值的。如“穿小鞋”的整体含义就不能理解成“穿尺码小的鞋子”,而是应该跨越其字面意义解释成“挟嫌报复,暗中给人以刁难、约束或限制”。这种超越常规的语义生成现象便是一种语义的变异。

评述:

案例八是对汉语惯用语的研究述评,摘录的是有关汉语惯用语特征的研究述评。作为一篇综述,关于惯用语特征的研究现状应是本文所要讨论的重要问题。但作者在行文中论述的是惯用语的特征,而非该问题的研究现状。此外,作者也没有给出所引用的文献。因此,可以认为该案例并不是文献综述,而是作者的主观观点和评论,或者说这是一篇脱离原文献的综述。

从该案例内容来看,作者所提到的惯用语的三个特征是具有结论性的观点,也是很多文献研究的结论。从文献综述的写作规范来说,应该引用相关的研究文献来佐证这些观点。文献综述的重要目的是梳理相关研究领域的研究现状及动态,厘清研究现状进展与困境,为后续的研究提供参考。因此需要对文献中的观点、理论、研究思路和方法等加以归纳、分析、评论,在综述过程中,不能脱离对原文献的分析、论证。脱离文献材料的评述是“述而不综”的表现,这是撰写文献综述中最常见的问题。

五、总结的问题分析

案例九:过于主观

> 总的来说,目前的研究有两个明显的特征:
>
> 一、宏观立论。把论证放在两大神话系统的整体背景上,感性超越理性,以点带面,宏观把握,在文学化的西方神话传统中找寻中国神话的位置,尴尬而千篇一律。
>
> 二、求证相因。自“五四”以来,茅盾、鲁迅等人的结论成了公理,

原本需要论证的，却以前人的观点为其证据，一一相因，承袭较重，导致许多问题仍未有令人信服的结论。

研究中同时还存在着一些明显的问题，例如文章的论证方法单一，局限于少数几个文本，分类讨论不细致，等等。

评述：

案例九是一篇综述的总结，主题为中西方神话的对比研究。

作为总结，案例九没有对研究现状进行简要回顾，没有对文献中的主要观点进行总结，并形成结论，因此无法提供给读者有价值信息。总结也未提出有关这一研究主题未来的发展前景、作者从文献中受到的启示、值得深入研究的问题等，缺少综述应有的价值。

虽然作者在总结中概括了研究所呈现的特征，指出了存在的问题，但由于脱离了具体文献，作者的论述显得泛泛而谈，且行文颇为主观。

文献综述的撰写是一项严肃的科研学术活动，一切以事实为基础。要看到前人研究取得的成绩，也要指出其中存在的问题，要客观真实地反映研究的现状。对他人研究成果的评判必须公允、客观，要避免没有依据、不负责任的主观断言，不以个人好恶评价他人的研究。评论要客观，要对他人研究成果保持一种尊重，不要随意贬低别人，不要吹毛求疵，不要试图全盘否定前人的研究成果，以凸显自己的研究价值。尊重他人、尊重他人的研究成果，这是作为一个研究人员的基本道德素养。

六、关于参考文献的问题分析

案例十：格式不规范

参考文献：

［1］王晓静. 中西神话灾难叙事比较研究［D］.温州大学

［2］杨利慧.21 世纪以来代表性神话学家研究评述

［3］中国神话与希腊神话的比较研究［J］. 宋皓.宿州学院学报

［4］陈鹏程. 先秦与古希腊神话价值观比较研究［D］.天津师范大学，2006.

［5］赵炎秋.中西神话仙话比较研究.中国文学研究，2001

［6］潘世东 & 邱紫华.文化哲学视野下的中、希神话之比较.湖北民族学院学报（哲学社会科学版）

[7] 陈鹤鸣.《古希腊神话传说的文化精神》.外国文学研究,1999(03):68-73.

[8] 茅盾《神话研究》,百花文艺出版社 1981 年

评述:

案例十中参考文献的格式较为随意,不规范,遗漏了很多必要的信息。

参考文献的书写有固定的格式,格式的具体要求与参考文献的类型有关。目前,最重要的参考文献的类型有以下几种。APA 格式:美国心理学会(第七版);MLA 格式:MLA 论文写作手册(第八版);芝加哥格式:芝加哥格式手册(第 17 版);温哥华格式:作者-序号体系。这几种参考文献格式代表的是不同的学科和期刊论文对参考文献的不同的要求。中文的参考文献著录格式应参照我国的国家标准,即 GB/T 7714—2015。中文的文章文后参考文献与正文中所引用的文献,须一一对应。

案例十中的参考文献格式可修改如下:

[1] 王晓静. 中西神话灾难叙事比较研究[D].温州大学,2020.

[2] 杨利慧.21 世纪以来代表性神话学家研究评述[J].长江大学学报(社科版),2014,37(06):1-7.

[3] 宋皓.中国神话与希腊神话的比较研究[J].宿州学院学报,2006(03):76-78.

[4] 陈鹏程. 先秦与古希腊神话价值观比较研究[D].天津师范大学,2006.

[5] 赵炎秋.中西神话仙话比较研究[J].中国文学研究,2001(03):59-64.

[6] 潘世东,邱紫华.文化哲学视野下的中、希神话之比较[J].湖北民族学院学报(哲学社会科学版),2001(02):70-75.

[7] 陈鹤鸣.古希腊神话传说的文化精神[J].外国文学研究,1999(03):68-73.

[8] 茅盾.神话研究[M].天津:百花文艺出版社,1981.

复习思考题

1. 下面是一篇文献综述的写作片段,请指出这段内容存在的问题并进行修改。

汉语国际传播面临很多问题。于荫(2018)认为:“在汉语文化传播推广上面临着空间效率传播局限、文化差异明显、语言环境复杂多变和师资力量不足等诸多问题”。由于双方及多方文化、习俗以及观念的不同,产生过一些摩擦与冲突。”苏延烨(2018)认为:“师资教学质量不均衡;国际文化深耕发展理念滞后,文化软实力竞争激烈;汉语教学模式认知差异,跨文化传播载体有限。文化传播始终没有打开新局面,依然延续着以往单纯的到对方国家做单一层面文化交流学习的方式。”肖治国(2018)认为:“始终没有打开新局面,依然延续着以往单纯的到对方国家做单一层面文化交流学习。汉语国际教育学科建设不完备;多介质的传播模式尚且较为稚嫩;强势语言的竞争。总之,汉语国际传播面临着诸多问题。”根据上述学者的观点,汉语国际传播人面临诸多困难与挑战。

2. 请以小组为单位,对第十二讲的文献综述作业进行自评,根据自评结果进行修改。以下为评价依据:

(1) 结构是否合理、完整。

(2) 摘要与关键词是否具有概括性。

(3) 对文献的叙述、评论是否客观、准确,是否做到述、评结合。

(4) 总结是否全面、完整,有无研究展望。

(5) 文献引用、注释以及参考文献格式是否规范。

第十四讲　调查报告写作

吴　剑

一、调查报告概述

（一）调查报告的定义

调查报告是调查者在对某个研究问题进行深入细致的调查以后，将收集到的数据资料进行系统整理和归纳分析，最后阐明调查者个人观点的一种文体。该文体重视数据资料的真实、翔实和新近，要求调查者用自己亲手获得的数据资料写成调查报告。在专业训练中，调查报告主要用于检验学生收集实际材料，把它们进行合理组织，作为证据支持事实发现和观点证明的能力。

调查报告的第一手数据资料主要来自经验研究。经验研究的方法可分为定性和定量两类。郑也夫在《论文与治学》第六讲“深度访谈”中用简洁明了的演讲体话语很好地解释了定性和定量两者的联系与区别：

> 建议大家做经验研究，经验研究又可分为定性和定量。定性研究主要就是依赖深度访谈来获取第一手材料。我要强调的是，其实对定量研究来说，深度访谈也是非常重要的。因为定量研究大多要设计问卷，而深度访谈是问卷设计的基础，没有深度访谈，问卷设计从何而来呢？如果仅根据一般常识就搞出一个设计来，必然太一般化，缺少目的性。设计问卷时必须对该问题有相当的了解，这了解源于两个途径。一个是自己在生活经历中对此有切身的体会、感受，因此知道从哪儿下手，知道要通过问卷来区分出哪种差别，那些东西是从反省生活经历中提出的，通过问卷来分解。如果你没有切身的生活经历，那设计问卷之前就必须对相关人做深度访谈，在深度访谈的基础上设计问卷。不然的话，设计会流于表面。问卷设计不到位、不细致、不精妙，调查必然质量低下。①

① 郑也夫.论文与治学[M].北京：中信出版社，2018：100.

本讲主要论述的是基于定量研究方法收集第一手数据资料的调查报告写作。在定量研究方法中,调查问卷是当前应用最为广泛的工具之一。

(二)调查报告的写作要点

张静在《社会学论文写作指南》(第 2 版)中指出调查报告有五个写作要点①:

(1) 使用新鲜的第一手资料,一般由作者亲自获得。

(2) 和以往资料对比,留意展示它们的相似或差异。

(3) 总结资料的发现(如特征、事实、现状、趋势、变化等)。

(4) 阐述观点:上述发现说明了什么重要问题。

(5) 政策研究类的调查报告:对相关问题进行反思,说明根据现状和趋势分析,已有政策是否适用?是否应当改进?怎样改进?

以上五点适用于定性和定量两类经验研究范式,具有普适性。就定量的研究范式而言,这类调查报告主要是将社会现象和人类行为用数字或数值等硬数据(hard data)展现出来,并进一步分析、验证、解释和总结的一种文体。

因此,基于定量研究的调查报告,在写作的过程中需要遵守以下四个原则:

第一,数据真实。无论所收集数据的统计分析结果如何,均需把真实的统计分析结果呈现出来,这是一个非常重要的研究伦理和写作规范。研究者切勿篡改数据,篡改统计分析结果或者呈现不真实的数据报表。真实数据是研究者对整篇调查报告认真负责态度的一种体现。在问卷调查中,研究者需要仔细详实地录入被调查者勾选或者回答的内容资料,在时间允许的情况下至少核对三遍。

第二,图表完整。为了让读者对所收集数据的统计分析结果有更清晰的理解,调查报告的写作者需要完整地呈现出“表(table)”和“图(figure)”。基于调查问卷的研究数据呈现主要以数字为主,想要把这些数字有系统地呈现出来,最好采用表的形式。如果觉得表不够直观,可以考虑采用图的形式。表和图的标题要清楚地说明它们的属性和意义,表的标题要居中并置于表的上方,图的标题要居中并置于图的下方。表和图一般随文编排,应标明序号,并与上下文之间各空一行。如果表和图的数量太多,可以考虑把部分表和图转移到调查报告最后的附录中。

第三,分析客观。基于调查问卷所收集的研究数据是中性的,无论它们

① 张静.社会学论文写作指南[M].2 版.上海:上海人民出版社,2018:94.

是否达到统计分析的显著标准都有其存在的意义和价值。研究者在撰写调查报告的过程中，要依据真实完整的数据说话，要客观地分析、阐释和归纳，一方面绝对不能篡改统计分析输出的任何结果，另一方面不能主观臆测和随意猜想。有时可能会遇到研究者调查分析的结果与经验法则差距过大的情况，此时研究者应针对该现象进行客观分析并加以细致探究：这也许是一项重要的新发现，也许是调查问卷设计不合理，也许是抽样误差过大，等等。

第四，归纳有效。调查问卷所收集来的研究数据是原始的、尚未经过处理的，而写在调查报告中的分析结果则应是完整的、简约的、有系统性的。因此，调查报告的表和图除了重视真实性和完整性以外，还十分重视系统性。这就是说调查报告中所需要的不是原始的数据资料（data），而是有效的归纳信息（information）。数字资料必须经由有效归纳才能成为有意义的信息。因此在调查报告中，表和图的呈现必须是经过系统整理和有效归纳后的有意义信息，而非统计分析软件直接执行后复制粘贴的结果。有的研究者在 SPSS、Stata、SAS 等统计软件中直接复制统计分析执行后的结果，并直接粘贴在 Word 文档中，造成了表和图过于纷乱复杂，数值内容累赘重复，缺乏系统性，不能令人一目了然。

（三）调查报告常见问题

第一，问卷的数据录入后没有仔细核查，造成了统计结果上的偏误。为了确保调查报告的正确性，录入问卷后的数据核查工作非常重要。如果数据核查工作不严谨，极易造成遗漏数据、多录数据或错录数据的情况，用这样的数据来做统计分析是不可靠的。比如，一份 20 道题的问卷用里克特量表（Likert Scale）七点法来测定，被调查者在每道题目后选择 1 分—7 分，而研究者在数据录入时却把某道题后的 4 分误打成 44 分，或者把某道题后的 7 分误打成 77 分，这样在后面的统计分析中就会产生让人匪夷所思的偏离值或极端值。

第二，数据表格的呈现不完整，未能将原始数据资料整合成有效的归纳信息。原始的数据资料是指未经研究者整理的最初数据，而有效的归纳信息是经研究者整理归纳后的加工数据。调查报告的目的在于要把原始的数据资料转化成有效的归纳信息，再将有效的归纳信息转化为一定的知识、观点、智慧，供读者参考和借鉴。若调查报告的作者只将原始的数据资料罗列出来，并未加以系统有效的整理，那么这样的调查报告就还只是停留在最低层次，没有太大的参考价值。

第三，对统计方法的适用范围一知半解，容易误用统计方法。每种统计方法对测量尺度是有明确规定的。定量数据有四个测量层级(levels of measurement),最低层级是定类测量或名义测量(nominal measurement),第二层级是定序测量(ordinal measurement),第三层级是定距测量(interval measurement),最高层级是定比测量(ratio measurement)。测量层级不同,测量时使用的数字的数学性质相应也不同。如表 14 - 1 所示,统计学教材总结了四个测量层级使用的数字的不同数学性质。对于定类测量使用的数字,只能使用等号和不等号。定序测量使用的数字,除了等号和不等号,还可以用大于号和小于号。定距测量使用的数字,不仅可以使用等于、不等于、大于、小于,而且还可以用加法和减法,只是不能用乘除,因为没有真正的 0 点。最高层级的定比测量所使用的数字,乘除也可以用。①

表 14 - 1　四个测量层级使用的数字具有四种不同的数学性质

	=,≠	>,<	+,-	*,/
定类	适用			
定序	适用	适用		
定距	适用	适用	适用	
定比	适用	适用	适用	适用

每种统计方法都有关于定量数据测量尺度的设定,如果错误地使用统计方法就会造成所谓的“垃圾进,垃圾出”的情况。

第四,篇章结构的逻辑混乱,造成了不够严谨的结论表述,甚至前后矛盾。基于问卷的调查报告在篇章结构的安排上应有一定的逻辑性,一般来说要先进行描述性分析,之后才能进行推论性分析。越是复杂的结论,前面就越是要有铺垫,这样才能达到逻辑严谨、前后一致的状态。写作调查报告还有一个常见的问题,是资料和观点不符,换句话说,观点不是在该资料的基础上得出的,而是作者想象、感觉的结果。出现这种情况,说明作者头脑中设想的问题和调查所获实际上有出入,用资料无法总结和佐证设想,所以另想了一个主题“贴上”。或者是,写作方式不是证明(实证)性的,作者不是用资料阐明问题,而是通篇充满脱离资料的议论,忽略了如何使用资料支持自己的观点。这样的调查报告没有针对性,无法体现调查报告的价值和意义。遇到这样的问题,主要是论证—证明式写作的基本功不够,不善于从

① 李连江.细说统计:文科生的量化方法[M].北京:中国政法大学出版社,2017:46—47.

资料中总结问题发现,而是凭空“想”出问题。要解决这种问题,练习并学会整理上述资料表格的处理方式会很有帮助,因为资料整理的过程就是在梳理证据中的发现,按照表格的“索引”展开这些要点和事实证据,写作调查报告就会更得心应手了。

二、调查报告的篇章结构

基于问卷的调查报告的篇章结构,如果以论文类型的调查报告为例,可以分为五大部分,分别是绪论、文献综述、调查设计与实施、结果与讨论、结论与建议。

(一)绪论

第一部分绪论主要就研究问题的重要性、意义和价值做出阐述。绪论的内容可长可短,但通常依序会有研究背景、研究问题、研究目的这三个部分。

1. 研究背景

研究背景是指调查的缘起,说明为什么要做这个研究。要清楚明确地阐述“为什么”,不能用“这个问题没有人调查过”“因为这个问题很重要”“我对这个问题很感兴趣”这类含糊其词的说法。研究背景需要作者交代:本文提出的问题以及自己对这个问题的研究思路在某一个学科之中究竟有着什么价值和意义。假如作者调查的是一个全新的问题,则必须在研究背景中说服其他人,这个新题目为何是重要的,这个新题目对未来有着怎样的贡献;假如作者调查的是一个经典的旧题,他必须告诉其他人,为什么还有必要把相同的题目再做一次,这次会不会有新的发现和新的进展,会不会突破此前的局限性?因此在研究背景中,作者要对他的研究有清楚的定位,指出此次调查研究在某个学科或领域中的位置。专业的读者,通常只要看完研究背景,就大致能了解这项调查研究的价值和意义了。

2. 研究问题

研究问题是指划定调查的范围。首先,作者要把研究问题界定明晰,让读者清楚地知道这篇调查报告所要研究的问题是什么。举例来说,某篇调查报告所调查的是“中国00后大学生最常使用的网络流行语”,这个研究问题就不大不小,清楚地指出了此项调查的前提和限定。“中国大学生”“00后”“网络流行语”“最常使用”等词语让研究问题更加具体、更加严谨,也更加具有可操作性。

3. 研究目的

研究目的是指调查要完成的具体目标。例如需要收集哪些方面的资料，面对多大范围的对象群体，进行哪些类型的测试，等等。把这些具体目标罗列出来，是为了让读者预先知道这篇调查报告的重点内容。接下来，整篇调查报告的内容都将以研究目的为主轴，紧扣着列表中的每一个具体项目来进行调查和写作。

（二）文献综述

第二部分文献综述是有确定目的的资料归纳和总结。文献综述主要有两个主要功能。第一个功能是让读者知道作者关于某个领域的涉猎程度，作者是否已经完全了解前人的重要发现。第二个功能是让读者对这篇调查报告产生兴趣而且希望可以深入了解。

当专业的读者看到作者在文献综述中对这些前人研究述评得当，并且能够把自己新的调查链接到前人研究时，他才会对作者的这项新调查研究产生信心，知道这项新调查研究是以以往坚实的文献为基础的，作者没有闭门造车，也不是突发奇想。同时读者也可以通过文献综述按图索骥，一步一步回溯整个研究的发展历程，这能够进一步加深读者对某些细节和局部的认知，从而让读者自己也获得启发。

（三）调查设计与实施

第三部分研究设计与实施主要包括调查对象、调查工具、实施进度和调查数据处理。

调查对象既可以指被邀请填写问卷的被调查者，也可以指所要调查研究的问题，这两者其实是密不可分的。要想在短时间写出好的调查报告，必定要求研究者"曾经对这个被调查者和所存在问题很关注，长时间地思考过"，这样才会"对被调查对象已有相当的了解"。思考是漫长的，写作是短期的。因此，在短时间内成功地写出调查报告的关键是要做到：研究题目边界清晰，调查事项心中有数，正式调查前对被调查对象已有相当的了解。

调查工具指用于实施调查所用的各类定性/定量工具。目前在社会科学研究中最常见的调查工具是问卷和访谈提纲。问卷的形式有三种：纸质问卷、邮件问卷、线上问卷。问卷最大的好处就是高效、便捷、大样本，能为研究者节约很多时间和精力。特别是自从有了线上问卷以来，研究者足不出户就可以搜集从五湖四海、四面八方汇集而来的数据，而且现在的线上问卷网站还能帮研究者自动整理出描述性的数据信息（如平均值、频数、频率等信息）和图表信息（如柱状图、折线图、直方图等）。访谈提纲则可用于面对面访谈、电话访谈、视频访谈、焦点小组访谈等，因为访谈提纲是比较灵活的，所以研究者可以在现场根据被访谈者的思路去追问一些后续问题、探究问题以及临时想到的关联问题，这些都是问卷没有办法实现的功能，因此访谈最大的好处是能够深入、全面、细致地了解某个问题。除了问卷和访谈提纲以外，不同学科的学者在进行课堂观察、实地勘测、田野调查、心理实验时都会有适合所属学科和专业特点的调查工具。我们在本章主要探讨的是问卷这种调查工具。

实施进度指调查问卷发放和收集的时间安排。有的问卷调查是一次性的，有的问卷调查有前后两次对照组，还有的问卷具有阶段性或周期性，等等。以下的表述就清楚地说明了问卷发放的起止时间。

> 浙江大学的国际学生教育规模在全国高校中名列前茅，本文研究团队于 2020 年 10 月至 2021 年 6 月随机发放 220 份调查问卷，被试涉及尽可能多的国籍（被试的母语涉及 22 种）和不同的专业背景，最终回收有效问卷 204 份。

调查数据处理方法这部分需简要说明作者如何处理收集上来的问卷数据。以下的表述交代了用于数据处理的统计软件信息。

> 我们先将这 204 份调查问卷的数据另存为 Excel 数据文件，然后将其转换成 SPSS 数据文件进行统计分析。我们使用的统计分析软件是 SPSS（26.0 版）。

（四）结果与讨论

第四部分是结果和讨论。结果呈现的是比较浅显、比较初阶的数据资料。讨论呈现的是比较深入、比较综合、经过论证的归纳信息。

大部分调查报告的数据资料往往用表或图来呈现，方便读者直观地阅读。与此同时，也要用文字解释每一张表和每一幅图，使读者理解这些数据资料的意义。因此“图表+文字叙述”是用来报告调查结果的主要写作方法。调查结果主要是那些与所研究问题直接相关的研究发现。研究者在发放调查问卷以后，要及时对回收的有效问卷进行数据分析，从数据分析中研究者会得到一些发现。研究者只需把与研究问题直接相关的发现写进调查报告，而那些非直接相关的发现则不必写在调查报告中。

在具体写调查报告的时候，可以把结果和讨论分开来写：先报告调研结果，后讨论调研结果。把两部分分开写，成为独立的章节。也可以把结果和讨论合起来写：一边报告调研结果一边进行讨论。合起来写有两个好处：一是读者更容易理解作者的思路，二是作者能够及时报告自己对相关数据的判断。

（五）结论与建议

第五部分是结论和建议。结论要以最精简有力的语言提纲挈领地总结这次问卷调查的成果。建议是关于未来如何继续提升问卷调查的价值，提示后面的研究者可以将调查结果运用到更为宽广的领域的内容。

结论的主要内容是总结调查获得了哪些发现或成果。结论的位置是在一篇调查报告的结尾处，这意味着作者对自己所调查的问题已有一定程度的阐述，此时可以用归纳的方式概括说明有关调查发现或研究成果。结论通常由两个部分组成：第一个部分要回应绪论部分所设定的“研究目的”，逐项检查每一个具体目的的达成情况，让读者知道作者已经一一完成了调查之初所定下的目标。第二个部分要从更高的角度论述“结果”和“讨论”中所观察到的现象和问题，引领读者进行更深刻的思考，并总结整个调查研究的贡献和意义。

在对后来的研究者提出建议的时候，务必要小心处理。在给出建议之前，首先要告诉读者这项调查研究还有不周全、不完美的地方，可以在未来的调查研究中予以纠正，尽量避免类似问题。因此作者在写的时候一定要客观，实事求是，不要过度自信或故作谦虚，做到在读者质疑之前，作者预先辩护和澄清。若没有把握能够做到这一点，那就尽量不要写建议，以免节外生枝，画蛇添足。

三、调查报告的写作伦理

（一）严禁捏造原始数据资料

基于问卷调查的调查报告要求研究者必须去搜集原始资料（一手资料）。目前，调查问卷的发放和收集既可以在现场进行，也可以通过网络（比如问卷星、腾讯问卷、微软 Forms 等）进行。得到问卷调查的数据以后，还需要仔细核查，方可使用。如果研究者没有实际去做问卷调查，就无法获得原始的数据资料。若是写作者凭空捏造数据，进行数字资料的统计分析，则无法得出可靠的结论，而这种行为也是一种不合伦理、不道德的行为。

（二）严禁涂改统计分析数据

任意篡改数据资料或者统计分析结果也是一种不合伦理、不道德的行为。有的时候，研究者为了让自己的假设得到数据的支持，会做出以上违背研究伦理的行为。

研究者如果按照调查问卷的一般程序去搜集数据，所得到的一手资料并没有“对”或“错”的问题,只有“可靠性程度差异”的问题。如果得到的数据资料并不能很好地支持研究假设,研究者也要客观地呈现出来并做出合理的解释,这是尊重数据、尊重事实应有的态度。

(三)严禁违背被调查者的主观意愿

在调查问卷的发放和收集工作过程中,绝对不允许强迫被调查者填写问卷的情况发生,这也是一种不合伦理、不道德的行为。当被调查者在非自愿的情况下填写问卷时,他们会心不甘情不愿,有时也就不会真诚实在地回答问卷上的问题,因此得到的数字资料是很不可靠的。

(四)分析要客观,资料要保密

在调查报告的写作中要注意尊重和保护被调查者的隐私,以化名或者其他间接的方法来表述当事人,让读者无法从文章中推测出被调查者是谁。此外,也要遵守保密规定,保护被调查者填写的问卷数据资料。

研究者写作调查报告时务必要真实无误地把被调查者的意见呈现出来,并加以归纳总结,而不是以自己主观的看法来论述。

(五)尊重被调查者的隐私

在某些具有高敏感性研究主题的问卷调查中,很多被调查者对于这类调查问卷是不愿意据实回答的。因此如果研究者基于写作的需要,要以那些高敏感性研究主题制作调查问卷,那么必须很明确也很坦诚地告诉被调查者写作目的和用途是什么。为了让被调查者去除防备心理,调查最好以匿名的方式开展。

(六)直接引用他人的测量工具须获得许可

调查问卷如果使用的是正式出版文献中的已有问卷,那么写作时必须遵循有关知识产权的引用规范,否则将会侵犯原作者的知识产权。

若是研究者使用的是直接引用他人编制、未正式出版的量表,或只是进行少量题项的增删或词句的修改,也需要在使用前征求原作者的同意。在未征得同意之前,不得任意使用他人的调查问卷。这些都是应当遵守的写作伦理。

(七)不得抄袭他人数据或者不当引用他人数据

抄袭他人数据或不当引用他人数据是一种不合伦理、不道德的行为。抄袭他人数据与造假行为无异。事实上,即便是使用同一份调查问卷,对不同的调查对象进行调查,搜集到的数据也一定不会完全相同,因此抄袭他人数据是很容易被发现的。在调查报告的写作中,可以适当引用他人的数据,但是一定要做出数据来源的说明,否则就会构成不当引用。

四、调查问卷的设计制作与实施

（一）调查问卷的编制

调查工具指用于实施调查所用的各类定性/定量工具，这里主要介绍调查问卷这种形式。一般来说，编制一份调查问卷的流程主要包括：确定问卷的若干维度→为具体维度设计若干题项→邀请专家对问卷初稿进行审核→对问卷初稿进行预调查和分析→编制正式施测的问卷（图 14－1）。

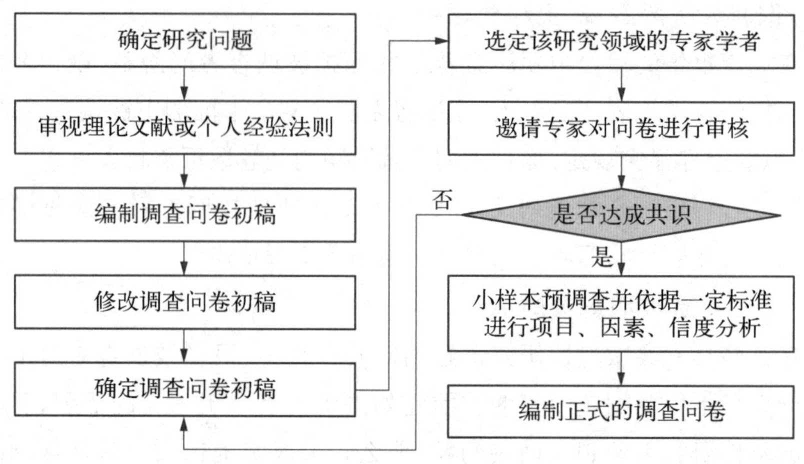

图 14－1　编制调查问卷的流程图

（二）调查问卷的问题设计

一般来说，调查问卷的问题有两种类型：开放式的问题与封闭式的问题。

开放式的问题指答题者可以用自己的话回答问题，这些问题的答案没有现成的选项可供选择。开放式的问题一般来说适合用来做定性研究，不能用来做定量研究，因为答案无法量化。例如：

1. 从本学期开始我们将全面开展线上教学，你有什么困难之处？
2. 你对这门课的教学内容和教学方法有什么希望和需求？

封闭式的问题指答题者必须从研究人员提供的一整套答案中进行选择，这也意味着答题者无法给出另外的答案。封闭式的问题一般是单选题、多选题或分级题。

单选题，即在两个以上的选项中选择一个答题者认为确切的答案。例如：

【二选一】你是否参加过英语语言水平测试(如 TOEFL、IELTS)?________

A. 否　　　　B. 是

【三选一】你认为慕课(MOOC)对你提高学习效率有没有帮助?________

A. 有帮助　　　　B. 有一定的帮助　　　　C. 帮助不大

【四选一】你经常查找并阅读外文学术文献吗?________

A. 经常阅读　　B. 不常阅读　　C. 很少阅读　　D. 从未阅读

多选题,即在多个以上的选项中选择多个答题者认为确切的答案。例如:

【多选】早餐你喜欢吃什么?(可选多个答案)________

A. 鸡蛋　　B. 面包　　C. 油饼　　D. 白粥

E. 面条

【多选+填空】你平时最喜欢做以下哪种类型的数学作业?(可选多个答案)________

A. 单选题　　B. 多选题　　C. 应用题　　D. 解方程

E. 几何题　　F. 附加题

G. 其他:________

之所以有些调查问卷会在多选题中出现“其他”这一选项,是因为研究者担心自己设计的选项不能够涵盖所有可能的情形,因此允许答题者添加答案。

分级题跟多选题类似,只不过分级题的选项可以形成一个连续统。现在常用的分级题大多采用里克特量表(Likert scale)的形式。里克特量表通常采用5个选项,每个选项都有文字描述,每相邻两个选项之间的距离相等。为了进行分析,每个回答都给予了相应的分值。例如:

作为学生家长,您对我们学校各个方面的满意度如何?请在下面标上您的意见。(1=非常不满意;2=不满意;3=没有意见;4=满意;5=非常满意)

A. 学校的升学率　　1—2—3—4—5

B. 教师队伍建设　　1—2—3—4—5

C. 校园氛围　　1—2—3—4—5

D. 食堂伙食　　1—2—3—4—5

E. 校长的管理能力　　1—2—3—4—5

（三）调查问卷的实施

问卷有纸质问卷、邮件问卷、线上问卷三种形式。如果是纸质问卷，研究者可以将其打印出来，单独发给调查对象，或者在调查对象密集的区域进行分发，我们经常看到研究者在教室、图书馆、食堂、地铁站、购物商场这样人群密集的场所分发问卷的情形，甚至进入居民小区入户调查的情况也时有发生。如果是邮件问卷，研究者可以通过搜集调查对象的家庭住址或电子邮件地址，将问卷精准地投放给调查对象。如果是线上问卷，研究者需要按照在线问卷网站（比如问卷星、腾讯问卷、微软 Forms 等）给出的题型功能把原有问卷进行重新录入，形成一份方便被调查者作答的在线问卷。

为了提高问卷的反馈率，建议研究者可以做好以下两点。一是对被调查者要诚恳、要有礼貌、要有同理心。任何类型的问卷，研究者在问卷的最前面要表明自己的身份，说明问卷调查的目的，同时要注意保护被调查者的隐私。在发放纸质问卷的时候，要始终面带微笑，耐心而友善地回答被调查者提出的所有问题。在发放邮件问卷时，要遵守邮件礼仪，认真细致地撰写邮件正文，绝不敷衍，所附上的调查问卷最好能够做到简短明了、准确美观，一份长度合适的问卷应该能让被调查者在三十分钟内填写完毕。在发放线上问卷时，可以在自己熟悉的微信群、钉钉群、QQ 群发放，也可以委托自己熟悉的师友、同事、同学帮忙在各自的朋友圈里发放，要真诚地感谢他们每一个人的帮助和支持。二是可以设置一些激励机制。比如，每位调查对象填完问卷以后都可以获得一定的物质回报（小额红包、现金、礼品卡等），或者在所有答完问卷的调查对象中随机抽取若干幸运儿送出一份额度稍大一点的礼包。对于量化研究而言，问卷的反馈率达到 70%以上比较好，41%—69%则为一般，40%以下就是比较差的了。如果问卷的反馈率太低，则研究者很有可能会被质疑最终得到的那些被调查者样本是否能够代表总体的情况。

（四）调查问卷示例（表 14－2）

表 14－2　测一测，你的物质主义程度有多高？①

请根据你的实际情况在相应数字上画圈（1＝完全同意，3＝中立，5＝完全同意）

1. 我羡慕那些拥有昂贵的房子、汽车和衣服的人	1	2	3	4	5
2. 我通常只买我所需要的东西	1	2	3	4	5
3. 如果能拥有一些我现在还没有的物品，我的生活将会更好	1	2	3	4	5

① 周欣悦.身边的金钱心理学[M].北京：机械工业出版社，2020：48.

续　表

4. 比起我认识的大多数人来说,我不那么重视物质的东西	1	2	3	4	5
5. 在物质生活方面,我试图保持简单朴素	1	2	3	4	5
6. 即使我拥有更好的物品,我的生活也不会因此而更加幸福	1	2	3	4	5
7. 获得物质财产是生命中最重要的成就之一	1	2	3	4	5
8. 我喜欢花钱买一些不实用的东西	1	2	3	4	5
9. 如果我能买得起更多的东西,我会更加幸福	1	2	3	4	5
10. 我不太强调将人们拥有物质的多寡作为他们成功的标志	1	2	3	4	5
11. 购物能给我带来许多欢乐	1	2	3	4	5
12. 一个人所拥有的物质在很大程度上可以说明他有多么成功	1	2	3	4	5
13. 我喜欢我的生活中有许多奢侈品	1	2	3	4	5

计分方法：第 2、4、5、6、10 项为反向计分题目。总分越高,表示你的物质主义程度越高。

复习思考题

1. 请简要说明基于定量研究的调查报告,需要遵守哪些写作伦理。

解题思路

2. 下面是某些调查问卷中一些题干和选项,请指出它们可能存在的问题,并予以修改。

(1) 你喜欢法语吗?

A. 喜欢　　B. 不喜欢　　C. 既不喜欢也不讨厌

修改：________________

(2) 我发不好英语中的齿间摩擦浊辅音。

解题思路

A. 非常不符合　　B. 不符合　　C. 不确定　　D. 符合

E. 非常符合

修改：________________

(3) 我的 CET-6 级成绩在：________

A. 60 分以下　　　　B. 60—70 分

C. 70—80 分　　　　D. 80—90 分

E. 90—100 分

修改：________________________________

(4) 我在中学阶段擅长的科目有(可多选)：________

A. 语文　　B. 数学　　C. 英语　　D. 体育

E. 生物

修改：________________________________

(5) 考试不能作弊。

A. 非常不同意　　B. 不同意　　C. 不确定　　D. 同意

E. 非常同意

修改：________________________________

3. 请以小组形式根据给定的材料设计一份调查问卷。

某位学者想要研究“英语专业学生的第二外语学习动机有哪些类型”，可是由于没有现成的测量工具，他决定自行设计一份调查问卷。他先让 50 名英语专业学生在纸上写下他们对“你的第二外语是什么？你为什么选择这门二外？”这个问题的回答。然后，他从这 50 份学生的回答中看到了下面这些关于他们第二外语学习动机的原始描述语。

- 学起来容易
- 在考研中容易得分
- 应用范围广
- 有利于我的英语学习
- 有利于我找一份好工作
- 优美动听
- 期末考试容易通过
- 喜欢这种语言所代表的文化
- 是家长要求的
- 讲这种语言的人很浪漫
- 绝大多数人都选择选修这门外语
- 用这种语言的国际综合实力强
- 在为了你的工作中会更有用

◆ 我的好友选了这门语言
◆ 学习这种语言很时髦
◆ 学习这种语言乐趣多

请各小组协助这位学者设计一份名为“英语专业学生的第二外语学习动机量表”的调查问卷。

本讲附录

网络流行语对大学生人际关系的影响

在这个互联网普及的时代，网络成为一种重要的人际交往空间。网络流行语逐渐成为一种现象，尤其是代表着新生代力量的大学生们，越来越多热衷于使用网络流行语进行交流。所以，为了更好地了解网络流行语与大学生之间的关系，并分析网络流行语给大学生带来的影响，以便能够针对引导大学生合理使用网络流行语提出一些对策。

本次研究采用调查问卷法。调查问卷以 Microsoft Forms 的形式，通过钉钉、微信等平台发放，由同学、朋友完成（调查问卷详见附录）。问卷的主要调查对象是当代大学生，问卷内容主要包括大学生的基本情况、大学生对于网络流行语的使用情况、以及网络流行语对大学生带来的影响。

一、大学生的基本情况

本次调查共回收有效问卷 145 份。问卷结果显示，从性别比例来看，女性占了 60%，而男性占了 40%，女性比例高于男性。从年级来看，被试者分别为大一（22.8%）、大二（26.9%）、大三（25.5%）、大四（13.8%）、大五（3.4%）、硕士研究生（4.8%）、博士研究生（2.8%）。

为了更好地了解被试者对最新的网络流行语的了解程度，设计者利用图 1 中的问题，测试被试者是否知道以下 15 个网络流行语。结果显示，42.1%的被试者对最新的网络流行语为一般了解，即只会 15 个网络流行语中的 11—14 个，其次是非常了解（32.4%），即 15 个网络流行语都会。其余分布情况是，会 15 个网络流行语中的 6—10 个（15.9%）、会 15 个网络流行语中 1—5 个（9.7%），而 15 个网络流行语中一个都不会者是 0 人。

1. YYDS	6. 凡尔赛	11. 破防
2. 内卷/卷	7. 爷青回	12. 元宇宙
3. 躺平	8. 芭比Q	13. 中国人不骗中国人
4. 绝绝子	9. GG	14. 野性消费
5. 干饭人	10. EMO	15. 杀伤力不大，侮辱性极强

图 1　2021 年网络流行语

从上述调查结果来看，对于网络流行语，超过半数的大学生更偏向为了解，而不了解网络流行语的大学生占了少数。这可能是因为这一代的大学生对于网络的使用更为频繁，加上为了紧跟潮流趋势、更好地融入新环境、认识新朋友等，对于大学生而言，网络流行语并不是什么特别的、新奇的事物，所以大部分大学生对网络流行语都是比较熟悉的。

二、大学生对于网络流行语的使用情况

调查问卷的结果（图 2）显示，超过半数（62%）的被试者对“我经常使用网络流行语。”这一陈述句表示认同，仅少数（15%）的被试者不认同这一陈述句。另外，51%的被试者最常使用文字型的网络流行语（如：“我也是醉了”），接下来，依次为字母型（如：ZQSG＝真情实感）、符号型（如：(▽)～＊（ToT））、数字型（如：865＝别惹我），占比分别是 23%、14%、12%。

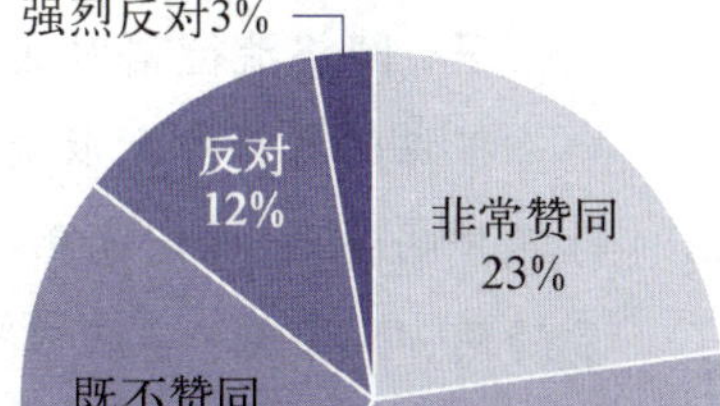

图 2　大学生是否使用网络流行语

根据图 3 的结果，大学生们使用网络流行语最主要的原因依次分别为“休闲娱乐消遣”（14.3%）、“为了更好地在网上交流”（11.7%）、“能够强烈直接的表达自己的情感，省时方便”（11.4%）、“从众心理”和“为了形象地、直接地表达观点或情感”（10.4%）。

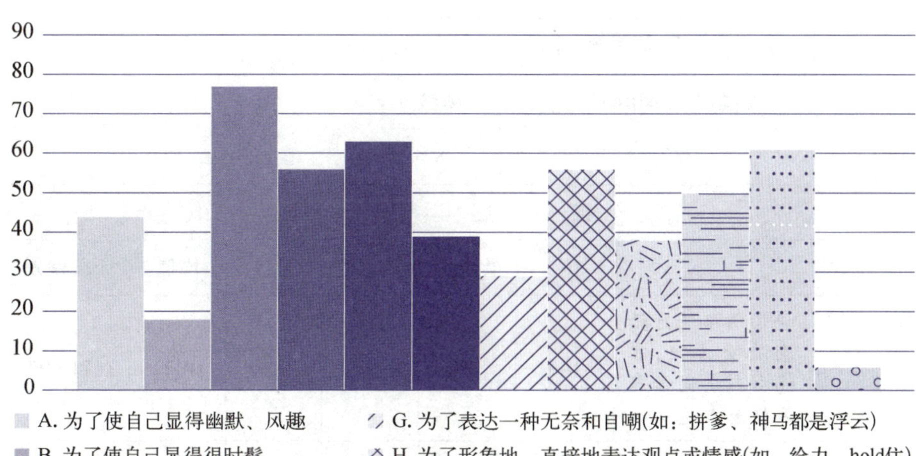

图 3　大学生使用网络流行语的原因

从上述调查结果来看,我们也能够从中推测网络流行语形成的原因。网络流行语之所以会出现,是因为网络是人们远离现实的地方,没有人对网络语言进行限制,人们常会使用一些标新立异的语言来突显自己的个性。这些语言常常会娱乐他人,使他人印象深刻,也能够更好地与他人交流,同时也起到快速、直接、强烈地表达自己情感的作用。因此,这些语言在网络中流行起来,成为了网络流行语。

三、网络流行语对大学生带来的影响

根据问卷调查所收集到的数据,本次调查使用了 SPSS 软件对里克特五分制量表,即问卷第 10—14 题的结果进行分析。其分值为: 5=非常赞同;4=赞同;3=既不赞同也不反对;2=反对;1=非常反对。

调查结果显示,大学生基本偏向认同网络流行语对其造成了积极和消极的影响,其中包括了网络流行语对其价值观、人际关系、语言态度等方面的影响。本次报告主要说明网络流行语对大学生人际关系方面造成的影响。

从表 1 可以看出,所有观点都是网络流行语对大学生人际关系方面的影响,而其均值皆介于 4.2 至 3.317 2 之间,这就表示被试者对于这些观点偏向认同,说明网络流行语对大学生的人际关系确实造成了一定的影响。

表 1　网络流行语对大学生人际关系方面的影响

可靠性统计	
克隆巴赫 Alpha	项数
.732	8

描述统计						
	N	最小值	最大值	合计	均值	标准偏差
13A. 使用网络流行语交流更方便,容易引起共同话题和情感表达	145	2	5	609	4.2	0.712 97
13F. 对某些网络流行语理解不同,会使双方产生误会	145	1	5	577	3.979 3	0.960 82
13B. 使用网络流行语能够增进彼此间的感情和共识	145	1	5	573	3.951 7	0.836 09

续　表

描　述　统　计						
	N	最小值	最大值	合计	均值	标准偏差
13E. 不了解某些网络流行语，会造成沟通障碍	145	1	5	567	3.910 3	1.020 06
13C. 使用网络流行语能够让您认识到兴趣爱好、价值观等相同的人	145	1	5	544	3.751 7	0.996 74
13H. 使用网络流行语会使年轻人与长辈之间的代沟加深	145	1	5	535	3.689 7	1.272 12
13D. 网络流行语用多了，日常生活当中会经常词穷	145	1	5	521	3.593 1	1.127 29
13G. 使用网络流行语带来一定的负面效应，影响正常交往	145	1	5	481	3.317 2	1.158 92
有效个案数	145					

其中最高的一项是“使用网络流行语交流更方便，容易引起共同话题和情感表达”，其均值达 4.2，表示这一项得到了大部分被试者的赞同。这项观点同时也反映了网络流行语形成的原因之一——更快速、方便地与他人交流。

从积极的影响方面来看，网络流行语使得大学生之间的交流变得更快速、便捷，针对某个话题或者某种情感的表达也能更加顺利。而且，使用网络流行语不仅能够缩短大学生们打字的时间，还容易与他人产生共鸣，从而结识更多兴趣爱好、价值观等相同的人，拓展交友圈。同时，还能够增进彼此间的感情和共识，建立良好的人际沟通，进而产生融洽的人际关系。

从消极的影响方面来看，由于网络流行语并非存在于每一个大学生的生活中，而且网络流行语会不断地更新，再加上有些网络流行语的普及范围比较小，所以并不是每个人都知道所有网络流行语的意思。因此，就会出现因为文化、资讯获取来源等的不同，而对某些网络流行语的理解也不同的现象，甚至产生误会或出现沟通障碍等问题。

而且，不同年龄层获取网络资讯的渠道不同，造成他们对于网络流行语的认知也会有所不同。从图5可以看出的是，超过半数（67%）的被试是通过社交媒体平台（如微博、抖音、哔哩哔哩、快手、小红书等）了解网络流行语的，这也直接导致了大学生所熟知的网络流行语，并无法普遍用于与中小学生、教师、老人等不同年龄层，甚至是没有使用社交媒体平台的大学生之间的日常交流，使得大学生的正常交往出现障碍。

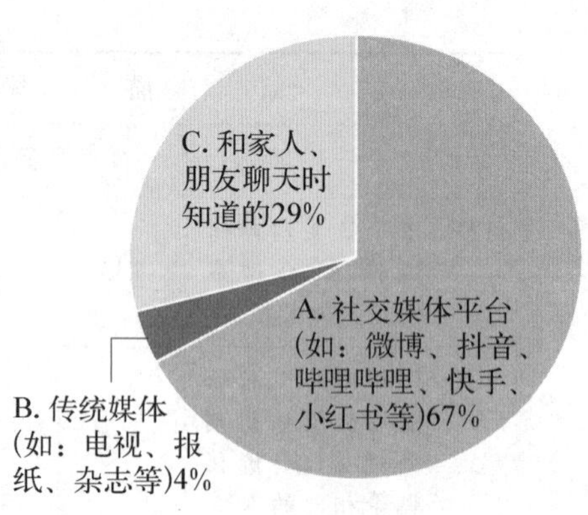

图4　大学生了解网络流行语的渠道

四、总结

本次研究主要目的是了解网络流行语给大学生带来的影响，尤其是网络流行语对大学生人际关系方面的影响。有效地使用网络流行语，能够给大学生带来一些积极的影响，但同时，网络流行语也会给大学生造成一些消极的影响。

有研究指出，对网络流行语的概念和隐喻有充分的认识，将对建立融洽良好的人际关系有很大的帮助。网络流行语是一个群体对于自身身份识别的标志，通过这些彼此熟悉、公认的网络流行语，能够得到身份认同，进而获得群体的归属感和认同感。所以，对人际关系的改善、提高人际交往的能力、交友圈的扩大等方面，网络流行语的使用，是一个良好的途径。

至于网络流行语给大学生带来的消极影响，本文认为可以从以下几层面入手。

1. 大学生自身层面。大学生自己应该加强对自我的教育、管理、约束，对于粗俗、恶劣、品味庸俗化的网络流行语应该自觉抵制；并且认清现实与网络之间的差别，加强提高现实场景中的交往能力，拓展人际交友范围。

2. 学校、教师等教育工作者层面。学校应该重视开设人际交往课程，倡导文明网络流行语在网络的使用，强化校园的文化建设，加强大学生的网络心理教育和网络心理辅导咨询，引导大学生培养正确的人际交往原则，使得他们能够发展良好的人际关系。

3. 政府相关单位层面。政府应该完善健全网络立法，发挥规范的网络流行语的正面作用，并且对网络流行语加以监管，降低不文明现象的传播。

总而言之，只要有关部门和教育工作者加以引导，大学生利用网络流行语的积极方面，相信网络流行语对于大学生的影响一定会是利大于弊的。而且，在不久的将来，将会有更多的网络流行语被收录入词典，变得更为普遍，使语言更加丰富。

参考文献

[1] 郭明琴.大学生使用网络流行语对人际关系的影响研究[J].中国心理学前沿，2021，3(1)：68－75.

[2] 骆昌日，何婷婷.近十年来我国网络流行语的演变及传播研究[J].河南大学学报(社会科学版)，2015，55(2)：108－115.

[3] 石乾福.论网络流行语对大学生人际交往的负面影响[J].出版广角，2015(16)：76－77.

[4] 王仕勇.近十年我国网络流行语研究综述[J].重庆工商大学学报(社会科学版)，2012，29(5)：7－12.

[5] 张悦.近十年我国网络流行语的发展及演进[J].新闻世界，2019(2)：53－56.

附录：关于网络流行语对大学生影响的问卷调查

亲爱的同学：

您好！

为了更好地了解网络流行语与大学生之间的关系，为今后分析网络流行语对大学生产生了积极或消极的影响提供参考，本调查问卷致力于调查您对于网络流行语的基本情况。

本问卷不记名，没有对错之分，调查结果仅用于统计分析和学术研究，请您根据自己的真实想法和情况作答。感谢您的合作！

一、基本情况

1. 性别：

A. 男　　B. 女

2. 年级：

A. 大一　　B. 大二　　C. 大三　　D. 大四

E. 大五　　　　F. 硕士研究生　　G. 博士研究生

3. 您知道以下网络流行语的意思吗?

1. YYDS	6. 凡尔赛	11. 破防
2. 内卷/卷	7. 爷青回	12. 元宇宙
3. 躺平	8. 芭比 Q	13. 中国人不骗中国人
4. 绝绝子	9. GG	14. 野性消费
5. 干饭人	10. EMO	15. 杀伤力不大,侮辱性极强

A. 13 个都会(非常了解)　　B. 会 9—12 个(一般了解)
C. 会 4—8 个(不太了解)　　D. 会 1—3 个(很不了解)
E. 一个都不会

4. 您对网络流行语的态度是?

A. 非常支持　B. 一般支持　C. 无所谓　D. 一般反对
E. 非常反对

二、网络流行语的使用情况

5. 我经常使用网络流行语。

A. 非常赞同　　B. 赞同
C. 既不赞同也不反对　　D. 反对
E. 强烈反对

6. 您为什么会使用网络流行语?(可多选)

A. 为了使自己显得幽默、风趣　　B. 为了使自己显得很时髦
C. 休闲娱乐消遣　　D. 从众心理,大家都在使用
E. 为了更好地在网上交流　　F. 为了更好地在现实生活中交流
G. 为了表达一种无奈和自嘲(如:拼爹、神马都是浮云)
H. 为了形象地、直接地表达观点或情感(如:给力、hold 住)
I. 为了间接、委婉地表达情感(如:惊了)
J. 为了输入的快捷、方便
K. 能够强烈直接地表达自己的情感,省时方便
L. 了解事件真相

7. 您最常使用哪种类型的网络流行语?(可多选)

A. 数字型(如,865=别惹我)
B. 字母型(如,ZQSG=真情实感)

C. 文字型(如,“我也是醉了”)

D. 符号型(如,(▽)~＊(ToT))

8. 您通常会在哪些场合下使用网络流行语?(可多选)

A. 网上互动

B. 写作

C. 日常说话

D. 骂人

9. 您了解网络流行语的渠道是什么?(可多选)

A. 社交媒体平台(如:微博、抖音、哔哩哔哩、快手、小红书等)

B. 传统媒体(如:电视、报纸、杂志等)

C. 和家人、朋友聊天时知道的

三、网络流行语带来的影响

对下列网络流行语带来的影响,您的看法是?

10. 对下列网络流行语产生的积极影响,您的看法是?(表2)

表2　网络流行语的积极影响

网络流行语的积极影响	非常赞同	赞同	既不赞同也不反对	反对	非常反对
10.1　增进彼此间的感情和共识					
10.2　可以宣泄情绪,缓解压力					
10.3　可以拓宽自己的知识视野					
10.4　可以自我娱乐					
10.5　使消息传播更加简洁生动					
10.6　有助于加深对社会的认识					
10.7　有利于表达个人对社会的看法					
10.8　有利于参与社会事务					
10.9　有利于对公共权力进行监督					
10.10　有利于促进社会和谐稳定					
10.11　有利于促进发现事件真相					
10.12　丰富汉语语言					

11. 对下列网络流行语产生的消极影响,您的看法是?(表3)

表3 网络流行语的消极影响

网络流行语的消极影响	非常赞同	赞同	既不赞同也不反对	反对	非常反对
11.1 让人看不懂					
11.2 容易使人情绪化					
11.3 使汉语能力退化,写作能力降低,品味庸俗化					
11.4 更新过快,普及范围小,主要接触人群为青少年					
11.5 会使年轻人与长辈之间的代沟加深					
11.6 容易对有些流行语涉及的个人造成伤害					
11.7 多贬义,影响社会风气					
11.8 不利于社会和谐稳定					
11.9 容易扩散社会负面信息					
11.10 破坏传统汉语语言文化和语法规范					

12. 对下列网络流行语对价值观方面的影响,您的看法是?(表4)

表4 网络流行语对价值观的影响

网络流行语对价值观的影响	非常赞同	赞同	既不赞同也不反对	反对	非常反对
12.1 在使用网络流行语前,您会理性地判断该网络流行语的好坏					
12.2 网络流行语的使用能反映个人的价值观					
12.3 网络流行语的使用会影响个人的价值观					
12.4 网络流行语丰富了您的知识					
12.5 网络流行语坚定了您的文化审美立场					
12.6 网络流行语促进了您对某一事件的思考					

续　表

网络流行语对价值观的影响	非常赞同	赞同	既不赞同也不反对	反对	非常反对
12.7　网络流行语强化了您的道德观念					
12.8　网络流行语让您变得轻浮,甚至失去道德底线					

13. 对下列网络流行语对人际关系方面的影响,您的看法是?(表5)

表5　网络流行语对人际关系方面的影响

网络流行语对人际关系方面的影响	非常赞同	赞同	既不赞同也不反对	反对	非常反对
13.1　使用网络流行语交流更方便,容易引起共同话题,有利于情感表达					
13.2　使用网络流行语能够增进彼此的感情和共识					
13.3　使用网络流行语能够让您认识到兴趣爱好、价值观等相同的人					
13.4　网络流行语用多了,日常生活当中会经常词穷					
13.5　不了解某些网络流行语,会造成沟通障碍					
13.6　对某些网络流行语的理解不同会造成双方误会					
13.7　使用网络流行语会带来一定的负面效应,影响正常交往					
13.8　使用网络流行语会使年轻人与长辈之间的代沟加深					

14. 对下列网络流行语对语言态度方面的影响,您的看法是?(表6)

表6　网络流行语对语言态度方面的影响

网络流行语对语言态度方面的影响	非常赞同	赞同	既不赞同也不反对	反对	非常反对
14.1　使用网络流行语能够丰富您的语言表达					

续　表

网络流行语对语言态度方面的影响	非常赞同	赞同	既不赞同也不反对	反对	非常反对
14.2　使用网络流行语容易使人情绪化					
14.3　网络流行语里夹杂很多粗俗的语言					
14.4　使用网络流行语会导致您无意识说出粗俗语言					
14.5　使用网络流行语会导致您的汉语表达能力退化					
14.6　使用网络流行语会破坏传统汉语语言文化和语法规范					

15. 您认为网络流行语是否应该受到管理和控制？

A. 应该受到相关单位的监督

B. 相关单位应该加以引导

C. 应该放任自由

D. 应当被相关单位封杀

问卷到此结束，再次感谢您的合作！

第十五讲　调查报告案例分析

吴　剑

本讲以《新时代大学本科生使用微信表情符号的动机调查》为例，具体讲解调查报告的写作方法。

基于问卷的调查报告有相对确定的规范和结构。我们在第十四讲“调查报告的篇章结构”部分，从篇章结构的视角解构了调查报告所包含的绪论、文献综述、调查设计与实施、结果与讨论、结论与建议这五大部分。如果我们从写作思路的视角来看，基于问卷的调查报告至少应该涵盖以下7个部分：

（1）提出并阐述研究问题；

（2）论证研究问题的重要性；

（3）综述与研究问题相关的国内外文献；

（4）提出研究假设1、假设2、假设3……

（5）介绍基于问卷的研究数据、收集过程和潜在变量的测量方法；

（6）列出数据分析的具体结果；

（7）讨论、局限性、研究结论。

以上是调查报告一般的写作思路。对于作者而言，真正重要的是写作思路背后的行文逻辑，即：为什么要有这样的行文先后顺序？为什么一定要论证研究问题的重要性？为什么一定要有研究假设、数据收集、数据呈现？为什么要介绍潜在变量的测量方法？为什么要写出研究的局限和后续研究的展望？

一、提出并阐述研究问题

简而言之，研究问题指的是你想通过你的研究来回答关于这个世界某一方面的某一个具体学术问题。研究问题既然是一个问题，那么它应该以问题的形式提出，并以问号结尾。

研究问题有三种主要的类型：探索性问题、描述性问题和解释性问题。刀熊对以上三类研究问题分别举了三个生动的例子，她说："外星人吃豆腐脑吗？"属于探索性问题；"外星人吃的豆腐脑是什么样子的？"属于描述性问题；"外星人为什么吃咸豆腐脑而不吃甜豆腐脑？"就属于解释性问题。① 我们在调查报告的写作之初需要清楚地知道自己的研究问题是哪种类型。想明白这一点有两个方面的好处：第一，这能帮助我们更准确地叙述出自己想要研究的问题，比如描述性问题通常不会出现"为什么"这样的字眼；第二，这也能帮助我们明确调查问卷的设计思路及所需要的数据类型。

在这些原则的指导下，我们的调查报告《新时代大学本科生使用微信表情符号的动机调查》提出了以下两个研究问题：

研究问题 1：新时代大学本科生微信表情符号的实际使用情况如何？

研究问题 2：他们使用微信表情符号的动机是什么？

研究问题 1 是一个描述性问题，旨在反映和描写客观事实，而并不试图对任何现象进行解释。研究问题 2 是一个探索性问题，这是调查报告《新时代大学本科生使用微信表情符号的动机调查》要重点回答的问题。因为关于新时代大学本科生为什么使用微信表情符号这个问题，还没有被清晰地定义出来，因此这时候使用探索性研究是比较合适的。

初学者容易出现一个问题，就是把研究问题等同于"论文题目"。我们应该清楚：研究问题不是"论文题目"，也不是论文的"主题"或"主旨"，而是研究者在一项研究中要非常具体地去解决的一个问题。

二、论证研究问题的重要性

研究者应该时刻保持自己对世界的好奇心，并且可以频繁地对世界上各种好奇的现象或事情进行发问，但并不是说所有研究者的问题都是重要的研究问题。为了让读者认可调查报告的研究问题是重要的、有意义的，作者应该要做论证工作。

以调查报告《新时代大学本科生使用微信表情符号的动机调查》为例，论证的如下。

① 刀熊.做研究是有趣的：给学术新人的科研入门笔记[M].北京：中国政法大学出版社，2022：86.

> 根据《2019微信年度数据报告》，仅就微信内置的Emoji表情而言，其使用频率在使用者的年龄阶层发生了分化："00后"使用者最常用表情包为捂脸，"90后"使用者最常用表情包为笑哭，"80后"使用者最常用表情包为龇牙笑，"70后"最常用表情包为偷笑，"55岁"使用者最常用表情包为点赞。
>
> 新时代大学本科生作为新生代网络原住民，研究他们使用微信表情符号的动机和能力是一个有趣的课题。"网络原住民"是Prensky（2001）提出的概念，指的就是在网络、电脑、智能手机等科技产品所充斥的环境之下成长的一代人，数字化是他们熟悉的生活方式。Prensky认为，网络原住民的信息处理方式是多线而非单线的，相比于文本信息，他们接受音视频信息的能力更强，倾向于合作而不爱独立学习，更愿意"游戏"而非"严肃"学习和交流。那么，新时代大学本科生的微信表情符号的实际使用情况如何呢？他们与同样使用微信表情符号的其他群体（比如他们的父母、祖父母、外祖父母）有什么不同呢？他们为什么热衷于使用微信表情符号呢？

与此同时，我们还对调查报告《新时代大学本科生使用微信表情符号的动机调查》所涉及的关键词"新时代大学本科生"和"微信表情符号"给出了我们的定义：

> 本文所指的"新时代大学本科生"主要指的是2000年以后出生，目前正在普通高等学校本科专业就读的大学生。本文所指的"表情符号"，包括但不限于：Emoji、颜文字（如"(ꐦÒ‸Ó)你个老六"）、表情包、斗图以及个人收藏的各类表情。

从某种意义上说，论证研究问题的重要性，不仅是给读者增强信心，也是在给作者自己增强信心。

三、综述与研究问题相关的国内外文献

在对研究问题进行了很好的提出、阐释和论证之后，下一步就是综述与该研究问题相关的国内外文献了。当然，如果研究的问题只涉及国内的文献，那么可以只综述国内的文献。

研究者需要在这个部分告诉读者迄今为止关于该研究问题的重要研究、思维范式、理论体系、总体现状和此前研究的未尽如人意之处。而研究者马上要展开的这项研究将会弥补现有文献的某个"缺口"，从而深化学术界对该研究问题的认识。

我们在中国知网以“青年”“大学生”“表情包”“微信”等关键词进行检索时，找到了相关的文献20篇，如下所示。

[1] 杜娟. 大学生微信表情符号的意义建构[D].中国青年政治学院,2018.

[2] 董盈盈.“95后”大学生表情包“热”现象浅析[J].思想理论教育,2017(5):75-78.

[3] 范雪凯. 青年大学生在家庭微信群中的自我呈现[D].南京大学,2019.

[4] 范星,申寻兵,江洁,连天星,马伟娜.大学生微表情识别能力与卡特尔16种人格因素的相关[J].杭州师范大学学报(自然科学版),2017,16(02):130-135.

[5] 姜来. 跨文化交际视野下的来华留学生与中国大学生微信表情符号使用对比研究[D].浙江科技学院,2021.

[6] 李未柠.新网络环境下的流行语特征探析[J].语言战略研究,2016,1(6):77-83.

[7] 李婧伊.大学生与父母之间表情包使用的代际差异[J].语言产业研究,2018(00):148-157.

[8] 刘林燕.青年亚文化视角下网络表情包的文化研究[J].当代青年研究,2019(4):64-68.

[9] 刘丽群,刘玺辰.表情符号使用动机及其在不同人际关系中对使用行为的影响——基于混合研究方法[J].现代传播(中国传媒大学学报),2020,42(8):88-94.

[10] 林元启,陈熙,林绍微.大学生微信表情符号使用中的意义建构研究[J].东南传播,2018(5):87-90.

[11] 蓝芝同,谭亚丹.青年亚文化视角下表情包的传播探析[J].出版广角,2017(6):70-71.

[12] 匡文波,邱水梅.大学生的微信表情使用行为研究[J].国际新闻界,2017,39(12):123-137.

[13] 彭兰.表情包:密码、标签与面具[J].西安交通大学学报(社会科学版),2019,39(1):104-110.

[14] 钱伟,牟凯悦,隋家傲,殷悦,李岚.大学生与父母微信表情包使用差异研究[J].潍坊工程职业学院学报,2021,34(1):67-70.

[15] 饶广祥,魏清露.“趣我”与浅平化:网络表情符号的传播与反思[J].福建师范大学学报(哲学社会科学版),2018(02):161-168.

[16] 许晓倩. 纪录片叙事中的多元视点研究[D].暨南大学,2020.

[17] 岳亚奇. 大学生表情符号的使用偏好研究[D].石河子大学,2021.

[18] 杨月.大学生受众选择视角下微信表情包发展研究[J].新媒体研究,2017,3(7):32-34.

[19] 张玄益.青年亚文化视角下大学生使用表情包现象的思考[J].山西青年职业学院学报,2017,30(3):8-10.

[20] 赵丽瑾. 网络社交利器:没有表情包,能不能愉快地聊天[DB/OL].(2022-05-28)[2022-06-20].https://m.gmw.cn/baijia/2022-05/28/1302968896.html.

我们发现,大部分文献都是与“研究问题 1:新时代大学本科生的微信表情符号的实际使用情况如何?”直接相关的,那么我们可以在关于“研究问题 1”的文献综述中介绍和综合这些文献的主要结论。然而,这些文献与“研究问题 2:他们使用微信表情符号的动机是什么?”几乎都只是间接相关。因此,我们在“研究问题 2”的文献综述中写道:

> 关于大学生使用表情符号的动机,学者们的观点归纳起来有两类。
>
> 第一类观点:由于表情符号的可视化特点,使交际双方可以把情绪转化为图像,通俗易懂,一目了然,大大提升人际交往的效率,因此可以开启话题、调节气氛、缓解尴尬、营造一种轻松愉悦的聊天氛围。董盈盈(2017)认为最大程度地满足情绪表达、趣缘社交和个性彰显的需要,是表情包在“95 后”大学生中“热度”不减的主要成因。匡文波和邱水梅(2017)认为大学生群体使用微信表情主要基于软化聊天语气,形象、生动地表达当下的情绪、情感,活跃聊天氛围、使对话更有意思等三项心理动机。
>
> 第二类观点:在某种程度上,表情符号是大学生寻求群体认同和自我呈现的一种途径。对于一些在现实生活中不善于表达的人来说,通过在社交媒体上使用表情符号可以增强使用者的群体认同感,让使用者在潜意识里认为自己属于这个群体,进而进行自我呈现,实现自我肯定,融入群体。张玄益(2017)认为表情符号体现了大学生的“弄潮文化”“吐槽文化”“同辈文化”“丧文化”“躺平文化”,等等。林元启等(2018)认为大学生在成长过程中形成了自己独特的同伴群体,在群体中通过不断的互动与学习,获得或强化了群体中独特的文化、思想、价值观念,形成了自身特有的身份文化认同与话语体系。正是这样一套在同伴群体中形成的身份与话语体系决定了他们对符号意义的生产与

理解。因此，蓝芝同、谭亚丹(2017)，刘林燕(2019)，许晓倩(2020)等学者认为表情符号本质是一种青年亚文化。如许晓倩(2020)所言："青年亚文化是指以青年为主体，从内在观念、内在行为和生活方式上与主文化相区别，在社会总体文化中处于次要地位的一种文化系统。"从青年亚文化的视角看，表情符号由于其拥有比文字符号更为复杂的表现形式，例如挪用、拼贴、颠覆等，而且不同群体对表情符号在解读上差别很大，因而更能建立起一种群体认同，达到一种群体性的狂欢。

刚开始写文献综述的人容易出现一个问题，就是喜欢以一篇篇的"文章"为单位来组织文献综述，简单地罗列出某位学者在某年发表的某种观点，以"文章一、文章二、文章三……"来铺陈出各自的观点，缺少必要的综合。"文献综述"中"综"的意思是"综合"，是指把多个内容整合到一起，并产生新内容的过程。"综合"之所以和"罗列"是两个不同的写作方法，是因为前者需要我们以一定的逻辑顺序去把不同的文献进行联结、对比、分析、讨论，从而给出具有我们自己观点的评价；而后者只是机械地铺陈、简单地概括不同的文献，也并不能生成有创意的评价。在文献综述中，我们需要尽可能多地"综合"，而不是"罗列"。除了"综合"以外，在文献综述中我们也可以尽可能多地使用"对比"和"关联"。"对比"指的是比较不同文章到底有什么相同和不同的方面。"关联"指的是把表面上看似不相关但实质内容高度相关的文献放在一起去讨论。

刀熊还指出："在文献综述中注意添加自己的评价和讨论。讨论现有文献有什么优缺点，哪些文章做出了较大的贡献、为什么，哪些方面的研究还亟待增加，等等"。[①] 只有在文献综述中多表达我们自己独立的思考、判断、评价，才能体现文献综述的价值和意义。

四、提出研究假设

研究假设指的是你对研究问题所提出的猜测性的解释。根据波洛克和爱德华兹的说法，研究假设是"关于自变量和因变量之间关系的可验证的陈述"。

为了更清楚地解释研究假设，我们有必要引入"变量""变量值""自变量""因变量"这四个概念。

变量是指呈现变化特征的因素，比如我们在描述个人的时候常常使用

① 刀熊.做研究是有趣的：给学术新人的科研入门笔记[M].北京：中国政法大学出版社，2022：45.

的变量包括"性别""年龄""身高""体重""职业""收入"等，这些都是因人而异的。变量值是指一个变量所描述的特征或者具体数值，比如将性别作为一个变量，那么"男"和"女"就是性别变量的两个变量值。因此可以说，"变量值"是"变量"具体表现出的特征、特点和属性，"变量"是"变量值"所描述属性的一个集合。

自变量是用来引起、解释、导致、预测因变量的东西。因变量是依赖自变量的变化而变化的东西，是在一项研究中学者们试图去引起、去解释、去导致、去预测的结果。比如，当我们提出一个研究假设"假设 1：一个人的学历越高，他的个人工资也会越高"，在这个研究假设中，"学历"是自变量，"个人工资"是因变量。

在了解了以上四个概念以后，我们来分析一下为什么基于问卷调查的实证研究需要有研究假设。我们做实证研究的目的当然是为了探索关于某个研究问题的答案，而我们在调查报告中回答研究问题的方式往往不是直接给出最终结果，而是先有逻辑地、有根据地、有论证地提出作者对某个结果的猜想，然后通过使用数据的验证方法去看看这个猜想到底有没有被数据支持，这个最开始提出的"猜想"就是研究假设。研究假设其实很好地体现出了实证研究需要严谨、系统、一丝不苟的特点。

吴明隆在他的《论文写作与量化研究》中指出，研究目的、研究问题、研究假设与采用的统计方法是前后一致的，其对应的基本模式如图 15－1 所示：

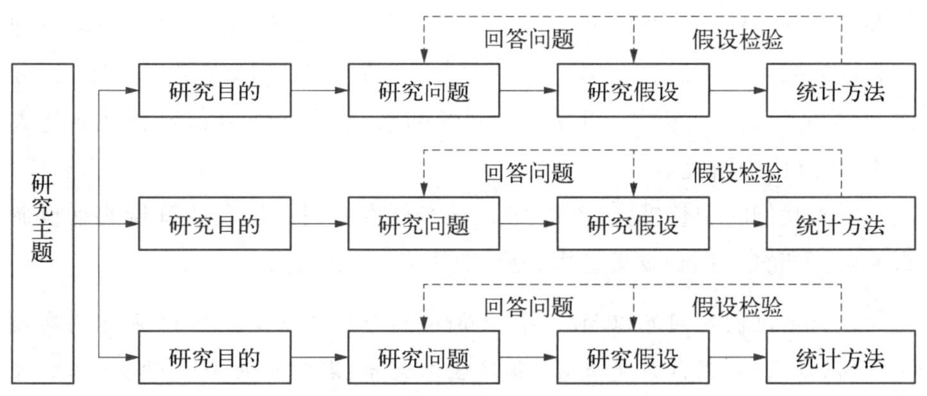

图 15－1 研究主题、目的、问题、假设、统计的前后一致基本模式图①

因此，我们可知研究问题是由研究目的延伸而来的，研究假设又是由研究问题延伸而来的，而且研究假设可以再大假设下面设置若干小假设（如假

① 吴明隆.论文写作与量化研究[M].4 版.台北：五南图书出版股份有限公司，2014：79.

设 1 下可有假设 1 - 1、假设 1 - 2、假设 1 - 3)。要回答研究假设所提出的猜测是否正确,则需要用恰当的统计方法进行检验。

研究假设的形式是非常结构化的,在一个研究假设前面,要写上"假设1""假设 2""假设 3"这样的标示,并且应该把它们单列一段,不能混在文章的讨论之中。如果在一篇文章之中有多个研究假设被提出,那么每个研究假设的格式都应该是相同的(比如字体、字号、缩紧、是否加粗、是否斜体,等等)。

针对我们的调查报告《新时代大学本科生使用微信表情符号的动机调查》的两个研究问题,我们也相对地提出两个研究假设:

> 假设 1:不同性别的大学本科生在使用微信表情符号上存在显著差异。
>
> 假设 2:大学本科生使用微信表情符号的频率越高,他们的动机类型越丰富。

五、介绍研究数据、收集过程和潜在变量的测量方法

调查问卷是当前非常常见的数据收集方式,它最大的特点就是高效、便捷、即时,为收集数据节约了很多的时间成本和经费成本。而且自从有了电子问卷以后,研究者足不出户就可以利用电子问卷的网站(如问卷星、腾讯问卷、Microsoft Forms、Qualtrics 等)让四面八方的目标群体自己把数据报上来并汇聚到一处。现在几乎所有的电子问卷网站都能帮助研究者自动整理出数据的描述性信息,比如以饼图、柱状图、条形图等形式呈现频数、百分比、平均值等信息。因此,通过电子问卷网站,研究者可以很轻松地实施大样本、可量化的研究。

回到我们的调查报告《新时代大学本科生使用微信表情符号的动机调查》,关于研究数据和收集过程的介绍,可以这么表述:

> 本次调查问卷以 Microsoft Forms 的形式定点发放至 14 所国内高校(浙江大学、浙江师范大学、浙江理工大学、浙江中医药大学、浙江财经大学、北京科技大学、华侨大学、山东大学、山东师范大学、扬州大学、安徽师范大学、桂林电子科技大学、四川外国语大学、西北师范大学),并请他们帮忙转发至微信群和朋友圈。问卷发放时间为 2022 年 6 月 8 日至 6 月 14 日,为期约一个星期。最终回收有效问卷 237 份。
>
> 我们将这 237 份调查数据另存为 Excel 数据文件,并将其转换成 SPSS 数据文件进行统计分析。我们使用的统计分析软件是 SPSS(26.0 版)。

我们在《新时代大学本科生使用微信表情符号的动机调查》想要测量的潜在变量是“动机”，为了达成研究目的，我们先从相关理论文献中归纳出一部分题项，此后又选择了20位大学本科生对他们进行了访谈，从而归纳出了另一部分题项。最终，我们确定了12个题项，并用它们来测量新时代大学本科生使用微信表情符号的“动机”（表15－1）。

表15－1　用于测量潜在变量“动机”的具体题项

你在微信中使用表情符号来表情达意是为了……	非常同意	同意	既不同意也不反对	反对	强烈反对
1. 我觉得含有表情符号的文本比起纯文字的文本更容易被人理解					
2. 我想要表达出我丰富细腻的情感，而纯文字无法完成这项任务					
3. 我想通过使用表情符号来增进或改善与交谈者之间的感情和关系					
4. 我在无话可说时，会使用表情符号来使对话继续下去					
5. 我会把微信的内置表情（Emoji）当作标点符号来使用					
6. 我身边的人都在使用表情符号，我如果不用，感觉会跟不上时代潮流					
7. 我觉得一张配上文字的静态图片，或者一张动态图片，比我用几句话所表达的信息量还要多一张图胜过千言万语					
8. 我觉得表情符号具有我所需要的特殊隐喻功能，能引发视觉思考					
9. 我觉得微信的内置表情（Emoji）占内存小，很方便使用，表达的含义在日常交流中也足够了					
10. 我有时候会故意使用中老年表情包去传达一种长辈劝说感					
11. 我有时候为了搞笑，会故意使用中老年表情包					
12. 我有时候会为了避免尬聊（尴尬的聊天）而使用表情符号					

备注：本调查问卷中所指的表情符号，包括但不限于：Emoji、颜文字（如“(ꐦÒ‸Ó)”、表情包、斗图以及个人收藏的各类表情。

六、列出数据分析的具体结果

等收集到需要的数据以后，研究者就要用恰当的统计学方法来分析数据。

分析数据的时候，最重要的是要找到最适合自己所面临问题的那一种统计分析工具，同时还需要清楚知道已有的数据能不能满足使用这个工具的条件。比如要做定量研究，就需要了解和考虑使用以下哪种工具才能解决研究问题：

（1）描述统计（descriptive statistics）；

（2）线性相关和线性回归（linear correlation and linear regression）；

（3）因子分析（factor analysis）；

（4）结构方程模型（structural equation modeling）；

（5）方差分析（ANOVA，MANOVA，MANCOVA）；

（6）偏最小二乘回归（partial least squares regression）；

（7）逻辑回归（logistic regression）；

（8）非线性回归（nonlinear regression）；

（9）多层线性回归（hierarchical linear models）。

以上这些统计分析工具的具体使用步骤和限定条件都能在网上和统计学教科书里轻松查到。然而，数据分析这种能力，需要写作者在不断地阅读实证调查类论文和亲自做实证研究中才能逐渐养成和提高。

我们以《新时代大学本科生使用微信表情符号的动机调查》所测量的“潜在变量动机”为例，将数据分析结果列举如下（表 15－2）。

表 15－2　新时代大学本科生使用微信表情符号的动机情况

排序	描　　述	简　称	均　值	标准差
1	我有时候会为了避免尬聊（尴尬的聊天）而使用表情符号	避免尴尬动机	4.41	0.693
2	我想通过使用表情符号来增进或改善与交谈者之间的感情和关系	增进关系动机	4.35	0.753
3	我在无话可说时，会使用表情符号来使对话继续下去	延续话轮动机	4.30	0.839
4	我觉得含有表情符号的文本比起纯文字的文本更容易被人理解	更易理解动机	4.28	0.813

续　表

排序	描　　述	简　称	均　值	标准差
5	我觉得表情符号具有我所需要的特殊隐喻功能，能引发视觉思考	隐喻思维动机	4.25	0.744
6	我想要表达出我丰富细腻的情感，而纯文字无法完成这项任务	丰富表达动机	4.20	0.874
7	我觉得一张配上文字的静态图片，或者一张动态图片，比我用几句话所表达的信息量还要多。一张图胜过千言万语	图片思维动机	4.07	0.920
8	我有时候为了搞笑，会故意使用中老年表情包	调节气氛动机	3.68	1.213
9	我觉得微信的内置表情（Emoji）占内存小，很方便使用，表达的含义在日常交流中也足够了	简约高效动机	3.60	0.971
10	我有时候会故意使用中老年表情包去传达一种长辈劝说感	说服劝诫动机	3.29	1.155
11	我会把微信的内置表情（Emoji）当作标点符号来使用	替代标点动机	3.07	1.091
12	我身边的人都在使用表情符号，我如果不用，感觉会跟不上时代潮流	从众心理动机	2.86	1.058

由此可见，新时代大学本科生使用微信表情符号的动机情况比较丰富。我们采用里克特五点量表法来测量调查对象的态度，满分 5 分，分数越高说明调查对该态度越赞同。超过 4 分的有七类动机，分别是避免尴尬动机、增进关系动机、延续话轮动机、更易理解动机、隐喻思维动机、丰富表达动机和图片思维动机。

七、讨论、局限性、研究结论

在讨论部分，我们要清楚地说明哪些研究假设得到了验证，哪些研究假设并不成立。在《新时代大学本科生使用微信表情符号的动机调查》中，我们通过数据分析看到不同性别的大学本科生在使用微信表情符号上并没有显著不同，因此假设 1 并不成立；我们也看到相比微信表情符号使用频率低或较低的大学生本科生，微信表情符号使用频率高的学生的动机类型更多元和丰富，因此假设 2 得到了验证。

在局限性部分，我们也要如实地、完整地、准确地陈述文章有没有遗漏重要的研究设计或者有没有数据上的不足。比如，因果关系不明，样本量过小，数据效度过低，缺失数据过多，等等。在《新时代大学本科生使用微信表情符号的动机调查》中，我们认为主要的局限在于调查对象的男女性别比例失衡（表 15－3）。

表 15－3　调查对象的性别分布

性　别	人　数	百分比
男生	57	24.1
女生	170	71.7
保密	10	4.2
总计	237	100

在研究结论部分，要以最精简有力的语言提纲挈领地总结这次问卷调查的成果。在《新时代大学本科生使用微信表情符号的动机调查》中，表述如下：

（1）作为新兴社交方式的微信表情符号具有增进群体身份认同与满足非正式交流情境下表达复杂会话含义需要的作用。

（2）避免尴尬、增进关系、延续话轮、更易理解、隐喻思维、丰富表达、视觉图像思维是他们使用微信表情符号的高频动机。

（3）新时代大学本科生对自己微信表情符号使用能力的自我评定很高，但实际上他们对于捕捉细微的情绪表达和情绪变化，超越字面意义解读出隐喻意义上还有较大的提升空间。

本讲简要地介绍了《新时代大学本科生使用微信表情符号的动机调查》7 个部分的写作思路。从本质上讲，做问卷调查和写调查报告遵循的是“实证主义”的知识观，在研究设计和报告行文中都要体现出对事实、数据、证据的重视，研究者要始终保持对客观、真实、准确的追求。建议大家亲手做一次问卷调查和写一份调查报告，只有这样，大家才能更好地领会实证类文章相对确定的结构和规范，也能更好地感受实证研究的乐趣。

解题思路

复习思考题

1. 你觉得在实证调查中，什么是“好的研究问题”？请谈谈你的看法。

2. 下面是一篇实证论文的简要框架，是本章所讲的调查报告7个部分的又一种呈现形式。从你的观点来看，你觉得为什么要有“研究假设”这个东西？

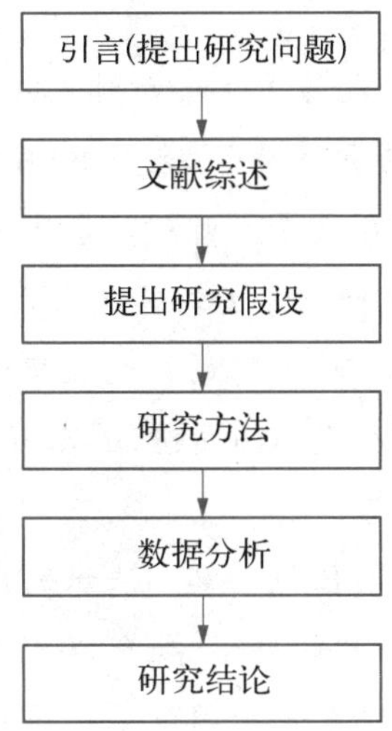

3. 我们在调查报告《新时代大学本科生使用微信表情符号的动机调查》提出了两个研究假设：

假设1：不同性别的大学本科生在使用微信表情符号上存在显著差异。

假设2：大学本科生使用微信表情符号的频率越高，他们的动机类型越丰富。

如果是你在做这项研究，你还想提出什么样的研究假设呢？

本讲附录

新时代大学本科生的微信表情符号使用动机调查问卷

亲爱的同学们：

你们好。本次问卷调查是为了了解新时代大学本科生在微信中使用表情符号的动机。我们所指的表情符号，包括但不限于：表情包（如“😂”）、颜文字（如“(^_^)”）、斗图以及个人收藏的各类表情。问卷包括三个部分：个人信息、调查量表、开放式问题。大约需要占用你8分钟—10分钟的时间去完成此问卷。我们向你保证：所有的调查数据都将以加密的方式储存，并只用于学术研究。我们希望得到你的支持，在此向你表示诚挚的感谢！

在填写问卷时，请你注意：

1. 这是一份匿名的问卷，任何人都无法识别出你和你所作答的答案。
2. 你将完整地阅读每一题的题干、题项以及作答要求，并愿意作答。
3. 答案无所谓对错，请你在每个问题后按照自己的实际情况来填写。

如果你对于此次问卷调查有任何疑问，或者在做题时有任何不解之处，你可以随时联系以下研究人员：

吴　剑　博士（浙江大学，Email：wujian0823@zju.edu.cn）
胡晓慧　博士（浙江大学，Email：xiao_hui@zju.edu.cn）
过文英　博士（浙江大学，Email：guowenying@zju.edu.cn）
吕妍醒　博士（浙江大学，Email：lyuyanxing@zju.edu.cn）

我已阅读上述知情同意书，并同意参与本次研究。

□是的，我同意。（请在左边的方框内打√）

1. 你的专业是：（请选择你的专业所属大类）（________）？（单选题）

A. 人文科学类　　B. 新闻传播学类
C. 外国语言文学类　　D. 社会科学类
E. 理科类　　F. 工科类
G. 工科信息类　　H. 应用生物科学类
I. 医学类　　J. 药学类
K. 艺术体育类

2. 你的年级是：（________）？（单选题）

A. 大学一年级　　B. 大学二年级
C. 大学三年级　　D. 大学四年级

3. 你的性别是：(________)？（单选题）

A. 男生　　B. 女生　　C. 保密

4. 在微信的聊天面板中，有四种类型的表情。一是微信的内置表情(Emoji)，二是添加的单个表情，三是个人的拍摄表情，四是艺术家创作的整套表情。你使用过哪几种？(________)(多选题)

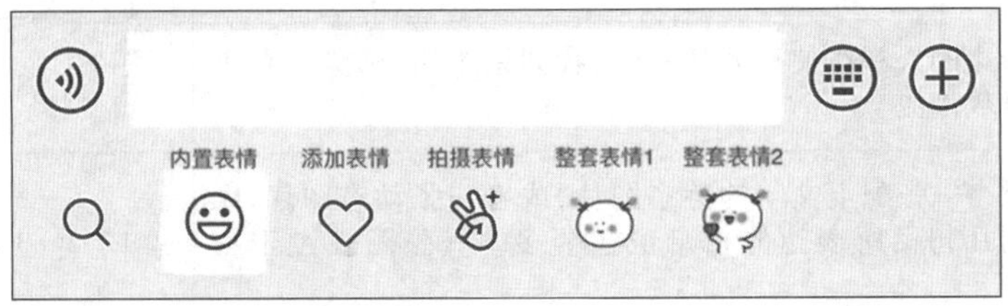

A. 微信的内置表情(Emoji)　　B. 添加的单个表情

C. 个人的拍摄表情　　D. 艺术家创作的整套表情

5. 在微信的四类表情中，你使用得最多的是哪一类表情？(________)(单选题)

A. 微信的内置表情(Emoji)　　B. 添加的单个表情

C. 个人的拍摄表情　　D. 艺术家创作的整套表情

6. 你觉得自己在微信聊天中可以做到完全不用表情符号吗？(________)(单选题)

A. 我不可以　　B. 我可以的　　C. 我没想过

7. 当你在微信中使用表情符号来表情达意时，你内心的真实想法是什么？(此处的"表情符号"主要指微信中的四类表情。)

请阅读以下陈述，并在相应的数字上画圈来表明你的个人态度。**(1=非常不同意，2=不同意，3=既不同意也不反对，4=同意，5=非常同意。)**

7.1	我觉得含有表情符号的文本比起纯文字的文本更容易被人理解	1　2　3　4　5
7.2	我想要表达出我丰富细腻的情感，而纯文字无法完成这项任务	1　2　3　4　5

续 表

7.3 我想通过使用表情符号来增进或改善与交谈者之间的感情和关系	1 2 3 4 5
7.4 我在无话可说时,会使用表情符号来使对话继续下去	1 2 3 4 5
7.5 我会把微信的内置表情(Emoji)当作标点符号来使用	1 2 3 4 5
7.6 我身边的人都在使用表情符号,我如果不用,感觉会跟不上时代潮流	1 2 3 4 5
7.7 我觉得一张配上文字的静态图片,或者一张动态图片,比我用几句话所表达的信息量还要多。一张图胜过千言万语	1 2 3 4 5
7.8 我觉得表情符号具有我所需要的特殊隐喻功能,能引发视觉思考	1 2 3 4 5
7.9 我觉得微信的内置表情(Emoji)占内存小,很方便使用,表达的含义在日常交流中也足够了	1 2 3 4 5
7.10 我有时候会故意使用中老年表情包去传达一种长辈劝说感	1 2 3 4 5
7.11 我有时候为了搞笑,会故意使用中老年表情包	1 2 3 4 5
7.12 我有时候会为了避免尬聊(尴尬地聊天)而使用表情符号	1 2 3 4 5

8. 当你只是使用微信内置的表情包(如小黄脸、手势、玫瑰花等)来表情达意时,你内心的真实想法是什么?

请阅读以下陈述,并在相应的数字上画圈来表明你的个人态度。**(1=非常不同意,2=不同意,3=既不同意也不反对,4=同意,5=非常同意。)**

8.1 我很懂得如何在与他人聊天的微信对话框中使用 Emoji 表情	1 2 3 4 5
8.2 我很明白应该把 Emoji 表情放在文字信息的什么位置	1 2 3 4 5
8.3 我很清楚怎样才能让对方更快地明白我所发 Emoji 表情的含义	1 2 3 4 5
8.4 我在文字文本中插入 Emoji 表情是为了给句子注入积极的感情基调	1 2 3 4 5
8.5 我在文字文本中插入 Emoji 表情是为了与对方保持一种友好的关系	1 2 3 4 5

续　表

8.6　在一个句子中，我只是使用 Emoji 表情去表达某种附带的情感	1　2　3　4　5
8.7　在一个句子中，我也会使用 Emoji 表情去代替部分文字信息	1　2　3　4　5
8.8　当我用短信息发送一些不好开口的话时，Emoji 表情能起到缓和氛围和避免冲突的作用	1　2　3　4　5
8.9　我从来不会在谈论严肃话题的时候使用 Emoji 表情	1　2　3　4　5
8.10　我在表达愤怒、悲伤、尴尬等消极情绪时也会使用 Emoji 表情	1　2　3　4　5

9. 你觉得未来人们完全使用表情符号代替文字符号来进行交流的可能性有多大？（请在相应数字上画圈）

完全不可能	0	1	2	3	4	5	6	7	8	9	10	极有可能

10. 我们诚挚地请你分享一个你在微信聊天中使用表情符号的真实案例，对涉及个人隐私的信息，可以做遮蔽处理。

你可以在此处用文字简要叙述，也可在提交问卷以后单独发图片案例到：wujian0823@zju.edu.cn。

非常感谢你的帮助和支持！

教学资源服务指南

扫描下方二维码，关注微信公众号“高教社极简通识”，学生可学习名校通识课，教师可学习教师培训课程、免费申请课件和样书、观看直播回放等。

名校通识课

点击导航栏中的“名校通识”，点击子菜单中的“课程专栏”，即可选择相应课程进行学习。

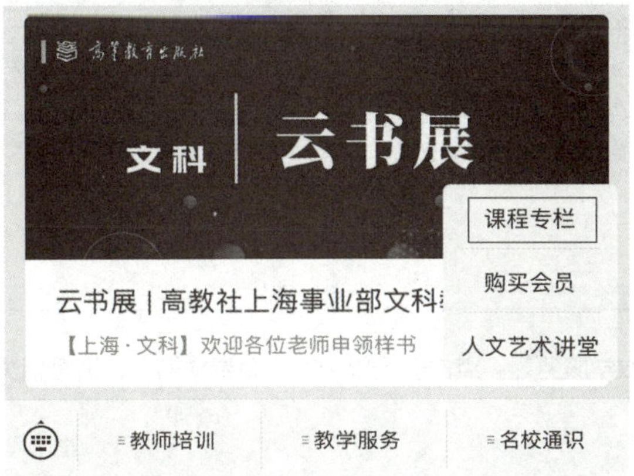

教师培训

点击导航栏中的“教师培训”，点击子菜单中的“培训课程”，即可选择相应课程进行学习。

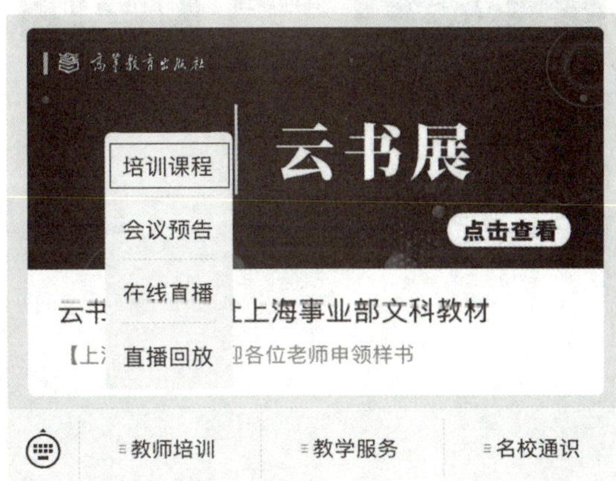

教学资源服务指南

课件申请

点击导航栏中的“教学服务”，点击子菜单中的“课件申请”，填写相关信息即可申请课件。

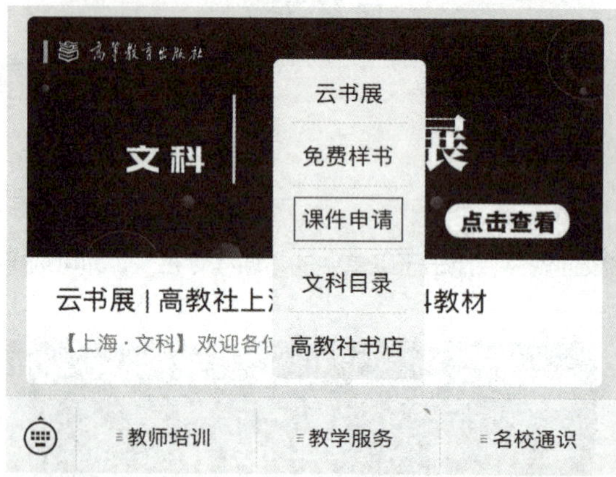

样书申请

点击导航栏中的“教学服务”，点击子菜单中的“免费样书”，填写相关信息即可免费申请样书。

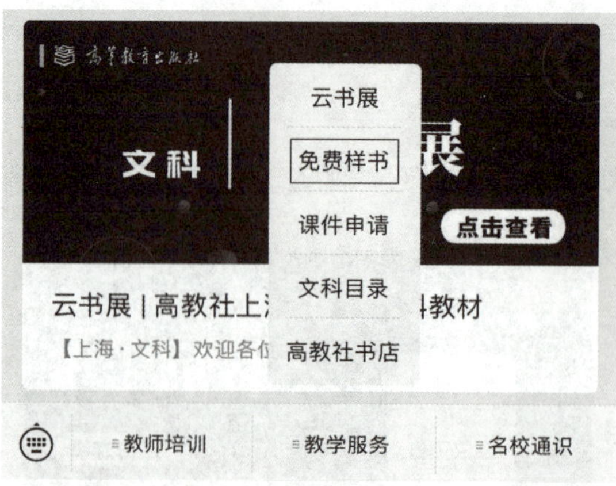